连语寻趣

大连
方言

董晓葵／著

品讀大連

大连出版社
DALIAN PUBLISHING HOUSE

图书在版编目（CIP）数据

连语寻趣·大连方言 / 董晓葵著 . — 大连 : 大连出版社 , 2020.1
（品读大连）
ISBN 978-7-5505-1493-5

Ⅰ . ①连… Ⅱ . ①董… Ⅲ . ①北方方言—方言研究—大连 Ⅳ . ① H172.1

中国版本图书馆 CIP 数据核字 (2019) 第 266327 号

LIANYU XUN QU · DALIAN FANGYAN
连 语 寻 趣 · 大 连 方 言

出 版 人：刘明辉
策划编辑：刘明辉　代剑萍　卢　锋
责任编辑：安晓雪
封面设计：汪安琪
版式设计：对岸书影
插画绘制：王天用
责任校对：乔　丽
责任印制：孙德彦

出版发行者：大连出版社
地址：大连市高新园区亿阳路 6 号三丰大厦 A 座 18 层
邮编：116023
电话：0411-83620490 / 83621075
传真：0411-83610391
网址：http://www.dlmpm.com
邮箱：1024460963@qq.com
印 刷 者：深圳市国际彩印有限公司
经 销 者：各地新华书店

幅面尺寸：170mm × 240mm
印　　张：18.5
字　　数：330 千字
出版时间：2020 年 1 月第 1 版
印刷时间：2020 年 1 月第 1 次印刷
书　　号：ISBN 978-7-5505-1493-5
定　　价：150.00 元

目录

海南丢子　此地巴子

海南丢子，此地巴子

中国境内有多少种方言？大连方言属于哪个方言片？在语言学界，现代汉语方言大致分为七大方言，分别是官话、吴语、赣语、客家话、湘语、闽语和粤语，其中粤语、闽语和客家话在港澳地区及海外也有广泛分布。

官话使用人口占汉族总人口的70%以上，分布于整个中国的北部和长江以南的四川、贵州、云南、西藏，以及下列省份沿长江的部分地区：江苏、安徽、江西、湖北、湖南。

官话分为8种次方言：北京官话、东北官话、冀鲁官话、胶辽官话、中原官话、兰银官话、江淮官话、西南官话。大连方言是典型的胶辽官话，很多人都误以为大连方言属于东北方言，实则不然。东北方言同普通话相近，主要流行于东北三省和内蒙古东部地区，是覆盖范围较广、影响较大的汉语方言之一。东北方言是在本地方言、河北方言和山东方言的基础上形成的。

胶辽官话分为登连片、青州片、盖桓片，主要分布在山东半岛和辽东半岛。近代移民的历史背景和半岛沿海的地理环境使胶辽官话的声调发展极具特色，简单地说，古清声母入声字今读上声，是胶辽官话的标志性特征，也是划分胶辽官话与周边方言的首要标准。

大连方言属于胶辽官话的登连片，是汉语北方方言中比较特殊的一个品种，在语音、词汇、语法等方面具有鲜明的特色。

中国第一部方言学著作是汉代扬雄所著的《輶轩使者绝代语释别国方言》（简称《方言》），距今已有2000多年历史。《方言》是世界上第一部方言比较词汇集，在欧洲，同类著作迟至18世纪才问世。“方言”一词最早也是出自扬雄这部著作。《方言》在记录口语词汇、比较各地词汇异同、反映汉代方言地理面貌等方面都有不可磨灭的贡献，被誉为“悬诸日月而不刊之书”。

扬雄所著的《方言》收录了675条词语，方言词语约有340条，其中山东方言分为两大区四小片区，与现代山东方言分区情况大体一致。山东方言主要包括冀鲁官话、中原官话和胶辽官话。显然，胶辽官话在我国第一部方言学著作中是有记载的，从中可以看出大连方言也是颇有些来历的。大连方言有着深厚的历史积淀，值得学界来探讨和研究。

方言是地方文化最重要的载体，是一座城市的市井生活、民俗风情、历史文化最直接、最生动的体现。方言蕴藏着我们的身世、历史和命运，我们从哪里来，到哪里去，其实都被方言生动记载着。比如，山东、大连地区将大小便称为“解手”，从中可以推断当时移民具有强制性的特点，在移民途中，为防范老百姓逃跑，用绳索绑住其双手，要大小便时，便让士兵解开手，久而久之就简化成“解手”。

在辽宁师范大学迟永长教授的研究里，大连话至少可以分出3个有明显差别的次方言系统：以大连市区话为代表的狭义大连话，以庄河话为代表的黄海沿岸话，以大、小长山岛话为代表的长山话。这样一来，我们平时所说的大连话就有了两个含义，即广义大连话和狭义大连话。广义大连话泛指所有居住在大连地区的老居民及其后裔所说的话，包括内部差别较大的大连市区话、庄河话和长山话。狭义大连话则专指以大连市区话为代表的当地老居民及其后裔所说的话，不包括同属大连话的庄河话、长山话以及与庄河、长山音系类似的话，也不包括近些年从外地搬进大连的新居民所说的不同地方的方言。

在大连方言库里，“海南丢子”是最有代表性的方言词，它诉说着齐鲁大地上那段极其悲壮的移民史，也深藏着老大连人深重的苦难史。在大连方言和文化语境中，“海南丢子”是指那些以齐鲁人群为主体的“闯关东”人群及其后裔。中国历史上的移民，上溯先秦，下及近世，代代不绝。人口迁移的方式主要有两种类型：一是人们自动的流徙迁移，二是政府有计划的移

民。前者多由战乱、灾荒、饥馑或人口膨胀所致，后者则是出于政治、军事或经济建设的目的。

清代前中期，山东人口快速增长，人口数量屡创历史新高，由明代的1000余万上升至乾隆十四年（1749年）的2400余万，嘉庆十七年（1812年）增至近2896万，道光年间突破了3000万。这时候，地广人稀、物产丰富的大东北就成了山东过剩人口维系生存的避难所。官方也支持山东人移居东北，“招徕流民，不论原籍别籍，编入保甲，开垦无主荒地，给以印信执照，永准为业”。东北沃野千里，物产丰富，人参、貂皮、东珠、鳇鱼、蜂蜜、松子、稀有木材等东北特产，对山东人来说有强烈的吸引力。这一时期进入东北的山东人大多从事采参、淘金、伐木、狩猎等工作，这些人一般被称为“走山者”。

据统计，1911年东北人口1841万，其中来自冀、鲁、豫三省的移民约有1000万，山东人占70%—80%，也就是七八百万。其中，约1/6的移民是嘉庆、道光时期招垦和封禁初期去往东北的，嘉庆、道光以后的移民至少有一半是光绪年间迁入的。有学者指出：“相对于晚清东北开禁后，数十年间近350万人的后续移民，规模似乎不算太大，但封禁时期的移民持续近200年，无论对东北地区的大力开发，还是对山东社会的稳定、人口压力的缓解都起到了至关重要的作用。”

清末民初，移民风潮再度兴起。这一时期的移民是民众自主自发进行的。彼时的中国山河破碎，战乱频仍，民不聊生，山东地区自然不能幸免，民众饱受天灾人祸的蹂躏，尤其是天灾长年在齐鲁大地上肆虐不息，水灾、旱灾、蝗灾交替出现，间或伴有黄河泛滥，老百姓流离失所，卖妻鬻子，极为悲惨。1877年4月16日《申报》报道：青州“大率一村内死者十分之一二，逃者十分之五六，病者十分之一二”。同年7月11日《申报》又报道：“妻妾姊妹贩鬻他方，故各村止有男而无女，所存者不过一二。”为了生存活命，有一部分山东人选择“闯关东”奔向大连。因为山东半岛在辽东半岛的南边，所以称之为“海南之丢”，简称“海南丢子”。当然，还有一些北直隶、热河和察哈尔，包括山西、河南等地的部分民众，他们从渤海以西渡海“闯关东”，被称为“海西人”，也有称之为“海西丢子”的。

语言学者周振鹤在《方言与中国文化》中指出：“山东人多从海路迁入，在大连和营口登陆……‘闯关东’的山东人主要来自旧青州府、登州府和莱州府。他们到达新地后往往是先立一窝棚，窝棚的集合则以同族同姓为基础，宗族制度也就从山东输入东北。”山东流民在大连聚拢组成一个特殊的部落——红房子，位于寺儿沟一带，是当时最大的贫民窟。据纪录片《崛起的海岸》描述，红房子常年死尸遍布，冬天没有取暖设施，常有人半夜上茅厕的时候就冻死在里面了……山东人移居大连，基于地缘、亲缘、血缘以族居的形式寻求生存，抱团取暖的集结力量不容小觑，所以，他们所携带的旧地的方言自然也获得了生存空间。

大连地区移民规模之大、移民历史之长，在中国各地区中是独具特色的。清末民初，除山东人自发地“闯关东”成为“海南丢子”，还有一次移民属于政府强制性调配人员移居大连。当时，以李鸿章为首的洋务派为了开发建设大连地区的海防工程，从山东、天津等地招聘了一批能工巧匠，他们不仅有一技之长，而且大多具有一定的文化基础，头脑灵活，聪明能干，很快成为旅顺大坞建设和旅顺至大连湾30多座炮台建设的技术骨干。他们是大连第一代产业工人，从清政府领酬劳，可以说是移民改变了他们的命运。这些技术工人及其家属子女，是清朝实际统治大连地区的最后一代移民。这次移民虽然规模不大，却是大连历史上带有选择性的、素质较高的一次移民。他们的移居为大连地区的人口结构注入了新的血液，对人群总体素质的提高起到了不可忽视的作用。同时，由于这个群体综合素质较高，他们的旧地语言也非常强势地落地。

日本殖民统治时期，被迫征集的山东、河北劳工，包括部分流民，仅1934年至1942年就有540万人。据《大连人口》记述，1939年从山东、河北迁入“关东州”的贫苦农民为22万人。《远东年鉴（1941）》记载，1940年大连总人口为56万人，以此推算出当时由山东、河北而来的移民约占当时大连人口总数的39.7%。他们中绝大多数是来自沿海的登州、莱州和青州。如按籍贯推测，现代大连人约有80%是山东籍人。

人的流动实质上是文化的流动，人口的迁徙必然带来文化的迁移。“移民史料可以作为研究方言历史的间接材料……人口的迁徙也就是方言的迁徙，方言跟着它的使用者流动，这是显而易见的。”移民语言与土著语言互相接触之后产生以下几种结局：第一种是依然故我，保持不变，移民带来的方言取代土著方言；第二种是化为乌有，完全改变，移民放弃旧地方言改用新地方言；第三种是你我参半，相互融合，移民的旧地方言和新地方言相融合。当然，这三种类型并不能完全概括方言演化的所有形式，还有其他更为复杂的类型。

除了移民“闯关东”、满汉杂居、日俄战争等历史原因，大连方言还吸纳了大量满语、日俄两国语言的借用词。满族兴起于东北，统治中国长达300年，满语也在东北活跃了300年之久，虽然满语后来被汉语所取代，但是东北各地方言中大量的满语词汇活跃度依然很高。大连话日常用语中，满语的音译借用词较多，比如邋遢、马勺、骨碌、磨蹭等，都是满语音译借用词。

从沙俄租借旅大到日本殖民统治“关东州”40多年间，大量的日俄外来语进入大连市民阶层，对大连方言的影响不容忽视。《新华外来词词典》记载了不少日俄外来语，比如瓦斯灯、马葫芦、布拉吉等一批有代表性的日俄外来语都被记载。

学者游汝杰在研究近现代西方外来文化和汉语外来词时发现一个“特殊的事实”，“那就是这些外来词大部分是由日本作为媒介转驳输入的，直接从西方各语言引进的反占少数。这一现象正好反映了近代日本学习西方文化远远走在中国前面，以及中国人以日本为中转站接受西方文化的历史事实”。

简言之，山东方言、满语、日俄外来语对大连方言产生了深远影响，也是大连方言的基本构成。

2019年3月，徐祖熹在《大连方言词语研究——以表程度义词语为例》一文中对大连方言在学术层面的研究做了相关检索。2018年12月1日，他在中国知网（CNKI）数据库平台上，选择“期刊”，以“大连方言”为主题，以1989年至2018年为检索范围，不限定期刊来源类别，检索到了54篇文献，经过筛选，获得有效文献44篇，涉及语言接触研究、词汇研究、语音研究等。徐祖熹说：“整体上来看，近30年来，关于大连方言的研究文献数量较少，学界对大连方言的研究不充分且不平衡，大连方言的研究处于由探索到缓慢发展的过渡阶段。”

徐祖熹将这些学术研究成果进行了细致的梳理分析，发现多数学者擅于从实验语音学、社会语言学等角度对大连方言进行分析，鲜见从其他视角进行研究。徐祖熹从字源与字义、文化语言学角度对大连方言表程度义的词语进行了研究，发现对大连方言表程度义词语的研究缺乏完整的系统，他只检索到吕汝泉的《大连方言中的“血受”》一篇文献。

毫无疑问，大连方言的历史非常悠久。方言是一种地域文化最外在的标记，同时又是这种文化最底层的蕴意。大连作为黄渤海岸一颗璀璨的明珠，以其充满个性的城市品格而引人注目，大连方言也是这种个性的具体体现。以方言之美塑造城市独特的个性，浓郁的乡音，让大连有了清晰的辨识度。方言是一笔宝贵的文化遗产，剖析方言背后的市井生活、民俗风情与文化特质，这是我们整理和研究方言的意义所在。

虽然无处可考，但我始终相信，当我们的祖辈下了船踏上大连这片土地，第一条大连方言就诞生了，这就是"海南丢子"。当我们的祖辈舍弃家园，两手空空，挈妇将雏坐着船，或者摇着小舢板，或者在腰上绑个瓢，一路漂流奔向大海的北岸，这一程不知有多少骇浪惊涛，也不知洒下了多少泪水，"海南丢子"这个词也许就是在避难逃生的路程中酝酿成形的。

多年前，作家李承鹏写过一篇关于大连足球的文章《100年的历练：小渔村与海南丢子》，他认为大连人足球踢得好，是因为大连人的基因很优秀。"公元1899年，一群外国人坐大轮船来到大连，他们带来一种叫'足球'的东西，没事就在码头空地上踢来踢去。后来穿长衫留长辫的大清子民也加入进去，外国人惊讶了，这个小渔村的人踢足球很有天赋。有一天，一个德国船长和小渔村的'小五子'比试脚力，船长一脚抡开60码外，'小五子'愣头愣脑地踹了一脚，居然直接开到海里。"10年甲A七夺冠的大连人，有什么神秘的力量在支撑？大连媒体人王维民谈人种时谈起了"海南丢子"的优秀基因："很早很早以前，我们都是日子过不下去了，一帮胆子大的就划着小船，抱着舢板向北漂，听说北边有个地方挺好的。路上冻死了一些人，饿死了一些人，还有些意志不够坚强的人半道折回去了……到达这里的人都是经过优胜劣汰的，就像当年从非洲到美洲的黑人，体格最好，意志最强，而且争强好胜决不言败……"当生存陷入绝境，是坐以待毙，还是豁出命去闯一闯？面对崇山峻岭，面对迢迢海路，面对生死未卜的命运，第一步的迈出是需要极大的胆量和勇气的，这可不是一个人仗剑走天涯，而是拖家带口忍饥挨饿风一程雨一程地长途奔袭。性格决定命运，此言不虚。

山东乃孔孟之乡，是中华民族古老文明的发祥地之一，2000余年深厚的文化积淀孕育了山东人独具特质的精神品格。山东人粗犷豁达、忠厚朴实、敦礼守信、刚直不阿、吃苦耐劳，恰如国学大师钱穆在《中国历史精神》所说："若把代表中国正统文化的，譬之于西方的希腊般，则在中国首先要推山东人。自古迄今，山东人比较上最有做中国标准人的资格。"是的，我们的祖辈敢于“闯关东”，正是凭借骨子里那种强大的不屈不挠的精神，在移民迁徙、重建家园的过程中，他们又将这种勉力敬事、拓路踏歌的品格发扬到极致，无论飘散何方都完好地活了下来。

与“海南丢子”对应的是“此地巴子”。据《简明大连辞典》记载：此地巴子，是指旧时山东、天津等地迁至大连的外地人对本地居民的谑称，主要指金州、旅顺等地的老居民。有人简单地将大连人分为两拨：一拨是“海南丢子”，一拨是“此地巴子”。儿时听大人们唠家常，谁家姑娘找女婿，找了个“山东棒子”；谁家儿子娶媳妇，娶了个“此地巴子”。山东棒子，就是“海南丢子”；此地巴子，就是坐地户、大连土著。“此地巴子”也叫“此里巴子”，有时会被外地人写成“瓷哩巴子”。这些别称或多或少含有一种讽刺意味。

大连地方史研究者嵇汝广说，20世纪三四十年代迁徙过来的“海南丢子”不与“此地巴子”通婚，到了适婚年龄，他们都要回“山东家”找媳妇。我家保姆郭大姐跟我讲过她父亲的婚姻：“俺老爹17岁时从山东家迁过来，先是在日本人手下做苦力，后来蹬人力车。19岁那年，老爹将一笔血汗钱寄回山东家，让俺爷爷给他找媳妇。谁知爷爷用这笔钱给俺二叔娶了亲，老爹能不伤心吗？可是几年后老爹攒够钱又寄回家，还是让爷爷在山东家给他找媳妇……”

嵇汝广说，他家族三代之内的“海南丢子”不与“此地巴子”通婚。嵇汝广的爷爷于1916年来大连，是第一代“海南丢子”，为了不被当地习俗同化，保持和延续山东人的生活方式，让根扎得更深一些，让情感得到更完整的安放，这一代“海南丢子”都回“山东家”娶亲。第二代“海南丢子”是嵇汝广的父亲这一代，虽然在大连出生，成年之后却也是回“山东家”谈婚论嫁。在嵇汝广的记忆中，家族里没人说普通话，都说一口山东腔的大连话。第一代、第二代“海南丢子”的婚姻伴侣都是“山东家”的女人，到了第三代，即嵇汝广和他的哥哥这一代“60后”“70后”们，两代祖辈遗传下来的不娶“此地巴子”的婚俗家规被打破了。但一些寻根意识强烈、注重家族文化传承的“60后”“70后”们，还始终铭记着自己是“海南丢子”的后代……

在“海南丢子”心中，“山东家”的灯火永不熄灭，“山东家”是魂牵梦萦的前世，大连城是爱恋不够的今生。“海南丢子”对大连之外的其他东北地域不觉得亲。从前东北人非常歧视山东人，称山东人为“山东棒子”，山东人反嘲他们是“臭糜子”。东北人嗜酸汤子，酸汤子乃高粱米发酵而成，口感滋味并不佳，但东北人就好这一口，捧碗酸汤子，如临仙境，是舌尖上的极致享受。蔡澜说，不要评价人家小时候吃过的食物。食物事关生存尊严，某些食物往往隐藏着一代人的苦难史。

王炎是电影导演，1923年出生，“海南丢子”，代表作有《战火中的青春》《许茂和他的女儿们》《寻爱记》等。其中《寻爱记》是在大连拍摄的，1957年的大连在影片中鲜活生动。2006年，王炎出版自传《一个导演的自述：王炎自传》，以《从大连至烟台》为开篇讲述了他的身世。与多数山东人受生活所迫移居大连不同的是，王炎的父亲在20世纪20年代“闯关东”是与岳父一家关系不和所致。王炎小时候生活在大连，到了上学年纪却回了烟台姥姥家。两地生活的转换，在他幼小的心灵上留下了特别的记忆，“在大连，凡是从山东来的人都被当地户称为‘海南丢子’，即大海南边丢来的人。在烟台的学校里，欺生的学生又戏称从东北或大连来的孩子为‘关东驴’。放学后，当地的孩子们都一帮一伙嘻嘻哈哈地离去了，只有几个像我一样的‘关东驴’，背着书包垂头丧气孤寂地走回家去……”

“海南丢子”称当地户为“此地巴子”，“巴子”不是个好词。“巴子”是沪语，由“乡巴佬”一词口语化而来。一个人土气落伍、不解风情，会被上海人称为“乡”或“巴”，“巴”本是形容词，后来逐渐演化成名词“巴子”。20世纪90年代，一大批台湾人来上海做生意，由于两岸已隔离多年，价值观和生活方式大为不同，部分台湾人好色嗜酒等恶习催生了“台巴子”一词。这是一个针对特定群体歧视性强烈的方言词。

迟永长教授说，“海南丢子”的“丢”意蕴深刻，它饱含着山东移民昔日为艰辛生活所迫背井离乡的血和泪。就是这个“丢”字，让人仿佛又看到了大连人祖辈当年因饥饿而颠沛流离的悲惨画面：无可奈何的父老乡亲只剩一条生路可走，就是丢弃生我养我的家乡，丢弃生我养我的故土。这种丢弃该是怎样艰难的抉择！不要以为是他们愿意丢弃家乡，也不要以为是他们情愿丢弃故土，不，不是这样的，事实是多灾多难又同样无可奈何的故乡挥泪丢弃了他们。“丢”字背后隐含着“丢”与“被丢”的双重无奈与无尽辛酸。一个“丢”字，力透纸背、入木三分地刻画出大连人祖辈漂洋过海移民北上的凄惨命运。表义上，此“丢”可谓一字千金；构词上，此“丢”更是无字可替。

“海南丢子”心中有一条老街，名叫东关街。这里曾是他们一处集中的生存区，百年不散的乡愁一直萦绕在这里。著名作家冯骥才说，一个城市由于有了几条老街，便会有一种自我的历史之厚重、经验之独有，以及一种丰富感和深切的乡恋；它是个实实在在的巨大的历史存在，既是珍贵的物质存在，更是无以替代的精神情感的存在，这便是老街的意义。如果哪个城市还有条老街，那就是拥有一件传家宝。而如今，多少条老街在利欲熏心、野蛮无知的铁锤中粉身碎骨、化为乌有？

“海南丢子”是大多数大连人的祖宗。在几代老大连人心目中，“山东家”是灵魂深处无法割舍的挚爱，是挥之不去、魂牵梦绕的乡恋，每逢年节，老大连人就会想起“山东家”，这种思念总是饱含着淡淡的忧伤，这份感情跨越了时间的长河与时空的阻隔，孜孜不息地养育着齐鲁人的忠诚血脉……

歹饭，徐儿

一方水土养一方人，我想，这“水土”自然也包括方言。我们为何觉得自己的方言太难听，为自己的方言感到自卑？我们掩饰自己的方言就像在盛大场合回避一个突然造访的落魄不堪的穷亲戚，方言中那份不露声色却令人心骇不已的“耻感”究竟从何而来？

迟永长教授是大连方言的研究者，他在《大连方言音系》序言中回忆了大学时期方言带给他的“磨难”。那时汉语课堂上要进行普通话训练，大家的南腔北调全部“曝光”，那些土得掉渣、俗得冒烟的方言都成了活教材，老师要当场进行纠正，学生们因此感觉很没面子，纷纷下功夫提升普通话能力。

大连籍作家孙惠芬是庄河人，她坦言，作为庄河人，一开始就打下了自卑的底子，而这自卑感源于方言。走出去之后，她才知道庄河人说话太难听了，太土气了，如果听到有人取笑庄河话，就像被人揭了伤疤一样难受，恨不能找个地缝钻进去。

“多年来，因为说话发音带来的自卑一直潜在心底，小心翼翼地纠正着j、q、x，像寻找金豆子一样细心寻找着带有zh、ch、sh声母和带有一声、二声音调的字，因此在人多的场合不敢说话，必须说话时，先涨红了脸……”令庄河人耿耿于怀的是一个段子，仅有两句话，却给庄河话打上深深的烙印，成为庄河话被人取笑的证据。

“小车拉小石头，小石头掉下来打小脚指头。”

庄河人是怎么说呢？

“小切拉小席透，小席透掉下来打小觉季透。”

庄河话的土气粗鄙，大概皆因这两句话。孙惠芬说，实际上，她的发音还没有那么土，至少在“石头”“吃饭”这样的字眼上还是正确的。距孙老师故乡的村庄不足十里路，有一个拥有1000多年历史的古镇，叫青堆子。它坐落于大海边，有海港，有码头，在19世纪就与朝鲜、日本有着贸易往来，很早就有了外来文明，有教堂，有牧师在那里传道。“我的奶奶最崇拜的人是孙中山，要儿孙们出去为国家做事。她常说小河要汇入大河，大河要汇入大海。她说的大海，就是国家。实际上，这个‘车拉石头’的方言段子只是在河海交界那一小片区域流行，却一直顽固地存在着……”

方言土语记载着我们的出身，隐藏着我们的隐私，刻录着我们最初的心路历程，所以，我们不愿在外人面前说方言，方言让我们深深地自卑。我们排斥方言，实际上是对过去生活的拒绝。“后来我知道，我的自卑，其实跟说话怎么发音没有什么关系，纯粹是一个刚从土地里走出来的农民面对外面世界的虚弱所致，或者说，是我内在的虚弱，导致了我对语言的格外敏感。”孙老师这番自我剖析会令许多人产生共鸣，在某些场合，总会遇到庄河老乡，大家磕磕绊绊地说着普通话，如果哪个人一不小心露了土话，她会“跟着本能地脸红之后，一股血顿时涌遍全身”。

终于有一天，庄河人不再为一口土话而自卑了，这片土地发生了翻天覆地的变化，庄河人变得自信了，他们在各种场合大大方方地说着庄河话，与国内外的来宾交流毫无违和感。一个晚上，当地记者用庄河话问孙惠芬对家乡的感受，她竟然有些失语，熟练的普通话居然怎么都说不出口了，就像当年在外人面前不敢说庄河话一样。面对明亮平和、疏朗从容的庄河人，孙惠芬感觉羞愧，“在我一程程向外挣扎，因为身心的虚弱不断修改着说话发音的时候，庄河人居然就没有动摇过，就没想过要改改他们说话的发音。他们不动摇，是他们对这片土地太了解了吗？是他们因此太自信了吗？还是他们更了解自己河一样倔强的性格、海一样开放的胸怀？”

庄河王岚老先生退休后编撰了一本小册子，名为《河之俏——方言俗语集》，详细记载了庄河地界的方言俗语。而且，老先生本人就是庄河话最正宗的发音人、最地道的代言人。30多年前，老先生也搞写作，比写作更有价值的是，他是庄河地界的文学组织者、引领者，培养了不少作家。几年前，我受杂志社派遣去庄河组稿，与老先生在酒桌上见过面，一桌子庄河人，老先生最健谈，那一口庄河话确实土得掉渣儿，但丝毫不觉得粗鄙，那腔调千变万化，有时高亢奔放，有时婉转温柔，非常好听。文人想象力丰富，擅长构思，所以，我们这些大连人无法分辨老先生讲的是真实发生的事还是现场给大家伙编的故事。在众人捧腹大笑之际，老先生倒显得有些手足无措。是的，他并无取悦之意，他原本就是这样说话的。

老先生编撰《河之俏——方言俗语集》费了很多心血，那时候，他已退休，全身心地投入方言的采集与整理。他随身揣着纸与笔，随时随地地采集。与朋友去小饭馆吃饭，点菜时服务员说了句土话，他一把扯过服务员手中的菜单，赶紧将那句刚出口的热气腾腾的土话记下来。

老先生说，收集整理方言的目的是寻根问祖、正本清源、吸收借鉴，通过重新审视方言这个独特的文化现象，为传承和发展历史文化的精髓服务。有些古老的方言随着老一辈的离去而永远地消失了，所以，当今天我们与某些方言重逢，真的需要长久地端详、细细地品读，才能辨识出它们当初在我们生活中的真实存在。顺着方言的线索，我们又回到了往日生活的现场。对方言的品读，让我们完成了一场酣畅淋漓的怀旧。

来讲两条著名的庄河话：歹饭、徐儿。这两条方言的发音能让我们一窥庄河话的特色与风貌。这两条方言至今还陪伴着庄河人的五冬六夏。

不仅是庄河人说“歹饭”，普兰店、瓦房店一带都说“歹饭”。小时候在辽南城子坦镇生活，城子坦距离庄河很近，两地方言有不少交集，但发音上有很大的区别。小镇虽小，五脏俱全，街道有路灯，家家户户使用自来水，小饭店供应油条、豆浆，镇子上还有时装店、台球室、录像厅。人们的住房由房产管理所统一管理，房子漏雨要到房产所报修。但是小镇与农村又仿佛别无二致，这主要体现在语言方面，大家都操着相同的方言，小镇的人也说“歹饭”。镇子上只有少数人说“吃饭”，比如我父亲和他单位的几个人。

父亲在镇房产管理所工作，我对父亲单位的印象主要源于他的那间办公室，那里是我儿时心目中非常神圣的地方。父亲的办公室有各种报刊，除了党建之类的，其余的都是国字号的文学期刊。20世纪80年代是文学的黄金时代，在小镇的办公室看见文学期刊并不奇怪。父亲办公桌上还有一个白色搪瓷缸子，长年累月飘溢着茶香。那时候奶奶对我们姐妹的期望就是到房产管理所“坐办公室”。所里有三个领导，父亲是其中一个，他们有一个共同特点，不说“歹饭”，说“吃饭”。语言具有身份标志的功能，对语言的选择其实是对自我身份的定位。受教育程度高的人言谈措辞比较规范委婉，而受教育程度低的人说话则直接粗俗。所以，辨别一个人身份最简单的方法就是看他的语言。

大家都以为，“歹饭”是胶辽官话特有的词语，主要流行于山东、辽宁等地区。其实不然，“歹饭”也是其他省份方言中的一个特色词。《湖南省志》中的《民俗志》记载：“湘西人豪爽，表现在喝酒上。家里来了客人，以喝醉为最高兴，只有真感情才会喝醉。客人喝酒的多少，是衡量主人款客隆不隆重、客不客气的标志。湘西人喝酒，叫‘歹酒’，吃饭叫‘歹饭’，吃菜叫‘歹菜’，吃什么东西叫歹什么东西。”《古丈县志》记载：“由于语言多变，（古丈）方言则更为繁杂。如吃饭一词，就有‘吃饭’‘卡饭’‘歹饭’‘由猛’等不同。”

据《汉语方言大词典》记载，“歹饭”在西南官话区，如广西桂林、湖南龙山，甚至赣语区，如湖北蒲圻（今赤壁市）等地的方言中广泛使用，只是语音略有差别。由此可见，“歹饭”是个使用范围广泛的方言词，遍及西南与两湖地区。

王虎《大连方言词语考释》对“歹饭”做过考证，具有吃义的“歹”最早的文献出处是蒲松龄的《聊斋俚曲集》。

《聊斋俚曲集·慈悲曲》中：“到近前低着头儿，挨人家骂，指东说西又没处回答；气也不喘尽歹那菜瓜。”“这无名的菜瓜，只得是捏着鼻子歹。”

《聊斋俚曲集·磨难曲》中：“且歹他五两银子，盘费不了，给老婆子买点人事。”

“歹”与“吃”义相去甚远，所以有人写成了“逮饭”，望文生义，可理解为太饿了，“逮着饭就猛吃”。

耐人寻味的是，父亲去乡下亲友家做客，亲友陪父亲吃饭，一律随父亲说“吃饭”，这是对父亲的尊重，也是一种礼节。但是，他们往往说成了“乞饭”。

有人认为，山东海阳、黄县等胶东地区不说“吃饭”，而说“逮饭”，可能是为了回避“乞饭”的发音。众所周知，在胶东地区，古清音声母入声字一律读上声，这样“吃饭”就音同“乞饭”。吴语也有入声，所以“吃”“乞”同音。宁波地区说成“曲饭”，可能都是为了回避“乞饭”这个发音。

通俗地说，咱辽南人不会读zh、ch、sh,当年，这zh、ch、sh的发音是庄河人最大的坎儿，他们只会读z、c、s,也就是说不会读翘舌音，将翘舌统统变为平舌，这是庄河话的一大特色。除此，zh、ch、sh、z、c、s与j、q、x混用，也是庄河人学习普通话一大难关。

“歹饭”中的“歹”是一个同音替代字。如朱自清《我所见的叶圣陶》：“在杭州歹了两个月，放寒假前，他便匆匆地回去了。”《初到清华记》：“从前在北平读书的时候，老在城圈儿里歹着。”这里的“歹”其实就是“待”的同音替代字。《简明东北方言词典》写作“呆”，这是个新造字，各种规范词典都未收录。“歹”有可能是“啖”的变音。“啖”的异体字有“啗”“噉”，从古到今都有表示“吃”的意思。如《广雅》：“啖，食也。”北齐颜之推《颜氏家训》：“江宁姚子笃，母以烧死，终身不忍噉炙。”唐朝薛用弱《集异记·宫山僧》：“久又闻咀嚼啖噬。”《水浒传》中：“王庆将纸包递来道：‘先生莫嫌轻亵，将来买凉瓜噉。’”

汉语中，“懒”“赖”二字具有相同的声符，上古读音相同，经常通用。如《孟子·告子上》：“富岁，子弟多赖；凶岁，子弟多暴。”清代学者焦循《孟子正义》引用同代学者阮元的观点：“赖即懒。”如此看来，“啖—歹”读音的差异，和“懒—赖”相似，这些例证可以证明“an—ai”这两个韵之间有很近的联系。《北京土语词典》里有一条“lǎi松”，懈怠的意思。例句：学习正在重要阶段，你可别lǎi松。词典编纂者找不到合适的同音字，只好对“lǎi”阙疑待考。大连方言“歹饭”也证明了这两个读音在北方语言中的转化关系，这个“lǎi松”就是“懒松”。

“徐儿”也是典型的庄河话。“徐儿”，即属相灯，每年正月十五，庄河地区家家户户点“徐儿”，据说这个习俗已流传了上百年。《半岛晨报》曾刊登一篇《庄河点“徐儿”闹元宵习俗已有百年》的文章，介绍庄河这个节庆风俗。大连市区老辈人也说“徐儿”，从字义来看，“徐儿”与属相灯毫无关系，大连人为何称属相灯为“徐儿”呢？

有研究认为，这个习俗源于山东半岛的北部，明末清初，大量的山东流民“闯关东”，将这个习俗带到胶东半岛。如今，山东威海等地还有正月十五捏生肖面灯的传统，当地人称为“捏属儿”。山东的这个“属儿”其实就是庄河的“徐儿”。

从读音来看，“属”与“徐”在普通话中差别很大，但是，如果我们了解了庄河话的发音特点，就会对这两个字在读音上的关系恍然大悟。据迟永长教授在《大连方言音系》中统计，庄河话中的“湿、石、书、暑、树、赊、舌、舍、说”等字的声母都读成“x”。研究者进一步从音韵学进行考证，“属”是禅母，所以读为xú。

从《河之俏——方言俗语集》中撷取几条庄河话，让我们一起来领略方言诙谐幽默、寓意深刻、雅俗共赏的独特魅力。从这些方言中你会发现，真的是“十里不同村，村村不同话”，这些庄河话听来还是比较新鲜的。

一个锅里搅马勺：吃同一锅饭，比喻关系很近。例句：一个锅里搅马勺好多年，现在人家富了，咱穷嗖嗖的，也不好上门去麻烦人家。

舞马操：能力或技艺；打架。例句：“你真有个舞马操，这活儿我是不会干的。”“咋的，你还想动舞马操咋的，我不怕你。”

体登：指出现不良的后果。例句：这场大水体登了不少庄稼，肯定要减产，得想法儿把这个损失挽回来。

慢抽筋儿：分期分批付清；形容慢腾腾的。例句：“贷款买房其实并不便宜，只是慢抽筋儿。”“他干啥都是慢抽筋儿，没有痛痛快快的时候。”

填活：亦作填护、填乎。指家禽、家畜为主人增利。例句：人家养的老母猪也真填活人，开春一窝就下了十三个崽。

拉屎往回坐：比喻说过了话、做过了事就反悔。例句：说话要算话，不要拉屎往回坐。

趁核儿：富有。例句：他们家可趁核儿，头些年，他爸在外面做买卖，淘弄回来不少好东西。

耍狗坨子：（贬义词）比喻出洋相或被人耍笑。例句：那家伙又耍狗坨子啦，也不怕人耻笑。

按葫芦抠籽儿：逐个敲定。例句：这件事要按葫芦抠籽儿，大家一个一个地来，不能一窝哄。

得烟儿抽：吃香，得势。例句：他觉得他在单位挺得烟儿抽，完全不是那么回事，只不过是大伙让抚让抚他而已。

棺材瓤子：称年老体弱快要死的人（含诅咒或厌恶意）。例句：老李头有病多年没治好，他自称是个棺材瓤子。没想到送医下乡给他带来了福气，现在是能吃能喝，走道噔噔的。

血　受

“血”，在大连方言中发音为xiě。“血”原本是名词，在大连话中却被用作程度副词，表示很、非常、特别的意思。

许慎《说文解字》中对“血”字的解释：“祭所荐牲血也。从皿，一象血形。凡血之属皆从血。”其造字本义是祭神杀牲时滴注在器皿里的、代表生命的温热鲜红的体液。

在《汉语大字典》中，“血”共有10个义项，分别为：古代作祭品用的牲畜的血；血液；指妇女月经；用鲜血涂沾、染；有血统关系的；悲痛的泪水；红色；像血一样的颜色；比喻刚强、热烈；忧虑，后作“恤”。

徐祖熹认为，《汉语大字典》中“血”可以比喻“刚强、热烈”，由“热烈”可以引申出程度义，因此，“血”字表“非常”“极”等程度义，有可能是经过引申而来的。

血受、血干净、血彪、血上火、血烦人、血不够意思……不论是褒是贬，“血”都裹挟着某种刚烈之情。“血”是大爱大恨的，是疾风知劲草，是真金不怕火炼，是从大风大浪中一路闯过来的。从大连方言中找出一个与大连人的秉性脾气一脉相通的词，那便是“血”，它生动精准地诠释了大连人的真性情。

两个女工下班途中去买菜，“听说今年山东的卷心菜血便宜，8分钱一斤，贱得跟草似的，俺老家的菜农可毁了……”一场动迁，相处半生的老少爷们儿散落四方，夏日午后两位老邻居青泥洼桥相遇，唠半天唠不够，便来到麦凯乐与新玛特之间的步行街，这里凉风习习，非常惬意，除了年轻情侣，就是老街坊在这儿喁喁私语……说起当年某个品行不端的邻居，二人咬牙切齿，“那个老鳖羔，坏得头顶生疮脚底冒脓，血待人恨！”职场上，某

Heineken
Max
Max

人倚仗与上司关系密切，将公司当作自家菜园子，长什么摘什么，被人背地里骂“血不要脸”。坊间传言这年头能借女人不能借银子，却有朋友在你穷困潦倒之际二话不说倾囊相助，一腔感动之情只化为一句简洁有力的“血够意思”。邻居小两口生了一对大胖小子，个个活蹦乱跳，憨态可掬，“血待人亲”。夏季夜晚和朋友们在大海边消遣，吹海风，吃烧烤，枕着涛声谈天说地，“血受”啊。大连是一座“血干净”的城市，这可不是吹的，那白衬衫穿半个月不用换……

大连人喜欢用“血”来表达内心的真实感受。厌恶、愤怒、憎恨等负面情绪，要以“血”来抒发宣泄；温润人心、激荡灵魂的正能量情感，更需要“血”来捧场助力。以四两拨千斤的经济与便利，“血”就这样成为大连人的口头语。

北京方言“忒”、哈尔滨方言“贼”，与大连方言“血”同义。“大连话血逗、血有意思”，以北京方言表述是“大连话忒逗、忒有意思”；以哈尔滨方言表述是“大连话贼逗、贼有意思”。三者比较，“忒”有些抽象，“贼”又过于具体，而“血”仿若来自骨子深处，既通俗又有文学性。

与“血”一样，“受”也是“经济性”的大连话。在《现代汉语词典》里，“受”有四种意思：接受，得到；遭受，承受；忍受，禁受；适合。大连话“受”取“适合”之意，受吃（吃着有味），受看（看着舒服），受听（听着入耳）。与“血”组词，引申为痛快、爽、舒服。“血”与“受”笔画简单，意蕴强烈，强强联手，成为最经典、最有知名度的大连话。

有文献显示，“血受”应为“邪受”，“血”是“邪”的讹字，《汉语方言大词典》（第二卷）中，“邪乎”一词解释为“厉害”。

语言是文化的载体。苏新春在《文化语言学教程》一书中，将文化分为物质文化、制度文化、心理文化三个层次。“血+X”构式更多体现的是心理文化。心理文化主要存在于人的精神层面，既包括人的思维方式、审美、好恶，也包括人的信仰、价值、观念、情操等。

徐祖熹认为，人类在长期的社会实践中，形成了一种热爱红色精神文化的思维方式、心理模式、传统观念以及审美趣味。血的颜色是红色的，而“红”在《汉语大字典》中有“鲜血的代称”的意义，也有“花的代称”“美人的代称”“兴盛、显达”等意义，以“红”作为纽带，也使得“血”字具有一定的褒义色彩，这完全符合人们的价值取向，与人们的思维观念相吻合，也使得用“血”字来表示程度具有一种理性色彩。

美国社会心理学家马斯洛将人的需要分为5个层次，分别是生理需求、安全需求、社交需求、尊重需求和自我实现需求。生理需求是人类维持自身生存的最基本需求，包括衣、食、住、行等。在这一层面所产生的感官上的愉悦与满足，大连人称之为“受”。当然，精神方面的享受也可以用“受”来概括，比如看了一场精彩的球赛，倾听了一场思想盛宴，引发心灵的共鸣、精神的交融，也是一种“受”。

大连是一座节日繁多的城市，城市创造了节日，节日反哺了城市。在众多城市节日当中，啤酒节真正是咱老百姓的节日。星辰大海，浪涛拍岸，人们在啤酒大棚里开怀畅饮，酒花四溅，倾城飘香……啤酒节在夏季举办，很多大连家庭会在此季接待来连旅游的亲友，自然要将体验大连啤酒节纳入待客之道。于是便有了某位以严谨端庄而著称的大嫂跳上酒桌舞了一曲的佳话流传出来……大连啤酒节实在是太有感染力了，太受了!

“受”是一种幸福感。生活在一座城市里，倘若人们在方方面面都感到很“受”，那么，这座城市一定是宜居之地，是可以繁衍生息托付终身的，生活在这里的人们幸福指数一定很高。

前些年，外地人常见一些大连餐馆的门脸上写着一行红色大字：酸菜炖血肠，血受！令人招架不住的东北风扑面而来。前段时间，在沈阳铁西区爱工街吃了一顿东北大乱炖，也很受。在五谷蕃熟、仓满囤流的时节，怎样表达喜悦之情？东北人发明了“大乱炖”，又称“大杂烩”，将萝卜、土豆、辣椒、南瓜、豆角、茄子、木耳等多种蔬菜，与猪肉一道炖。这道菜没有什么章法，与东北人的生活习性有关，东北方言“一个锅里搅马勺”就是描述东北人吃大乱炖这道菜的情形。乱炖菜是东北游牧民族发明的，东北曾是蒙古、女真、契丹、满族的世居地，这些游牧民族在马背上过着颠沛流离的生活，到吃饭时，将马背上的大铁锅卸下来，将蔬菜和肉简单切碎，直接推到锅里开炖。开饭时，在锅里放一只大马勺，人们扑上来守着一个锅吃饭。这道菜的做法及吃法都极为朴素粗犷，所以东北人在开饭前习惯说一句：可劲造吧。

在四川宜宾吃过一次燃面，燃面旧称油条面，油重无水，点火即燃，故名“燃面”。一个“燃”字用得特别有灵气，给食物起名字很考验一个人的文字功底。谁给菜起了这么好听的名字？是食客，还是文人墨客？宜宾人早餐喜欢吃燃面，臊子花色很丰富，有牛肉、排骨、肥肠、鸡肉、蹄花、干筋、三鲜、口蘑、杂酱等数十个品种。你随便走进哪家面馆，都能尝到地道的燃面，保证好吃得让你舌头打结。“舌头打结”这种口福用大连话来形容就是“血受”。

1985年，《海燕》杂志刊登了短篇小说《夫妻粉》，这篇作品斩获了全国第八届优秀短篇小说奖。《夫妻粉》开头写道：“蜀中小吃多，什么‘龙抄手’‘赖汤圆’‘麻婆豆腐’‘担担面’……看得人眼睛发花不说，喉咙管里都能伸出爪爪来。”这个“爪爪”是四川方言，生动传神，别具一格，若用咱大连话表述只需两个字：血受。

去年冬天，我在姚家学车，姚家属甘井子区。周末凌晨5点30分坐上驾校班车，那时候天还是黑的，在班车上我不知不觉睡着了，醒来后天色放亮，睡眼惺忪打量着那些热气腾腾的小饭馆，脑海里浮现木心先生那首《从前慢》——

清早上火车站

长街黑暗无行人

卖豆浆的小店冒着热气

从前的日色变得慢

车，马，邮件都慢

一生只够爱一个人

心间诗情荡漾，一排排红色大字霸气十足地撞入眼帘，原来是驾校附近一个酒店的户外墙体广告：

我们的行政总厨是烹饪大师杨××先生，做菜血好吃！菜量血大，撑得血难受！

我们的特价房仅99元，血便宜！

我们有20个豪华餐饮大包间，在这里请客血有面！

我们有999元的豪华婚礼套餐，血实惠！

学完车考完试不在××吃顿饭，血后悔！

我们有5个大会议室，功能血齐全！

我们的辣炒蚬子2元/盘，血新鲜！

我们有千人会场，开会血爽！

我们有3个高档婚宴大厅，吃饭血敞亮！

我们有213间客房，装修血好！

……

这广告在大街上横刀立马藐视一切高大上的广告牌，我心底的那点诗意被呼啦一下吹散了。

打电话问那家酒店为何用大连话做宣传，负责人哈哈大笑，说我们没有文化，想不出好听的广告词。

漫步大连甘井子区，你经常会看到一些小饭馆的玻璃窗上“杀猪菜血好吃”之类的广告语。你可不要瞧不起方言，谁说方言只能给甘井子区小饭馆做广告，方言也可以写诗呢！

徐志摩有一首诗《一条金色的光痕》，是用硖石方言写的，胡适非常赞赏，并对鲁迅未能用绍兴方言写《阿Q正传》表示遗憾。咱们来欣赏这首诗中最精彩的几行：

昨日子我一早走到伊屋里，真是罪过！

老阿太已经去哩，冷冰冰欧滚在稻草里，

野勿晓得几时脱气欧，野呒不人晓得！

我野呒不法子，只好去喊拢几个人来，

有人话是饿煞欧，有人话是冻煞欧，

我看一半是老病，西北风野作兴有点欧。

虽然咱不是南方人，却也读得懂这首诗，“这是真正的白话，这是真正活的语言”，这也让我们理解了胡适对方言的赞誉。

如果组织一场各地方言的“武林大会”，大连派出的方言选手肯定是“血受”或“血干净”。“干净”意为好、精彩、完美，多数时候与卫生状况无关。比如，“这个球进得血干净”，意思是这个球进得很精彩。

在大连话中，“血”最具网络语言的潜质。网络语言是一种新兴的社会方言，具有创新性、经济性、诙谐性和粗俗化等特点。“血”的创新性与经济性自不待言，在抒情表意时的鞠躬尽瘁也别具诙谐和粗俗之意。

一位漂泊海外的大连人在网上一段大连话视频后面深情留言：儿时的“海蛎子味”，我想死你了！大连话是放在行囊最底层的乡愁。回望家园，那里山高水长，浪涛澎湃，乡音葳蕤，相信那里的人心、人情都不曾更改。

“乡音情结”是每个游子终生附丽的情感。既说普通话，又说家乡话，这种“两话生活”已经成为社会语言生活、文化生活的常态。著名作家贾平凹说：“每种方言都有自己的气数，陕西话的人气很旺，你钻进秦岭山中，跑上黄土高原，走过八百里秦川，都能感受到鲜活的陕西话，很扎实，很解馋……”“解馋”一词用得“血好”，生动地道出了方言对人的情感的慰藉。远离家乡的人们从不曾淡忘乡音，乡音里没有兵荒马乱之感，在乡音里赤身打个滚，便找到了家，找到了归宿。

若论大连话的“扎实”与“解馋”，“血受”算一个。有人跟你道一句“血干净”，便找到了大连的“海蛎子味”，找到了大连人的精气神。

赖塞，跑风

“赖塞”，即撒娇，多指小孩子在父母面前撒娇邀宠；也可形容女人在男人面前娇嗔满面，情不自禁的模样；还可形容女性为了讨男性欢心或请求对方满足自己心愿时，以柔克刚，扭捏作态，非常娇情地施展女性魅力。

当年《大连日报》在《大连流行语辞典》栏目里，对“赖塞”的写法是“唻赛”，其中有这样一段生动解释：最难把握的是美人的唻赛，有道是英雄难过美人关，更何况我等连英雄的边也沾不上，抵抗力就更逊一筹了。能称得上美人者，即便是不动声色都能勾你的魂摄你的魄，如果再唻赛起来那还了得？君不见一些腐化堕落的党员干部，在靓女的娇声中败下阵来。

“她一天血赖塞了，真看不惯她。”“你看那女人长得其貌不扬，说起话来赖赖塞塞的，真让人受不了。”女人赖赖塞塞地说话是什么样子？请参照蔡明在2012年春晚小品《天网恢恢》里打给老板的那个电话。除了形容孩子、女人的情态，赖塞也可以用来描述宠物的萌态。张小姐养了一只雪白的小猫咪，张小姐爱死她的小猫咪，为它取名“张曼玉”，走哪儿带哪儿，须臾不离。张小姐爱耍赖塞，“张曼玉”更爱耍赖塞。话说某日，张小姐开车违法被警察拦下，警察开罚单时，“张曼玉”跃出车窗蹿到警察怀里千娇百媚叫个不停，而张小姐在车里笑得花枝乱颤，人与猫一起耍赖塞，真是笑死人。

《大连晚报》曾报道：藏獒，给人最直接的印象就是凶猛，许多人光是听到这个名字，就会不寒而栗。然而，在孙保国、孙艳华夫妇家，藏獒竟和普通家养宠物一样，赖在主人的大床上，拿毛绒猪当玩具，那赖塞样儿让人完全想象不到这是一只藏獒。

赖塞的撒娇义是怎样得来的呢？王虎在《大连方言词语考释》一文中做

如下考证：

“赖”，有懒散义，引申出“留在某处不肯离开”，巴金《家》三十：“三哥，你说走，为什么又赖在这儿？”叶圣陶《多收了三五斗》：“小孩给赛璐珞的洋团团、老虎、狗，以及红红绿绿的洋铁铜鼓、洋铁喇叭勾引住了，赖在那里不肯走开。”也可以组成双音节词“赖地”，多指躺在地上耍赖。章炳麟《新方言·释言》：“凡据地不起曰赖地。”如：这孩子一哭就赖地。由“留在某处不肯离开”，再引申就有褒义“撒娇”义。据《汉语方言大词典》，广东客家话称孩子为“赖子王”，这是个爱称，是宝贝儿的意思。我们认为“赖子王”和大连话“赖塞”中的“赖”的意思相近。如果过度地逗留，“赖”又引申出贬义“纠缠”义，如东北官话“赖唧唧的”词，指不顾羞耻地纠缠：“为了她儿子工作的事，她从早坐到现在，赖唧唧的，就是不走。”

总结如下：赖（懒散）——留在某地——撒娇——纠缠。

“赖塞”的“塞”，它的本字应该是“色”，常做构词语素，组成双音节词，表示“……的样子”。如“熊色”“损色”，相当于熊样、损样。再如“各色”，指人做事古怪，处事和常人不同。大连话中的“赖塞（色）”就是娇气的模样，“赖塞”是“赖色”的音变。

“请教各位达人，如何向男朋友赖塞？本人没有小鸟依人的外形，也学不来嗲声嗲气，男朋友多次暗示我不会赖塞，这让我很郁闷啊！”

看看大连众女侠给出的建议吧：

就是学小孩子嘛，最简单的就是自己跟自己说话，比如“老公不疼我老公不爱我老公不宠我老公不理我……”

我只会两招，在他身上蹭，用无辜的眼神直勾勾地看他。

说傻话，表情一定要丰富，眼尽量睁大，眨眼的速度放慢，嘟嘴，做无邪状。女人还能让耍赖塞这种事儿难着了？

其实，赖塞是女人骨子里的风情，后天习得颇有难度。

与赖塞同义的著名外省方言是“发嗲”。“发嗲”亦称“作嗲”，是上海、无锡一带的方言，经济发达地区的方言传播力很强大，“发嗲”也为北方人所熟知。

“嗲”是上海形容女人撒娇情状的方言，如嗲声嗲气、嗲得很。“嗲声嗲气”就是“赖赖塞塞”，“嗲得很”就是“赖塞得很”。上海女人的“嗲”是一种风景，是一种情怀，甚或是一种文化。“嗲”无关情色，“嗲”的真正内涵是优雅。怎样做一个优雅的女人，是每个女人的命题。“嗲”作为人们所认同的文化形态，正悄然地对女性内在生命进行深度塑造。咱们大连的“赖塞”似乎不如人家的“嗲”有味道。据说，英文词典已经将“嗲”收录在册。大连年轻人也时常说“嗲”（大连人说这个字眼时，披上了重音的铠甲，一点儿也不嗲），如今只能从老年人口中听到“赖塞”这个词喽。

猜猜吧，我们大连话“跑风”是什么意思？是迎着风跑吗？不，“跑风”是用来形容女人的，人们对一切用在女人身上的俚言俗语都保持着强烈的好奇和警惕。

20世纪七八十年代的辽南地区，“跑风”是指女性在情场上荒腔走板误入歧途，也是对女性轻佻浅薄水性杨花的暗讽。农村人给不贞女性发明了很多伧俗之词，相比之下，“跑风”实在太过委婉。

在那个封闭保守的年代，“跑风”是勇敢者的游戏。如今回头看，这算什么呢？“跑风”也许是真爱，那个年代的农村大地不知有多少被误读误判的可怜男女。如《红楼梦》所叹：“厚地高天，堪叹古今情不尽；痴男怨女，可怜风月债难偿。”

作为最典型的大连话之一，“跑风”与“浪”“嘚瑟”齐名，它们是一小撮语义相近的大连方言，至今仍活跃在大连人的日常生活中。

以“跑风”问候对方，“好久不见，又去哪儿跑风了？”以“跑风”调侃对方，“跟哪个男人跑风了，这么久没个动静？”

男人之间也说“跑风”，“从上次在黑石礁吃过烧烤之后，大半年没见到你了，去哪儿跑风了？”这里的“跑风”是忙什么、在哪儿发财的意思。

各地方言库中形容男女轻浮放荡的詈语层出不穷。到某地生活，一定要对这些詈语有所了解才不至于被暗算。习得当地方言是入乡随俗安营扎寨的第一课。

在东北，女人轻浮是“跑风”，男人放荡是“跑破鞋”。跑破鞋，即嫖妓。萧军《五月的矿山》中：“他自己也染了一脑袋一屁股流氓习气，比方喝酒啦，打架啦，外带跑破鞋。”《钟馗斩鬼传》中：“若论他的本领，倒也跳得墙头，钻得狗洞，嫖得娼妓，耍得破鞋。”

“破鞋”是詈语，指新中国成立前为生活所迫卖身的下等妓女，东北农村人吵架现场这个词曝光率极高。旧时的八大胡同，没有名头的卖身女子，在房屋檐角挑一只绣花鞋，暗示身份招揽生意。日久天长风吹雨淋，绣花鞋就成了破鞋。还有一说，当女人姿色凋残门庭冷落，只好去煤矿或林区找客户，绣花鞋经不起山路奔波，很快就磨破了。苦力工人看见鞋子破了的女人，就知道她来做什么。

北京男人泡妞叫“嗅蜜”，冯小刚电影《老炮儿》里六爷有段台词：“这事儿怎么着啊，就茬架呗，按咱老北京的方式来。这群生瓜蛋子，到头来还是得替他们扛雷。先嗅蜜再划车，小炮儿把小爷儿彻底惹火了。碰上这事儿，你搁谁谁不麻爪儿。”

“跑风”“跑破鞋”“嗅蜜”都是被文人修饰过的比较含蓄的詈语，不算正宗脏话。过去年代村妇骂人可以三四个小时不重样儿，令人掩面又大开眼界。南方某地的方言骂人还带拟声词，詈侮激怒对手的杀伤力更胜一筹。

如今，人们可以按照自己的心意来选择生活，多元文化所带来的正面价值已深入人心。过去年代爱跑风的女子会陷入作风可疑、口碑不佳的境遇，而今，有趣的女子都爱跑风，跑风意味着精神自由、经济独立，跑风终将改变潮水的方向。爱跑风才是真正的大连女子。

生古

“生古（gǎ gu）”，不仅是大连、山东地区的方言，也是更广地域范围的方言。

据《简明大连辞典》记载：“生古”是指厉害，多形容女人。《东北方言口语词汇例释》记载：生古，性情乖僻，难对付。

例句一：要是赵家分了马，他插车插犋，不用找别家，别家嘎咕（生古），赵大嫂子好说话。（周立波《暴风骤雨》427页）

例句二：你怎么老压着我呀？这回来个嘎咕（生古）的，不信难不住你。（《黑龙江艺术》1983年1期54页）

在《现代汉语词典》中，“生古”作为方言词被收录，形容人的脾气、东西的质量、事情的结局等不好。

山东大学张景芬教授对“生古”有这样的见解，随着普通话的普及，这个词在好多地方已被淘汰了，却在胶东长盛不衰。在使用过程中，胶东人按自己的习惯把这个词变异了。作为贬义词，“生古”是指负面的人、物或事，如人的性格、脾气不好，物的品质不好，事的发展结局不好，等等。逐渐地，山东人把物和事的含义扬弃了，而单指人。同时，在语义上也有一些差异与演变。

“生古”最初的意思是“厉害”，多形容女人。厉害是什么样子？厉害的女人又是什么样子？一个人胡搅蛮缠，睚眦必报，是厉害；一个人不畏强权，捍卫真理，守望真情，也是厉害。市井屋檐下，一男一女，女人统揽家庭江山，将经济大权紧紧把持，男人孝敬爹娘、抽烟喝酒、交朋轧友所需花费，皆需百般申请才能获批，若有超标或先斩后奏，会被女人吼得晕头转向。这类女人很“生古”，她通情达理，但控制欲强，有些事你跟她好说好商量，她简直是义薄云天一哥们儿，但你若欺她瞒她，她待你就很生古了。

逐渐地，“生古”由对人的性格、脾气的描述上升至意识层面，与人品、德行相连了。行为乖戾，难以相处，是“生古”；锱铢必较，张口三分利，是“生古”；专门利己，毫不利人，是“生古”；光有自己的，没有别人的，是“生古”，等等。

如今，大连老辈人还常用“生古”评价一个人，年轻人听不明白，不知是扬是抑。其实到后来，有些方言褒贬莫测，此抑彼扬，互相转化已很常见。比如“浪”，在过去的年代，暗指女性生活作风轻浮，情趣低下，一个女人一旦浪起来，就是生活奢靡、道德滑坡的开始，而如今，“浪”华丽丽地成为一个劲力十足的褒义词。同样，“生古”也是。

邻居老张的儿子娶了个湘妹子，湘妹子的父母原本不同意她北嫁，湘妹子爱得深爱得痴，不管不顾火辣辣地来到了大连。老张家境平凡，欢喜地将湘妹子迎娶进门。湘妹子的人生低开高走，婚后一路上位成为一外企高管，每天披一身霸气回家，横草不动、竖草不拿的，举手投足、说话做事与公公婆婆都不在一个频率。仔细思考诸多事情，礼数到了，情分却有些寡。跟邻居唠嗑儿论起家长里短，老张意味深长地叹了一句：“我那个儿媳妇真生古啊！”此处，“生古”并非家庭琐事摩擦所引发的心灵上的隔阂与冷漠。若深入其中客观公正地看，湘妹子的“生古”是一种与众不同的性格、一份不肯随波逐流的脾气，甚至是一种饱含着理性与智慧的处世风度。很多时候，人与人之间的和谐共处，社会的长治久安，靠的就是那种看似不近人情的理性力量。

一个人做一件事情，默默地坚持了很多年，付出了鲜为人知的汗水，他那苦行僧似的执着甚至连累了家庭，家人评价他时爱恨交织叹一句：“真是个生古人，没办法啊！”杨绛先生在《隐身衣》一文中写道：“社会可以比作‘蛇阱’，但‘蛇阱’之上，天空还有飞鸟；‘蛇阱’之旁，池沼里也有游鱼。古往今来，自有人避开‘蛇阱’而‘藏身’或‘陆沉’。消失于众人之中，如水珠包孕于海水之内，如细小的野花隐藏在草丛里，不求‘勿忘我’，不求‘赛牡丹’，安闲舒适，得其所哉……”“万人如海一身藏”，那飞鸟，那游鱼，那细小的野花，其实都是不同凡响的生古之辈。

跑腿子，孤老棒子

“跑腿子”“孤老棒子”是从《简明大连辞典》里选取的方言词。

《简明大连辞典》对这两个方言词的记载很简单：跑腿子，是指光棍，成年人无妻室者；孤老棒子，是指年老无子女者。

孤老棒子，也是东北方言，《东北方言口语词汇例释》记载，孤老棒子，是指老年单身汉。

例句一：小后屋的刘孤老棒子我也骗过他。（《群众创作》1985年1期2页）

例句二：你叫王振美，“美”在哪儿？一脸褶，刷子似的头。孤老棒子！（《依安文艺》1985年）

大连市区人对这两个方言词很陌生，庄河和普兰店人却知晓其意，很多人已远离家乡，却被这两个方言词唤回故园。“我们村的鲁三是个老跑腿子，我们班的张小明他奶奶是个孤老棒子……”与老话相遇所带来的巨大欢喜，居然令人思维凌乱了。如果张小明的奶奶是“孤老棒子”，那张小明的爸爸从哪里来？

“跑腿子”与我们常说的“跑腿儿”不同。“跑腿儿”是指为人奔走做杂事，是一出戏中的龙套，是烘托鲜花的绿叶子。在大连方言里，“跑腿子”是指单身的男性，急卡卡（大连方言，着急的意思）地想娶媳妇，却没能如愿，孑然一身，无所依仗。

据《东北方言口语词汇例释》记载，跑腿子，是指独身的成年男子。

例句一：我二愣子就跑腿子一个人，上无父母，下无兄弟，跳井都不挂下巴！（《北方曲艺》1982年3期87页）

例句二：我屋里的早入土了，到如今还是跑腿子。（周立波《暴风骤

牛奶
早上6:00
准时送达

雨》47页）

没娶上媳妇，无非两种原因：一是身体有病，或者有残疾；二是家里穷，衣不蔽体，几乎揭不开锅了。“跑腿子”属弱势群体，是被人同情或瞧不起的对象。有一些“跑腿子”属于不着调的二流子，整天沉迷于吃喝玩乐，再大的家业也被败坏掉；有一些“跑腿子”是被命运捉弄了，身残志坚成为生活强者的只是个案，多数残疾人孤身一人挣扎在生存线上。

我问乡下朋友：“为何将没娶上媳妇的男人称为‘跑腿子’？”

乡下朋友说：“一个男人没有老婆，独自过日子，家里什么事不得他自己一个人跑？”

“可是，男人娶了老婆，就成了家里的顶梁柱，为一家老小跑腿儿奔波责无旁贷啊！”

“男人再强大，也有疲累和脆弱的时候，需要有人帮着分担，哪怕是跑个腿儿。举个简单例子，你干了一天活回家，老婆端上了饭菜，即使是粗茶淡饭，也想喝几口解乏去累。酒瓶子是空的，如果身边没人，只好撇下一桌子饭菜自己亲自去买酒，回来饭菜也凉了。有一座房子，房子里有女人和孩子，这是一个男人最基本的生活需求。”

如果四十岁以后，还是一个人生活，就会被称为“老跑腿子”。熬过了大半生的孤独，躯体开始老化，眼神也愈发苍凉。“老跑腿子”与常人的生活境遇的区别，最终体现在眼神之中。“老跑腿子”的眼神孤寒阴鸷，令人不寒而栗。一个人待久了，连眼神也枯寒了。“老跑腿子”大多是冷性子，到了晚年愈发刻薄悭吝，周遭没有人气。也有极个别的“老跑腿子”在晚年具备慈祥的面目，那是因为他前半生乐善好施、慷慨仗义，还可能有过几个暖被窝的小寡妇。在一个村子里，一个女人丧偶之后，最先大胆来到她身边的就是村子里的“老跑腿子”。丧偶女人需要一个肩膀，需要有人跑腿儿。“老跑腿子”为讨女人欢心，最朴素的办法就是为女人跑腿儿。最好的爱就是陪伴。“陪伴”可不是面朝大海看春暖花开，两人都坐着不动弹，谁砍柴担水做饭？“陪伴”说白了就是“跑腿儿”，将爱落实在一箪食、一瓢饮的日常之中。

民间舆论对“老跑腿子”与寡妇之间发生的事总是网开一面。双方都是弱势群体里的单身者，即便是不以结婚为目的勾搭，人家也有这个权利嘛。歪瓜裂枣吮痈舐痔无比卑贱，这是“老跑腿子”给世人留下的不良印象。其实也有阅历丰富、修养较好的“老跑腿子”，年轻时孤独一阵子便走南闯北去了，暮年踽踽独行叶落归根了，并不凄凉，像一株经过风雨砥砺的竹子有着卓尔不群之美，令人好奇他在外面所经历的故事。我将这类“老跑腿子”称为那个年代的独身主义者。到最后，他们是主动选择了单身生活。他们容貌清癯，风姿隽爽，遗世独立，将一个人的日子过成风景，过成神话，都有可能。

古人曰：“老而无妻曰鳏，老而无夫曰寡，老而无子曰独，幼而无父曰孤。此四者，天下之穷民而无告者。”“跑腿子”，即鳏夫。这个方言词与女性单身者无关。女性单身者到了晚年，依然属于青葱不老的“老姑娘”，被人似嗔非嗔地总结一句“做了一辈子老姑娘”。

其实，放在今天，“跑腿子”就是“钻石王老五”，当然是指有修养的那一类。愿为女人跑腿儿的男性单身者，会被女人视为“男闺密”。男闺密也可以倾听你的心事，但男闺密真正的使命是跑腿儿。不是每个男人都可以成为女人的闺密。不嗜烟酒，干净清爽，熟谙女性心理，喜欢女性的生活氛围，了解时尚潮流，精通吃喝玩乐之道，不吝惜金钱、体力和时间，这样的男士才可能被发展成女人的闺密。

在今天，婚后不生育的夫妻被称为“丁克族”，年轻一代不愿像父辈那样被孩子绑架一生，勇敢地斩断婚姻里传宗接代的使命，选择只有彼此的“二人世界”。至于养老问题，在当下或未来已无须多虑。“丁克”由英文而来，字面意思是“双收入没有孩子”。在过去的年代，“丁克族”上了点年纪之后，会被人称为“孤老棒子”。

那个年代，没有生孩子往往是由被动的生理原因造成的。生不出孩子的事实像块乌云，一辈子笼罩在女人心头。没人敢质疑男人，过去农村男权至上的观念太根深蒂固了。

重男轻女思想严重的人，甚至将生了女儿却没生出儿子的老人也打入“孤老棒子”之列。若说“孤老棒子”这个称号有悲剧感，皆因养老问题。“养儿防老”是祖辈的人生追求，有女儿都不好使，只有儿子能为你养老送终。两户人家为地头的纷争吵架，有儿子的人家万分嚣张，没儿子的人家占理也硬不起来。

没有子女的老人，常会在家族其他晚辈面前念叨着：“逢年过节可别不管我，给我烧点纸啊……”“70后”们在小学时代学雷锋做好事，帮扶对象就是“五保户”，即“跑腿子”“孤老棒子”等鳏寡孤独者。如今，这个弱势群体被称为“低保户”，他们的生活质量是社会发展的晴雨表。

2015年，上海作家金宇澄的长篇小说《繁花》获第九届茅盾文学奖。《繁花》是用上海方言写的，参评茅盾文学奖前，已获过很多大奖。金宇澄一直主张，文学要有辨识度，文本个性尤为重要。令人意外的是，金宇澄最早是在网上写段子，写着写着就写出了这部获奖作品。

那是2011年，金宇澄在网络上用上海方言写上海故事，每天早晨起床写一段发上去，乐此不疲，从最初的几百字到后来每天写几千字。5个月后，金宇澄将这些故事整理成一部长篇小说，取名为《上海阿宝》。2012年，《上海阿宝》经删减改名为《繁花》，在《收获》杂志发表。

《繁花》是金宇澄的“试验”作品。60多岁的金宇澄是地道的上海人，上海里弄文化是金宇澄的精神原乡。他的母语是上海话，普通话是他的第二语言。他要用上海方言写小说。做这个文学“试验”，金宇澄用的是笨方法，一个故事立起来了，先用普通话写一遍，再用上海话写一遍，或者，先用上海话写，再用普通话写。他丝毫不觉得累，“醉里吴音相媚好”的创作惊喜，令他坚信上海话写上海故事最传神。

这个“试验”做到十几万字时，金宇澄完全获得了驾驭方言写作的熟练感。之后他开始尝试将上海方言转化为“上海官话”。这是《繁花》最终揽得茅盾文学奖最重要的秘密。用地道的上海方言写《繁花》，上海之外的读者读不懂。而把上海方言改成上海普通话，保证北方人能读懂，又不失上海地域特色，金宇澄在这方面下了很大功夫。十里洋场一饭一茶的琐屑与光芒，在方言这里找到了属于她的情致神韵。

南方作家一出生就落在吴侬软语的襁褓中，在温润婉转的吴音中款款长大。平时在生活中说着俚言俗语，可一拿起笔来，就要转换到普通话思维的频道。普通话是以北京话为基础，南方话与其相去甚远。所以，南方作家认为自己在写作上处于先天的弱势，总有点“吃亏”的感觉。金宇澄的成功就在于扬长避短，选择用自己的母语来进行思考和对话，形成了《繁花》鲜明的文学特征。

“金宇澄的《繁花》是过去四年中国长篇小说一个特别有异质性的文本，对汉语写作起到了非常重要的积极推动作用。”这是第九届茅盾文学奖“80后”评委杨庆祥对《繁花》的评语。

吃杂木地

一些职权部门的工作人员没有公仆之心，不按章办事，利用职权千方百计捞取个人好处，这就是“吃杂木地”。当然，这种“个人好处”不是巨额贪腐，而是“吃拿卡要”之类的行径。

《简明大连辞典》对“吃杂木地”是这样记载的：“旧时对无正当职业、混饭吃的人的一种称呼。”乍一看，与老百姓的解释有出入，但往深处细究，说的是同一种人。港台片里，常见古惑仔拉帮结伙控制了码头，对在码头上讨生活的人大肆敲诈勒索，这种不务正业、“吃拿卡要”之徒不就是“吃杂木地”吗？

武汉有一条关东街，有三个年轻人在这条街上“吃杂木地”被警察逮着。武汉人谭某，6岁就到河南某武校习武。在武校，他结识了河南当地人许某和周某，三人义结金兰，成为好兄弟。后来，谭某回到武汉目睹关东街正在搞开发，顿时豪情万丈，将远方的师兄弟找来，准备在关东街闯出个名堂。正经工作没干几天，发现又苦又累，挣钱还少，这一走神儿就邪念丛生，决定靠拳头“打天下”。他们觊觎关东街的物流车辆，以暴力手段强收保护费。“吃杂木地”没几天被逮了。

在儿时的游戏中，我们常说这样一个段子：此路是我开，此树是我栽，要想从此过，留下买路财。这个段子是“吃杂木地”者的内心台词。在风气不正的地方，“吃杂木地”的人以脸色、肢体动作、暗示语言等各种手段表达了那句台词。

“吃拿卡要”是一些职权部门的顽疾与丑态。向管理服务对象索要财物、赞助，要求管理服务对象接受有偿服务、购买指定商品、报销个人费用，是“吃杂木地”；强迫管理服务对象做广告、订报刊，参加各类社团，参加国家无明确规定的学习班、培训班以及各种考核、升级、达标、评优等活动，是“吃杂木地”。我们可能都经历过一些公务人员对该给咱办的事推诿扯皮、以各种理由拖延不办的窝火，因此对“吃杂木地”深恶痛绝。

管好自己的嘴，管好自己的手，不该吃的不吃，不该拿的不拿。放纵贪欲，是人生最大的风险。

在各地方言中，描述人的丑态与人性丑恶的方言词占比很大。而且，此类描摹往往入木三分，批判力强大，令人产生羞耻感。一句含贬义的方言词，将一个丑恶之徒水淋淋地从市井中打捞出来。比如“吃杂木地”，大连人茶余饭后唠嗑儿，提及一个人，有人紧一下鼻子只道一句：“这人不怎么样，吃杂木地的。”

梗儿梗儿、鬼头蛤蟆眼、卡捞捞、急捞捞、疵毛撅腚、抠抠搜搜、稀里马哈等，这些贬义方言词对于年轻一代来说并不陌生，大多能从字面上嗅出几分意思。而“吃杂木地”却不然，找不到一点儿线索，简直是横空出世，令人一头雾水，里外翻遍仍不得其义，像一个谜语，充满了神秘感。

我们与过去的生活相隔得太久远了，但若有机会走访老一辈的“海南丢子”，也许会寻得这些神秘方言背后的历史烟云、文化背景，以及市井生活深处那鲜活的民俗风情。

在岁月的长河里，很多方言的语音、语义发生了沧桑巨变，所以我们无法考察和挖掘每一个方言词的源流演变。

2013年2月，著名作家贾平凹获得了法兰西金棕榈文学艺术骑士勋章，这是贾平凹继1987年《浮躁》获美国美孚飞马文学奖、1997年《废都》获法国费米那文学奖之后，再度获得国际文学艺术类的荣誉。贾平凹的小说充满浓郁的陕西地域特色，他希望自己更多的作品能够“走出去”，但同时又有困惑：“咱不知道谁要呢，都是人家来寻咱，咱才知道咋弄，要不咱也摸不着巷，咱一直在陕西待着也不太出去，就不了解外面的世界。”

贾平凹认为最关键的问题是找不到合适的翻译家，陕西作家的语言特色非常鲜明，方言土语若离开陕西的文化土壤则极难理解。方言土语令翻译家绞尽脑汁，甚至有些束手无策。比如，“秦腔”二字就令外籍翻译家大吃苦头。倘若翻译不出原汁原味，对原著无疑伤害不小。

同事曲老师送我一本《北京话语汇》，这本“口袋书”于1961年12月由商务印书馆出版。在《编写人的话》一文中，金受申写道：“什么是土语？土语就是知识分子根本不懂，或懂一点也不肯说、说不出口的社会流行语。”我们都有这样的习惯，提起笔来想描述一种表象、姿态，或记一个口语，总是想一下字典里有没有这个字，不敢直接采用借用字。学者们也只重视书本上的古音古韵，却忽略了与古音古韵有很深瓜葛的方言土语。金受申指出：“这样只想从书本中去找词汇，语汇就不能不贫乏了。”

从金朝以后，那些真正为人民写作的文学家，注意到了民间语汇的丰富多彩，注意到了民间语汇的创造规律，便在院本、杂剧里广泛地采用了形容词、副词之类并使用代用字，就这样，一大批丰富的方言土语资料被保存下来。

到了新时期，作家们开始注重方言文化的魅力，以沈从文为代表的一大批湘籍作家以湘语进行文学创作，生动地展现了湘楚文化的底蕴。诺贝尔文学奖得主莫言也建议作家写作不应摒弃方言，要千方百计地丰富本民族的语言。莫言认为，山东话具有典雅古朴的气韵，极易被理解，有强烈的感染力。对于作家内心所怀有的强烈的方言情结，有学者认为，对母土家园根深蒂固的情感依恋和对精神家园的自觉追求，必然促使作家的精神还乡具化为语言还乡之举。

对撇子，上赶子

“对撇子”，是指两个人大到人生观、价值观，小到性格脾气、爱好趣味，都极为相似，很合得来。“对撇子”在日常使用中时贬时褒。“那俩人一路货色，他们臭味相投，很对撇子。”这里的“对撇子”是贬义词。“俺俩相处这么多年了，彼此很了解，做事也很对撇子。所以，我聘请他做我的副手。”此处的“对撇子”是褒义词。

《东北方言口语词汇例释》记载：对撇子，即对劲。

例句：他俩在乡下时你帮我助挺对撇子。（《北方曲艺》1983年3期7页）

大连人常会说这样一句话：“我身边就你这么一个对撇子的人。”对撇子的两个人，彼此依托感很强，那种高度和谐自在的状态，才是人与人之间相处、合作的至高境界。

美国影星玛丽莲·梦露曾说，如果你不能应付我最差的一面，那么你也不值得拥有我最好的一面。对撇子的两个人，既见过彼此最好的一面，又见过彼此最差的一面。因为彼此懂得，惺惺相惜，所以两个人交往起来有大默契、大自在。

两个人之间心有灵犀、自由自在地交往就是“对撇子”。在工作中，我们寻找对撇子的搭档；在家庭中，我们希望拥有对撇子的知心爱人；在社会上，我们希望能交到对撇子的朋友。人生就是一个圈子，有的圈子因经济利益而集结，有的圈子因价值观趋同而荟萃一堂，还有的圈子是因兴趣爱好而聚首。没有永恒的朋友，只有永恒的利益，当利益分解完毕，便不再对撇子。在价值观或兴趣爱好上的对撇子，比较坚固长久，耐得住岁月的淘洗。

对撇子的两个人，曾经一起哭一起笑，曾经一起偷鸡盗狗一起上九天揽月。聊与不聊，喝与不喝，感情和默契都不会消失。对撇子的女人，是闺密；对撇子的男人，是兄弟。大连人不怎么讲求精神挚友，高山流水遇知音，最终也要与吃喝玩乐接地气，这才实在而长远。

饭局中，你的右手边如果是个“左撇子”，这顿饭便吃得磕磕绊绊甚为不爽。如果两个“左撇子”毗邻，便“对撇子”了，双方相安无事。过去人们歧视“左撇子”，会采取严厉手段加以纠正。在某些语言中，“左”一词可解释为“笨拙”或“欠老练”。人们习惯以“右”为上，“左”与否定、贬义的概念相关，意为偏、邪、不正常，比如“旁门左道”“左脾气”；而“意见相左”是意见相反；“左迁”是指降职；“闾左”是贫苦人民居住的地区，借指贫苦人民。在西方，“左撇子”曾被视为“残疾人”。很多地区认为右手是干净的，而左手是不洁的。如今这些思想偏见都不复存在了，但在现实生活中若遇需要二人组合完成的事情，“左撇子”就渴望“对撇子”之人。

刘亚舟的《男婚女嫁》里有一句台词：“这满屯里，我就你这么一个对撇子的人儿呀！”是啊，我们每个人都要有一个对撇子的人。大连人在人际交往方面，很看重是否对撇子。大连人多是性情中人，不会为了经济利益的目的，与一个不对撇子的人称兄道弟，哪怕是佯装也做不到。大连人我行我素，比较坚持自己的审美与看法。我与你对撇子，读你千遍也不厌倦，即使全世界都背叛了你，我也要与你站在一起。反之，咱俩不对撇子，你纵有万般姿色，我也视而不见，见而无感。由此看来，人与人之间的对撇子是多么重要、多么美妙啊！

“上赶子”，是主动巴结的意思。比较完整的说法是“上赶子不是买卖”，这句话的意思是，做买卖的双方，如果有一方成交心理太急迫，便会放弃底线，甚至放弃尊严，而对方会因此鄙视你，最终不与你成交。由急功近利而促生的行为，就是“上赶子”。

“上赶子不是买卖”也是方言，在人际交往中，过分主动反而难以得到好的结果。例句：啊，我明白了，上赶子不是买卖，他拿我一把，我假装把他踹，小伙儿准得赖，让他上赶着我，你说盖不盖？（《推荐剧目》1集）

“上赶子不是买卖”也适用于男女之情。35岁的大张是一枚剩女，年轻那会儿恃才傲物，挑三拣四，不小心就剩在了家里。从亲朋好友到社区大妈，从同事到客户，大张都直白地表达了恨嫁之心。经历了无数次失败的相亲之后，大张对一个离异有孩子的男子产生了爱情。但这个“二手男”对大张很淡薄，一周几条不咸不淡的短信，但大张恨嫁心切，做出了一系列上赶子的事情，她期待着对方的感动与回报，然而“上赶子不是买卖”啊，最终人家以性格不合提出了分手。

这一场恋爱，闺密替大张总结了得失：女人谈恋爱绝不可太主动。你的上赶子不会唤起对方的热情，反而是自降身价。与男人交往，女人既要有底线，也要有高度。

还有一条大连话叫“舔抹”，形容讨好人、巴结人的丑态，与“上赶子”语义有几分近似。“舔抹”人有两种类型：一是真本事没多少，生性喜欢巴结人，看到权贵就全身发软，以玩弄权术伎俩过活；二是人在江湖，身不由己，不舔巴，不涂抹，当权者就会刁难你、整治你。

台湾作家李敖曾经谈过不舔抹的自由，即“沉默的自由”，“在马屁阵阵的时代里，想要维持不拍马屁的自由，也大不易。因为不拍马屁的自由，属于沉默的自由之一。没有沉默的自由，就不会有不拍马屁的自由。”隋炀帝喜欢舞文弄墨，他写了作品，喜欢别人叫好。一天，他写了一首诗，大家都拍他马屁，都不遗余力地舔抹，可是文官王胄不吭声。在没有沉默的自由里，不吭声就是抗议。王胄因此受到倾轧和压制。

舔抹分两种，一种是行贿送礼，属于物质上的舔抹；另一种是精神上的舔抹，谄媚、讨好、捧臭脚，这比行贿送礼难度高，更丑态百出。李敖说：“因沉默而来的罪，叫腹诽罪，就是‘你肚子里骂我的罪’。你肚子里骂我，虽然我听不到，可是我断定你正在肚子里骂，所以就要罚你。”在一片舔抹声之中，保持沉默的自由居然要冒这么大的风险……

坐蜡，上讲

“坐蜡”，是指遇到麻烦，陷入困境；也含有事情黄了，没有办成的意思。

坐蜡还是其他地区的方言。在苗族方言里，坐蜡是做生意或做买卖的意思。

《东北方言口语词汇例释》记载：坐蜡，陷入为难境地；遇到困难。

例句一：小兰，二婶为你这事，前屯跑到后屯，费了多少口舌，好容易保妥了，咋也不好意思叫你二婶坐这份蜡呀！（《黑龙江小戏选》16页）

例句二：什么？把你妈送的那五十元钱给花了？哎呀，这蜡我可咋坐呀？（《参花》1981年8期45页）

在北京方言里，坐蜡是为难、困窘的意思。一位律师向记者抱怨，他在处理一起劳动纠纷时遇到了这样一道难题：人事部门规定新员工有一年的见习期，而劳动部门的规定却是员工的试用期最长不超过半年。同是政府部门却发出了两种不同的声音，这让他感到既费解又为难。记者以《政策“撞车”令人坐蜡，人事、劳动部门五大撞车现象》为题写了一条新闻。

过去在农村，谁要借钱，特别是向不太熟的人借钱，需要有一个双方都信任的中间人做担保。人缘好、威信高的张三就经常担当此任。有一次李四求他做担保向王二麻借钱，张三爽快地答应了。结果到还钱期李四跑路了。张三逢人便大倒苦水：“你看我好心给他做担保，他居然让我坐蜡了！”有人在一旁火上浇油：“你好心没好报，净办坐蜡的事！”

坐蜡还指事情黄了没有办成。比如，“老张托我办的这件事，我坐蜡了。”

坐蜡的来源至少有两种说法，而且都与佛教有关：其一，传说某寺有一条惩戒的规矩，谁言过其实或行为乖张，损害了寺庙的声誉，就罚他整天坐在一根长棍上反省思过。这个“坐棍”的惩罚，对于习武之人来说，并不算太严厉，那些棍僧甚至可以坐在棍子上睡大觉呢。老方丈就想出了“坐蜡”这个办法：将一根长蜡烛立在地上，让犯事的棍僧坐上去。坐在燃烧的蜡烛上，够为难了吧！谁也不愿遭受“坐蜡”煎熬，从此众僧再也不敢在外惹是生非了。

其二，在一年之中，僧人应自农历四月十五到七月十五期间坐禅专心修行，不得随意去往他处。此曰“安居”，亦曰“结夏”。而到了农历七月十五这一天，众僧则聚集一堂，进行“批评与自我批评”的“自恣”。经过“自恣”，受戒的年头才算增长一岁，亦称“一腊”。因为“结夏”之后方可增长一戒龄，所以“结夏”亦称“坐腊”，现写为“坐蜡”，是自我检讨并接受他人批评，其中不乏“受过、受斥责”之意，又引申出“为难、困窘、尴尬”的意思。

常见媒体用“坐蜡”一词形容官员的失职行为。比如，当年的“非典”从掩盖真相到疫情失控，着实让时任北京市长孟学农“坐了蜡”，最后被革职；2008年还是老孟，到山西上任不长，襄汾溃坝又让他“坐了蜡”，只好辞官返家。可见官员“坐蜡”可不是闹着玩的。

晚清郭则沄续写《红楼梦》，让宝、黛二人结了婚，又让迎春复活，大伙同去太虚幻境给贾母祝寿。寿筵上，孙绍祖也在，这人洗心革面，痛改前非，一个劲地向迎春道歉，迎春记仇，不理他，孙绍祖很尴尬。宝玉瞧见了，笑道：“让他坐坐蜡也好。”宝玉所说的“坐蜡”，也是俗语，意思是拘束、不爽、如坐针毡。与大连话“坐蜡”含义基本相同。

“上讲”，可以理解为很讲究，上等的讲究，也可以理解为很有档次，很有品位，上得了台面。

人要有讲究，没有讲究，就做不好人。一个人做人境界高，大连人会赞一句“这个人很上讲”，反之就是“不上讲”。

生活要有讲究，没有讲究的生活，缺少活力和滋味，缺少人气和希望。渍酸菜有渍酸菜的讲究，渍酸菜的讲究坊间妇女都知道；喝茶有喝茶的讲究，喝茶要讲究水，讲究器，还要讲究人。渍酸菜的讲究“不上讲”，也就是难登大雅之堂。而喝茶的讲究很“上讲”，因为这里面有文化内容。

人情的上讲最为珍贵。大连话“上讲”多数时候是指人与人之间在交往方面的“讲究”。一个男人如果被评价为“很不上讲”，那简直是死无葬身之地。“上讲”之人讲义气，凡事多替别人着想，既不失原则又不丢情义。越是有学问、有地位的人，其思想境界就越上讲。上讲之人是领军者，是团队的精神领袖。

张三闹离婚，虽然没被媳妇逮住出轨证据，但张三下海之后有了点钱拈花惹草却是公开的秘密。有了离婚的主意，张三开始转移财产，做了很多鲜为人知的不上讲的事情来。

一个私营企业宣布破产，企业负责人将每位员工的补偿金算得清清楚楚，一分不差地发放到位，这位企业负责人不推卸责任，勇于承担，很上讲。

收藏家王世襄先生一生好玩，在燕京大学读书时，曾有过臂上架鹰、怀揣蝈蝈进教室的惊人之举，被老师斥为“不务正业”的“未知数”。那个年代，架鹰走狗斗蛐蛐是游手好闲的市井之徒所为。而王世襄的可贵之处在于他玩物不丧志，大凡他玩过的东西，都留下了研究心得，这种心得就是一种上讲。这些稀松平常的“雕虫小技”因为上讲而成了一种文化。

上讲还令人联想到古代名士的品质生活。在古代要成为一位名士，有很多上等的讲究。首先，他必须出身士族，有唾手可得的金钱和政治地位，却又视其如粪土。其次，从人生态度上来讲，他对个体道德修养的独立价值一直表现得非常倾心，以一种诗意的、审美的人生态度来应对各种现实环境，周身洋溢着非常上讲的精神气韵。中国古典文化的传承主要是依靠这些名上的精神活动来进行。一觞一咏，既是一场精心策划的文艺活动，又是信手拈来的寻常日子。这种极为上讲的儒风雅俗令现代人深感羞惭。

我们有车有钱，我们住进了豪宅，可是我们有名士精神吗？我们的人生上讲吗？

辣眼，道道眼儿

辣，作为形容词，一是指葱、蒜、辣椒等有刺激性的味道，二是指狠毒，如心狠手辣；作为动词，是指辣味刺激口、鼻或眼，如辣眼睛。但大连话“辣眼”与“辣眼睛”意思不同。“张三居然买了那么大的一套房子，真辣眼啊！”显然，“辣眼”是指厉害或出色的意思。

大连话有广义和狭义之分，广义的大连话泛指所有住在大连地区老居民说的话，它包括差异较大的大连市区话、庄河话、长山话。而狭义的大连话专指以大连市区为代表的老居民说的话。

“辣眼”，就是一条狭义的大连话，它一看上去就与众不同，带有城市居民在语言方面的某种才气与灵感；或者说，它是城市里有文化的人创作出来的大连话。这令我想到上海俗语。所谓上海俗语，指的是20世纪20至40年代产生于上海的城市市民语言，它出自市民之口并被运用于文学作品，是海派文化的重要组成部分，有很高的研究价值。

上海文人主动担起梳理本土方言的文化使命，同时又是方言的创作者，以文人的思路与眼光参与创作方言，使得老上海方言既有很高的历史价值，从中可以了解当时的社会习俗和风尚，又具有一定的文化艺术价值，是上海文化中的艺术精品。而大连话是由贩夫走卒、村夫俗子发明创作的，似乎缺乏了文化感，充满了强烈的鄙俗气息。

打量大连话，“辣眼”属于比较有文化味的一条。词典里有一个词条叫“辣手”，一是指毒辣的手段，二是形容事情棘手难办。“辣眼”的周正感以及那种只可意会不可言传的表达力，与“辣手”有几分相似。

鲁迅先生在《门外文谈》中说：“方言土语里，很有些意味深长的话，我们那里叫‘炼话’，用起来是很有意思的。恰如文言的用古典，听者也觉得趣味津津。”“辣眼”便有着“炼”的意思，在那么多的大连话当中，这一条的灵感来源非常新鲜，细细品读特别有味道，简直是令人拍案叫绝呢！

让大连人感觉辣眼的事，都是发生在身边的。比如在一个车间里，大家隔三岔五买几张彩票，有一天张三居然就中了几百万的大奖。张三从不研究彩票，完全是凭感觉买的，大家能不感觉辣眼吗？草根中奖向来是人们唇齿留香的话题。王二麻的媳妇也中了大奖，王二麻媳妇中奖的理由更辣眼。那天早晨，王二麻在吃饭时与媳妇吵了一架。媳妇压缩了他当月的烟钱，月初只给了他200块，还有300块在媳妇手里掐着呢。媳妇哭哭啼啼地去上班了，在路上灵机一动报复式地买了300块彩票，结果就中了500万。你说王二麻两口子辣眼不辣眼？咱成天跟媳妇吵一百遍，也吵不出一个钱来。

大连人不羡慕权贵阶层的光芒，让大连人感觉辣眼的人就生活在我们身边，原本与我们一样平常，有的还不如我们光鲜体面，结果有一天人家就很辣眼了。这究竟是天上掉馅饼，还是人家私下里长期努力的结果？

心眼儿多、坏点子多，大连方言叫“道道眼儿”。

道道儿，是指办法。萧军的《五月的矿山》里有一句：“这算不了什么经验啊！这全是问题来了逼出来的道道儿呀。”郭澄清的《大刀记》中，“平日里，他三天说不了两句话。可是，这个人的心里，并不是没有道道儿。”

据《东北方言口语词汇例释》记载，“道眼”有两个含义：主意，点子；门路。例句：还是你老头有道眼，甘当老百姓，无官一身轻，一不怕运动，二不怕斗争。（《新剧本》36页）生活中，有贩运物者，也有贩运文字者……甚至有的专业新闻工作者，也看出了道眼，走起了这沽名钓誉的捷径来。（《黑龙江日报》1984年2月19日）

刚参加工作的小青年，愿意四处结交朋友，整天呼朋引伴，纵酒欢歌，家长不放心会发出这样的警告：那些社会人道道眼儿太多，离他们远一点，别走下道了！

一男一女相识相恋，男生高大帅气，正派有为，经济实力也不俗，就是这样一枚闪耀的“钻石男”居然被一个姿色平庸、有过两次婚史并携养一娃的女人搞定了。“钻石男”家人愤愤不平，以各种手段棒打鸳鸯，可“钻石男”一往情深，非她不要。他的家人向亲朋好友哭诉：“那个三手货道道眼儿真多，不知下了什么迷魂药，将俺儿的心牵住了。”那么，这位有过两次婚史的女人究竟有何道道眼儿呢？这里存有两种可能。一是她外表虽然不够赏心悦目，却头脑聪明，足智多谋。按说这是一种素质，却被“钻石男”家人贬为“道道眼儿”。二是她确是个妖精，以非常手腕掳获“钻石男”的心。这种非常手腕就是一种“道道眼儿”。

在生意场上，有的人脚踏实地做良心生意，有的人专干坑蒙拐骗的勾当，这种勾当也可称为“道道眼儿”。道道眼儿多的人，大多是机会主义者，骨子里充满了冒险基因，与这种人长期厮混，若掌舵力不强，便大有可能被拉下水，与其沆瀣一气，同流合污。

说到“道道眼儿”，我们还会想到《三国演义》里的诸多人物。如果“道道眼儿”称得上是“足智多谋”，那么，魏国著名谋士贾诩便是一个道道眼儿极多的人。贾诩的“谋”已经同曹操的“奸”、关羽的“义”、孔明的“智”一样，名垂青史，为后人津津乐道。“谋”有五层境界：谋己、谋人、谋兵、谋国、谋天下。第一层境界：谋己。作为一个谋士，如果连自身都保全不了，还何谈其他？运用谋略，让自己存活下来，并且活得有价值，是成为一个谋士最基本的条件。第二层境界：谋人。学会了为自己谋，还要学会为别人谋，如果一个谋士不能为别人出谋划策，破解困局，他还算什么谋士？第三层境界：谋兵。会谋己、谋人，只能保护少数人，作为一个谋士必须具有“谋”成千上万人生命的能力。第四层境界：谋国。为一人谋、为千人谋都是低层次。做到前四点，你就是一个很有谋略的人，但是，你还不能被称为真正的“谋士”。真正的谋士必须具备一项常人所不及的能力——谋取天下如烹小鲜的能力。

对于现代人来说，我们也应当具有“谋”的能力，身份地位越高，所担负的谋略任务也就越重；谋略任务越重，人生价值的满足感越强。对于平凡者而言，首要任务是将自己“谋”明白了，将自己优化好了，才能成为一枚优质分子，有利于集体的发展壮大。

随着时代变迁，人们的思想观念都在发生变化，摘掉有色眼镜，扬弃偏见，会发现原来 “道道眼儿”是智慧，是金点子，是谋略。有“道道眼儿”的人胆量大，执行力强，从不纸上谈兵，总是有能力将道道眼儿转化为财富。有道道眼儿的人不按常理出牌，会钻空子，会打擦边球，在江湖上历来褒贬不一，属于争议性较强的人物。

在一个大家族里，晚辈张三在事业上遇到了难解的困惑，他的父母老实巴交，没什么文化，没有能力为儿子指点迷津，常悬口头的一句话是：“找你大舅唠唠，你大舅道道眼儿多。”在这里，“道道眼儿”就不是指坏点子、馊主意，“道道眼儿多的大舅”也不是一个诡计多端之人，而是一个有阅历有头脑的人。

“只要东北人一思考，全国人民就发笑”，外地人这样评价东北人的智商，令人恼火之余，不免也得正视现实，东北人道道眼儿真的不多，往往一根肠子通到底。当然，咱们可以说这是咱的优点与美德，但在外人看来却是内心浅薄，思想空洞。

清朝中晚期，当权者号召汉人进入东北垦荒，致使大批河南人、山西人、河北人与山东人进入东北，被称为“闯关东”，其中走海路的先落脚于大连。知名学者苏三女士曾游历东北并撰文述之，在“大连篇”里，她写道：“东北为什么民风彪悍而且常常受人鄙薄，就与这段历史有莫大关系。因为去东北‘闯关东’的人是今天东北人的主要组成部分，而他们几乎全是底层流民，乱世艰难，诸事无不用其极，而且手段卑劣，时间长了就会汇入民风。”“河南人为什么经常受到国人歧视，与河南本土为兵家必争之地有关，中国每一次战争都要在这里拉锯，时间长了，为求生存的河南人自然多数圆滑。不过现在生活好了，压力小了，无论多顽劣的地区，民风也会逐渐改变。”大连给苏三留下了“恢宏气派，干净，也现代”的美好印象。生活在大连的河南人，也被城市的干净美好所熏陶感染，正所谓“一方水土养一方人”。据大连河南商会统计，有29万河南人在大连生活，创办企业3000余家，涉足软件、房地产、机械制造、经贸、储运等十几个行业。这些大有道道眼儿的河南人在大连诚信经营，几乎每一位都为更正世人偏见做出了自己的努力。

浪　布拉吉

浪

1

“浪”，是爱美、爱打扮的意思。“苞米面肚子，料子裤子”，曾是大连人爱美的真实写照。

浪，是最经典、最有魅力的大连话之一。浪，大连人说这个字，通常要缀上一个“摆”字，叫作“浪摆”，就是显摆张扬的意思。与“浪摆”近义的大连话是“嘚瑟”，年轻人如果打扮得很浪走出家门，身后总会传来家长一句阴森警告：“你出去浪摆什么！”或者是“你出去嘚瑟什么！”

浪，是大连话中最有韵味的一个。一方水土养一方人，十里八乡不同音；十里不同音，百里不同俗。方言虽然是难登大雅之堂的俚言俗语，却有独特的韵味，蕴藏着地方风俗文化、人文历史的信息。

“浪”到底具有怎样的韵味？浪，有褒义的色彩。那首东北民歌唱道“大姑娘美来那个大姑娘浪，大姑娘走进了青纱帐”，此处的“浪”是形容女子多情浪漫，奔放自由。大姑娘钻进了青纱帐干吗？这就有了贬义的“浪”——浪荡不羁，轻薄放纵。浪弟子，是指行为放荡、不知检束的年轻人；浪事，是指令人厌恶的风流韵事；浪荡鬼，是对油头滑脑之徒的鄙称。

浪，是一个亦正亦邪的词。在过去年代，年轻人谈婚论嫁，小伙子都喜欢爱浪的姑娘，但家长们对爱浪的姑娘普遍抱有某种偏见。爱浪的姑娘不懂得居家之道，爱浪的姑娘心思多，热衷于娱乐应酬，缺少贤惠之心。这样的误读，对女孩子来说太不公平了。不少大连姑娘就因为爱浪被男方家长粗暴“毙掉”，结果，那些好看的姑娘都落到了野心蓬勃的丑家伙手里。在那个年代，女性吃了不少苦头，受了不少委屈，所以到了改革开放的年代，大连女人带着自我犒劳的心态不可一世地“浪”了起来，那可真是“往死浪啊”。

对于大连人的爱浪，宁可“苞米面肚子”，也要“料子裤子”，大连作家素素曾有过这样的解读：城市的统治者不是本土的中国人，而是来做强盗的俄国人和日本人。那些目光寒冷的绅士、傲气十足的女人，无论如何得有人给他们拉洋车啊。而那些拉洋车的苦力，自然就记住了俄国女人领口很低的“布拉吉”（一种无袖连衣裙），俄国男人束腰很高的毛呢大氅，更知道日本男人喜欢穿白色的“挽霞子”（白衬衫）。苦力们埋头拉着洋车的时候，谁也不敢有什么奢望，当他们有朝一日做了城市里的工人阶级，这些关于穿的记忆便与他们所受的屈辱混杂在一起，潮水般地涌上来。所以，翻身做主之后，他们最急于做的一件事，就是要改变自己的穿。树活一层皮，人活一张脸。生而为人，无论如何要穿一身体面的衣裳，也好在大街上挺胸抬头地走路。

大连人的内心受过伤，所以，一身体面的衣服，不仅是美的符号，更是尊严的象征。“苞米面肚子，料子裤子”，这句话中自我勉励的意味多于自我解嘲。

20世纪60年代初期，沈从文先生两次来大连，都住在秀月街连捷巷的一家疗养院。他在家书中讲述了难忘的“大连印象”，他觉得大连的建筑非常美，老百姓住得“太好了”。大连人“好浪”也给沈从文留下了深刻印象，“街上各处都有穿旗袍和裙子的年轻女人……女人旗袍之多，为任何都市所少见，极少见穿短干部服的，有的即是部队中人。”还有一段是这样写的：“合作社卖吃食的人照例还穿上白衣……至于大百货公司中守柜台的女子，则很多应说是打扮得‘娇滴滴’了……”瞧瞧，沈从文用了“娇滴滴”这个词，看来大连人并未“浪”得虚名啊！

在那个贫困年代，衣橱里的“料子裤子”只有一件或两件，平时是舍不得穿的，只有出席隆重场合才会拿出来。很多年事已高的大连人，每当家里要来客人了，就会要求家人给她换一身新衣裳。大连人的浪是一种讲究，不仅是外表上的一种讲究，更是精神上的一种讲究。

2

日本殖民统治大连时期，日本人的着装对大连人也是一种影响。据记载：3世纪前后，日本男人用从肩膀下垂的长布包裹自己，而妇女则用一整块布遮住自己，中间留个洞口露出脖子。这种衣着被称为“贯头衣”。就是这种极其简陋的、没有量体剪裁、只分男物与女物的“贯头衣”，被日本女人不论在家还是出门，都穿得一本正经、严丝合缝。当年的大连人大多来自山东、河北，齐鲁燕赵人的性格就是刚强、死要面子，这是“料子裤子”所蕴藏的心理密码。

今天，东京是亚洲的时尚中心，大连年青一代在时尚潮流中“哈日”风气较重。日本年轻人信手拈来的、缤纷绚丽的混搭术令我们羡慕不已。日本女人讲究化妆，只要是女人，哪怕80岁了，也要化妆。在日本一家百货店的洗手间里，你也许会看到一位60多岁的保洁员，穿水蓝色T恤、乳白色裤子和鞋，浑身上下一尘不染。她盘着头发，脸上打着精致的粉底，涂大红色口红，那份贵气和精致简直令人肃然起敬。

料子裤子，既厚实显富贵，又充满某种权威性和文明感。那时的大连女人若没有一条料子裤子，就像今天女人们到了一定年纪却没有一件裘皮一样，是不够体面的，对自己也是一种亏欠。于是女人们互相鼓励“对自己下手要狠一些”。今天，你可以看到不少大连女人穿裘皮挤公交，这与“苞米面肚子，料子裤子”有异曲同工之妙。

大连人对服装的热爱与追求，促使了一个节日的诞生。服装节是大连第一个城市节日，这个节日的诞生一定与这座城市的某种特殊禀赋有关。20世纪80年代初、中期，大连服装工业如雨后春笋般冒出，并快速生长，私家裁缝店门庭冷落，大连人喜欢买服装企业生产的成衣。李桂莲女士（今大连大杨企业集团董事局主席兼总裁）就是在那时候开始带领一群农村妇女创办服装厂进行创业的。据素素回忆，当年，“碧海牌”大衣做过一个广告，模特是一个非常帅气、派头十足的东北年轻男子，不管走到哪里都能看到他笔挺而有力地站在那里。“碧海牌”大衣广告发布的密度之大，简直可与20世纪30年代上海月历牌上的香烟广告相媲美。广告果真产生了巨大的轰动效应，整个城市的男女老少，几乎每个人都拥有一件“碧海牌”大衣。如果家里男子多，衣橱里一水儿笔挺的“碧海牌”大衣，显得家中日子十分殷实。20世纪80年代至90年代，是大连服装工业的辉煌岁月。除了“碧海牌”大衣，还有“亚瑟王”衬衫、“玉兔”童装，简直让进京拿奖的大连人腿都跑酸了。

大连在全国服装展销会上成为获奖数最多、销售额连续6年夺冠的城市。自1988年起，城市管理者将原来不定期的服装博览会，改为每年举办一次的国际服装节。经过数十载的倾力培植，大连服装节已经成为大连经济贸易、城市气质和文化特色最有嚼头的话题之一。

中原文化对大连人“苞米面肚子，料子裤子”冠以浅薄虚荣的非议，大连服装节的诞生及其后来的腾飞式发展，为大连人因爱浪而遗下的口舌进行了有效匡正。我们大连人爱美爱浪，我们爱出了名堂，爱出了结果，爱出了世界满堂彩。

由大连人爱浪，可以管窥大连独特的人文景观。大连集北国雄伟与南国秀丽于一身，这座城市时常令人意乱情迷，她没有定式，雌雄莫辨。在自然风光上，既有青山秀水，又有瀚海礁林；在城市外貌上，既有工业、港口城市的大气磅礴，又有海洋城市特有的浪漫恬逸的情调。大连给世人带来了惊鸿一瞥的悸动，她的城市外貌很像美国的旧金山，但从其地理区位、港口地位和地貌特征来看，又疑似香港。尤其是大连人的样貌，既有高大强健的北方风骨，又有娟秀雅致的南国韵味，这是其他北方地区的人所不具备的气质，是东北文化、齐鲁文化和海洋文化在大连人身上并蒂盛开的一道风景。

3

改革开放之后，大连人关于“浪”也有很多独家记忆。比如做头，当年大连满城“高庄头”，“高庄头”的硬刘海儿据说高达六七厘米，这使得原本就挺拔的大连女人更显得气场强大。在副食品商店工作的女性，为了梳“高庄头”没少遭罪。她们工作要求戴白帽子，为了给“高庄头”腾出空间不破坏造型，她们一天到晚没遍数地将帽子使劲往上拽。“高庄头”是怎样做出来的呢？将头放进“烤头机”里烤上半个小时，烤得头皮滚烫发痒，这份煎熬也只有一心想浪的大连女人所能承受。“高庄头”靠发胶定型，不能沾水，女人们坚持一个星期不洗头，即使早晨洗脸也是万分小心，生怕将挺立的“高庄头”弄“趴趴”了。在那个月薪只有38元的年代，花十几元钱做个头，也是很烧包、很奢侈的。

那个年代满大街都是“高庄头”。其实“高庄头”最适合圆脸，一个长脸姑娘也想整个“高庄头”，理发师傅很厚道地告诉她并不适合，但姑娘铁了心要做。结果做好“高庄头”，姑娘睁眼一瞧镜子就哇哇大哭，大姑娘美啊大姑娘浪，大姑娘的脸啊长白山……

大连人有“不做头不过年”的讲究。每逢过年，当时的红星、群众理发社等国营大理发店就格外忙碌。早上提前半个小时开门，晚上加班到八九点，即使这样理发店里还是人满为患。尤其是大年三十的早晨，理发店还没开门，门口就排起了长长的队伍，理发店的工作人员不得不出去发票排号。本来除夕那天是半天班，但中午根本关不了门，很多人从甘井子、寺儿沟等地来到长春路做头。据说某年大年三十，外面排队的顾客眼看理发店到点下班了，情急之下，大家一起往里拱，将玻璃门都挤碎了，踩着玻璃碴子往里冲……

后来，又有“秀芝头”“大波浪”“幸子头”“小鹿纯子头”“爆炸头”等各领风骚，风靡全城而又无声消失……

今天的大连人依然爱浪。大连时代广场云集近30个国际奢侈品牌，让大连人浪得更奢华，更上档次。任何一种时尚都要体现一种文化内涵，当我们评价大连人好浪时，其实也是在褒奖大连人有文化。浪，是一个人的时尚能力；浪，是一座城市的文艺情调。如果没有浪的底子，怎会有今天“浪漫之都，时尚大连”的美誉呢?

猫头狗耳，撮火扬沙

女儿的班主任安老师是陕西人，常见她在微信里思念、赞美陕西美食，“臊子面、蘸水面、麻食、扯面、肉夹馍、凉皮、春卷、水煎包……都给我等着！给我等着！等着……”安老师说话口音极好听，家长跟她说事儿，她常说一句“我懂的”，既文雅体贴，又有着恰好的矜持。安老师曾经发过一条微信：杨幂生了个闺女叫“小糯米”，什么时候开始流行用食物给孩子起小名呢？这要在大连流行起来的话会是这样的情景，满大街都能听见妈妈唤孩子：虾爬额快和嘎巴虾回家歹刺锅额！海蛎额不要和毛蚬额一块儿玩了，跟猫头狗耳在一块儿早晚学坏。海肠额都和虾怪是好朋友了！焖额，喃妈叫你回家歹饭，看见俺家煎饼果额了吗？

大连话，就是这样任性这样帅气，它铿锵有力的发音，它眉飞色舞的语调，传递着大连人的性情，展示着大连生活的韵味。在大连扎根生活多年，安老师对“海蛎子味”也是满心欢喜，但令她魂牵梦绕的还是她的家乡话。当你到外地工作，不可避免地逐渐沾染了外地口音，只是沾染而已，没有浸透骨髓、驻扎梦境。当你返乡，跟乡亲们在一起，就自然而然地褪去了异乡音。抵达故乡，返回母语区，无须酝酿，母语便脱口而出，它是我们的心灵之语，不是台词。当故乡的风吹来，母语就从心海里潺潺地流淌了出来。

来说一说“猫头狗耳”吧。安老师在微信里说：“海蛎额不要和毛蚬额一块儿玩了，跟猫头狗耳在一块儿早晚学坏。”在海鲜家族中，海参、鲍鱼都是“高大上”的主要角色，而海蛎子、毛蚬子都是小角色，味道不正就沦为令人嫌弃的“猫头狗耳”。

“猫头狗耳”是贬义词，大致有这样几个意思：一是指无关紧要、不务正业的闲杂人员；二是指意义不明、品质不详的跑龙套者；三是指腹黑的跳梁小丑之类的人。

某单位召开一个会议，如果邀请的是实力不虚的行业精英、披挂一身荣誉的资深人士、德艺双馨的楷模偶像、粉丝无数一呼百应的明星大腕儿，这个会议就显得高端大气上档次，会产生一定的影响力。反之，腾云驾雾而来的是一群野猴子，是一群素质不高、品行不端的猫头狗耳，就难免降了格调。一群猫头狗耳自娱自乐，互相鼓吹，互相粉饰，有什么意思呢?

这个年头，出来混的都是有背景的，对猫头狗耳也不可小觑。很多像模像样的荣誉都被猫头狗耳摘取了，而那像模像样的荣誉也就彻底沦落了。猫头狗耳从来不觉得自己空虚，哪儿打鼓哪儿上墙，混不出名堂就混个脸熟。脸熟也是一种知名度。猫头狗耳大多怀揣雕虫小技或表演道具，在名利场上，也能滥竽充数比画一阵子，也能混进大雅之堂占据一席。几年前，我在报社工作时认识了收藏家戴先生，戴先生开了一家小超市，多年前倾家荡产买了一把30万的壶，从此有了行走紫砂江湖的资本，成了一个有故事的人。他背着壶到报社找我交流切磋。这把造型古朴、体量沉重的紫砂壶气象非凡，历史的沧桑和纯手工的美感一下子震撼了我这个茶文化版的小编。这把紫砂壶还有一纸证书，据说是由紫砂壶权威鉴定机构出具的，可以证明它是清代晚期官窑之作。戴先生说自己不懂紫砂壶，玩壶时间也不长，却十分痴迷，希望以壶会友，结交良伴。

就这样，戴先生背着壶奔波于大江南北，他拜访过紫砂名家徐汉棠，去观复博物馆找马未都切磋，最后他选择驻留在京城。微信是中国人私生活的播放器。加了戴先生的微信，我就看到了他怎样混迹于京城紫砂江湖。戴先生与他的朋友们，会讲故事能喝酒，热衷于找名人玩耍。他们敢上央视《寻宝》栏目，敢拜访叶落归根的老华侨，讲述自己的藏品与老华侨故乡不尽的渊源，游说老华侨收了他们的宝贝一解相思……我总是告诫自己，任何时候都不可以貌取人，但一个人心灵样貌的线索还是隐在表象里。戴先生身边的人，不像经济精英，也不像文化精英，显然是一些被酒色财气卤过的猫头狗耳之徒。戴先生有时候看上去像大佬，有时候看上去像猫头狗耳。我知道，一只猫头狗耳在通往成功的路上，只要装备充足，变成大佬的机会是有的。

果然，好景不长，戴先生在微信里讲起了官司，抖落某人的犯罪案底，真是不堪入耳。所以，大人经常嘱咐孩子不要与猫头狗耳打交道，吃亏上当是小事，被拉下水毁了一生可成千古恨了。

盛夏的夜晚，从小区一户人家的窗前经过，听到屋里男家长骂孩子：“你个倒霉旋儿，告诉你别和猫头狗耳来往，那不是个好东西，就是不听，这下可好了，800块钱被骗走人没影儿……”“800块钱不至于跑了，不要把人想得那么坏……”孩子话没说完，就被一连串从喉咙深处爆发的最糙最具杀伤力的大连话炸晕了。猫头狗耳之辈大多伪善狭隘，表里不一，嘴巴里洋溢着情感泡沫，骨子里待人极为刻薄。猫头狗耳谄媚功夫高，善于钻营，在你有权有势的时候，为你营造极高的愉悦度；当你退位两袖清风一身闲，茶凉了，脸儿也变了。

当今社会流行“圈子”生活，圈子是远离职场重地的一处养心之地。有的圈子好玩，乐观明朗、温厚悲悯的人多；有的圈子乃是非之地、令人唾弃的名利场，充斥着各怀鬼胎的猫头狗耳，谁也不服谁，谁都想在圈子里当大佬。每个有大佬野心的人，身边都围着一群猫头狗耳。猫头狗耳见了大佬要低到尘埃里，要满怀敬畏。可是有那么容易吗？我们从别人那里最难获取的是什么？我的答案是，一份发自内心的无须声张的沉实纯粹的敬意。

大连方言说着亲切，听着舒坦。大连编剧高满堂为了创作《老农民》这部大戏，跟农民兄弟喝了七天大酒，从农民兄弟身上挖掘到了“中国好故事”。记者是这样描述高满堂在农家炕头上的采风：“当时他们坐在炕上，桌上有猪头肉、煮花生、胡萝卜丝，下面的炕烧得烙腚，两人边喝边聊，最后觉得坐着不行，因为太烫腚，就只能蹲着聊……”按说，“烙腚”“烫腚”这样的俗语不宜出现在新闻稿中，但这讲的是咱大连编剧的采风生活，当然是用大连话比较给力啊。

在地方新闻中，很多时候方言确实比普通话给力，而且常常在大标题中发挥作用。《大连晚报》有一则新闻，主标题是《花10多万托“大拿”办工作，事没办成竟被打了借条》，副标题是《法院缺席审判，判“大拿”还欠款及利息》。方言如果表现力非常出色，普及地域范围很广，就会被《现代汉语词典》收录。比如，与“大拿”有关联的“忽悠”一词，过去只有一条释义：动词，晃动的意思。后来因为赵本山小品塑造了太多的“大拿”“大忽悠”的形象，“忽悠”一词很快在全国普及开来，于是被收进了词典，增加了第二条释义：用谎话哄骗。

“撮火扬沙”是一条常在新闻标题中使用的大连话。撮火扬沙，简单地说，就是挑拨离间的意思。在人们的印象中，东北人的负面性格就是撮火扬沙，这种行为算不上罪恶，却着实令人烦恼。职场有这样两种现象：一种是彼此尊重，以和为贵，遵守游戏规则，说话做事讲究分寸，沟通复杂事件时极力避免撮火扬沙之嫌；一种是以撮火扬沙为手段，颠倒黑白，媚上欺下，为满足个人私欲简直是不择手段。

撮火扬沙的都是旁观者，这就要求当事人要明辨是非，保持理性，不能被人利用，宁损利益也不失做人原则。人与人之间的和谐、人与人之间的情谊，比什么都重要，一旦遭到破坏，就很难再建立起来。

十多年前，乔布斯曾在电视台做过一段长达72分钟的访谈，这段思想与信息含量极为丰富的访谈当年只用了几个片段，之后采访母带就找不到了。乔布斯去世后，导演在车库里发现了这个拷贝，这段珍贵的访谈内容才得以公布于众。谈到团队建设时，乔布斯认为："有噪声"的团队比较有创造力。乔布斯回忆小时候，一位丧偶的老人花钱请乔布斯帮他除草。有一天老人搬出一台老旧的磨石机，他让乔布斯捡来石头，将石头丢进磨石机，倒点水，打开了马达。"明天我们再来看，会有意外惊喜！"果然，第二天从磨石机里诞生了如美器一样漂亮的石头。

这些看上去很普通的石头，经过互相摩擦、互相砥砺，发出了一些噪声，结果脱胎换骨变成了精致温润的石头。儿时的游戏一直留存在乔布斯的脑海中。后来乔布斯开始创业，他集结了一群才华横溢的年轻人，允许他们在工作中激烈争执、大吵不休，这个过程必然伴随着刺耳的噪声。也是在这个过程中，他们不断超越自己、超越别人，变得更加出类拔萃，就像那石头经过了万般磨砺，才变得那么好看。

一个完美的方案必须历经激烈的思想碰撞，智者之间的思想碰撞是一场战役，是一干人披沙沥金的集体作业。由思想碰撞产生的争论或大吵，看上去多么像大连人所说的"撮火扬沙"，心理素质脆弱的人难以承受。"撮火扬沙"就会有噪声，这其实是一个团队良性发展的健康体征。"有噪声"说明大家都在埋头苦干，太安静了很可能是撂挑子消极怠工。专业技术水平与心理素质都具有足够的实力，才能在一个为理想而奋斗的团队里"撮火扬沙"快乐地战斗下去。

那么，为"撮火扬沙"点个赞吧。

泡嫚儿，情况儿

嫚，通常指女孩子。在方言口语中，一般都加上儿话音，说成“嫚儿”。

“泡嫚儿”，即泡妞，泡女人。男人对女人不以结婚为目的的追逐。

为了放松被工作紧绷的神经，歇憩疲惫僵硬的身体，都市白领选择了各种各样的休闲方式，每一种休闲方式都由一个“泡”字领衔，泡网吧、泡酒吧、泡书吧、泡影院、泡茶馆……以娱乐玩耍之意长时间地浸泡其中，如果将这个意思引申到“泡嫚儿”，即长时间地泡在女人身边，以花言巧语调戏女人为乐，甚或骗取女人好感继而达到不可告人的目的。这世间也多有以泡嫚儿为玩乐之道的男人。

大连男孩小王和朋友们去酒吧消遣时认识了一个女孩子，小王又拼酒又跳舞，使出浑身解数博美人一笑，女孩果然芳心大动。小王有女友，已谈婚论嫁。朋友们都羡慕他泡嫚儿水平高。这一夜散了之后，朋友们发现小王还与那女孩打得火热，纷纷劝他别玩火，要珍惜各方面都很优秀的女友，在酒吧玩音乐的女孩多不靠谱。小王却郑重地告知朋友们，他与这个女孩谈恋爱了。开始是泡，后来是谈，虽一字之差，前后感情色彩和感情戏大为不同，谈的是感情，泡的是游戏。

泡，是一个并不讨喜的字眼，常比喻事情或愿望落空。如“儿子保送研究生的事情泡汤了”“这笔业务泡汤了”等。赵本山很多小品都刻画了东北人的“忽悠”和“泡”的本事，这是赵本山小品给东北人所带来的最大负面影响。

泡人，是愚弄、欺骗的意思；血泡，是油滑世故、能言善辩的意思。泡，也可写成“炮”，是吹牛的意思。比如：那家伙是个炮儿。当你口若悬河之时，要小心有人冷不丁地甩你一个词：炮儿！那么，“泡嫚儿”就是泡女人，有欺骗玩弄之嫌。受伤的女人声泪俱下地质问男人：“这些年来，你泡我玩儿呢！”

“老炮儿”是北京方言，原为“老泡儿”，指提笼遛鸟、无所事事的老混混儿。据说，北京过去的看守所位于炮局胡同，那些经常惹是生非进看守所的混子们会说自己是从“炮所”里出来的，因此得名“老炮儿”。用粤语来解释，“老炮儿”就是年老的古惑仔。

在孔二狗《东北往事》里经常会看到“泡嫚儿”的桥段。“嫚”的古义是指古代仕女的宽袖长裙，引申义之一是指用宽袖长裙到处纠缠男人的女人。所以根据古义，“嫚儿”不是良家妇女，嫚儿不仅要长得活色生香，还得有一颗热爱江湖的心，愿意与男人闯荡江湖，是男人的花瓶，也是男人的助手，经常协助男人处理江湖纷争，甚至单枪匹马摆平江湖血腥。常在香港电视剧里看到，男人对妻子和嫚儿分得很清楚，有时候嫚儿难免火人，以劈腿泄心头之恨。江湖男人哪能容忍这等耻辱，率领一班人马找到对方，开场白便是：“你敢泡老子的马子，找死！”

“马子”一词最早应该是港台出品，港台剧里的古惑仔或黑社会人物往往称女朋友为“马子”。常见这样的镜头：古惑仔泡到了年轻漂亮的女孩子，将女孩子拉到兄弟们面前，“这是我马子，咋样？靓吧？”20世纪80年代中期，当港台剧在大陆热播开来，“马子”一词很快成为社会底层的流行语。

据说，“马子”的原意为尿壶，在民间尿壶原称“虎子”，唐代李渊建国之后，因其父名为李虎，遂避讳将“虎子”改为“马子”，后引申为供男人临时发泄之物。据古敬恒《人体词与人的秘密》一书记载：“马子”语源在于“可任人骑”，含有男性对女性征服、玩弄与欺侮的喻义。

“马子”是一个对女性极不恭敬之词，含有大男子主义及情色心理。

“马子”与“嫚儿”虽是近义词，但从贬义程度上来看，“嫚儿”显然要比“马子”弱化不少。大连男人说“泡嫚儿”，要比说“泡马子”好听得多。

在此补缀一下，与“泡嫚儿”“泡马子”对应的是“钓凯子”。何为“凯子”？简单地说，既有钱又帅气，还有情趣但有些不太精明的男人，被称为“凯子”。与今天的“高富帅”差不多。“泡”与“钓”，运用在男女关系上显得很生动。

大连方言中有很多意想不到的惊喜，往往一个词的本义与它最终指向的引申义是完全不相干的，比如“情况儿”。情况儿，乃婚外情人。如：看那个彪子嘚瑟的，居然把“情况儿”也带来了。

关于“情况儿”的由来，有这样一个说法：某人偷情时被发现了，有人告诉偷情人说外面有情况儿。“情况儿”也是武汉方言，语义相同。比如：又去见“情况儿”了？

《现代汉语词典》对“情况”有两种解释：一是指情形，比如思想情况、工作情况；二是指军事上的变化，泛指事情的变化、动向，比如“这两天前线没有什么情况”“他俩的关系最近又有了新的情况”等。

《醒世恒言·杜子春三入长安》：“若没有城西老者宽宏量，三番相赠多情况，这微躯已丧路途傍。”

冯梦龙《挂枝儿·相会》：“都说有情人相会时，无边的情况。”

在古籍里，“情况”是情谊或恩情的意思。如此看来，大连话“情况儿”也是有典故和来历的。

大连人创作“情况儿”这条方言，应该是在20世纪八九十年代。此前，婚外情被人们用各种不堪入耳的俚言俗语有声有色地描绘着，相比之下，“情况儿”这个词还比较含蓄，不含侮辱之意，不带情色之味，不显得低级庸俗。将在工作和军事中经常使用的词拿来形容婚外情，这简直是大连人创作方言的绝技，也是大连话的幽默性所在。在过去的战争片中，老百姓发现鬼子进村了，会发出“有情况”的预警，如梁斌《播火记》：“情况来了，看看我们怎么应付它！”峻青《海啸》第一章：“‘有情况，停止前进，迅速隐蔽！’老宫把手一挥，发出了战斗警报。”

大连人若发现身边哪个男人发生了婚外情，会很含蓄地说一句“他在外面有情况儿了”。对于一个家庭来说，婚外情可不就是敌情吗？那些小三小四可不就是侵犯我美满家园的敌人吗？后来被广泛使用的“外遇”应该是根据“在外面遇到情况儿”演绎而来的。

婚外情不太道德，只能地下活动，感情的来龙去脉藏而不露，不会轻易留下线索授人以柄。“情况儿”其实也折射了中国人对婚恋态度的变化。在20世纪六七十年代，离婚被视为最严重的道德败坏，“好人不离婚”，中国人根本不敢琢磨离婚这档子事。任何名人若胆敢涉足婚外情，那一定是拿自己的前途命运开玩笑的混账东西，必然要遭受过街老鼠的待遇，最后婚没离成，却搞得人不人鬼不鬼。1980年5月，作家遇罗锦以“没有感情”为由向法院起诉，要求与丈夫离婚。这条离婚理由在当时引发了一场关于离婚标准的社会大讨论。也是在这一年，有一部名叫《甜蜜的事业》的电影让中国观众首次在银幕上看到女跑男追的浪漫爱情，那是一个慢镜头，令年轻人看得如痴如醉。据说该片主题如果不是宣传计划生育，在审查过程中会遭遇不少麻烦。

风气初开是在20世纪80年代末期，中国人的婚姻开始出现各种“情况儿”。生活的富足，眼界的开阔，让人们开始主动追求爱情。电影《庐山恋》中那些曾被视为大逆不道的拥抱和亲吻，在大连街头也时有发生。琼瑶小说风靡一时，那些浪漫忧伤的甜言蜜语，被人们逐渐耳熟能详并熟练使用；港台地区的缠绵情歌成为街头巷尾的主旋律……在告别了新中国成立初期的包办婚姻、“文革”时期的政治婚姻后，人们开始自主择偶，大胆追求爱情。开放之风冲击着“从一而终，白头偕老”的传统观念，很多人开始漠视、背叛婚姻，在外面有着各种“情况儿”。20世纪90年代末期，关于“婚外恋”“养情人”“包小三”的社会新闻充斥报端，婚姻问题拷问着整个社会的道德观。《婚姻法》强调夫妻应当互相忠诚，互相尊重，禁止有配偶者与他人同居。用大连话说，有配偶者不得在家庭之外有“情况儿”。

在网络时代，各种混乱草率的婚恋思潮不断涌现：结婚之前同居试验，叫“试婚”；相识数日便登记结婚，叫“闪婚”；结婚不足百天就分道扬镳了，叫“闪离”……这些花样，这些“情况儿”，正在无情地摧毁中国人的爱情信仰。

不上线儿

“不上线儿”，即不讲道理、胡搅蛮缠。多用来形容性情刁悍、自私自利之徒。

“不上线儿”也是东北方言。《东北方言口语词汇例释》对其这样记载：

不上线儿：不够规矩；不合乎要求。

例句一：我哪辈子作孽哟，养活这么不上线儿的……（《戏剧艺术》1984年2期21页）

例句二：这小子东拉西扯不上线儿，吞吞吐吐净打哑谜缠。（《推荐剧目》1集143页）

与“不上线儿”有关联的一条大连话是“甩头拨拉角”。“甩头拨拉角”是形容一个人不讲道理、不听劝阻时摇头晃脑、桀骜不驯的样子，也是东北话。如：你再看看你，扭头别膀，杵倔横丧，甩头拨拉角，摇头尾巴晃的，格塞子样吧。

在微博上，有网友问：大连方言“死不上线”是什么意思？有网友回答：网络太慢打死也上不了线。很快，东北人上线了，七嘴八舌地说出了正确答案：斥责语，不讲良心，不懂感恩；胡搅蛮缠，不讲道理；不着调，爱拔犟眼子，怎么教导也是那个熊样儿；掉歪、搅牙……

一个人刻薄刁钻、骄纵傲慢、偏执狭隘、暴戾乖张、胡搅蛮缠，就是“掉歪”“搅牙”或“不上线儿”的意思。细端详，这三条大连话描述的是同一类人物，贬义色彩比较强烈，是大连话中对一个人进行负面评价的典型词语。

一条大连方言，在东北各地通用，只是每个地区用各自水土孕育出不同的“东北味”，比如锦州话尾音上扬，沈阳话婉转曲折，大连话铿锵有力，哈尔滨话最接近普通话。有人说北京方言最接近普通话，其实北京方言儿化音过多，接近普通话水平不如哈尔滨方言。

来赏析两段东北方言：

东北人注意啦啊，这（zei）疙儿（这地方）眼瞅（眼看）要降温了，大家出门多注意啊，别扬当二怔（大模大样，无所顾忌的样子）可哪（到处）撒摸（寻找；四处看），卡（摔倒）一跤，埋拉巴汰（肮脏的样子）的。

年轻人不要稀拉马哈（稀里糊涂），一天到晚嘚嘚嗖嗖（张扬）的，跟老人说话客气些，别总急赤白脸（给别人脸色看）、各各愣愣（不和谐、不融洽）的，一副死不上线儿（不讲道理）的样子。跟人交往以德服人，别动不动就支把起来（动手打起来），虽然东北人都不是囊囊膪（虚伪、懦弱的人），但也不能给咱惹毛了（惹急了），要不干仗（打架）也贼拉狠啊。

这缤纷的东北方言听起来多么耳熟，它们大多也是大连方言。东北方言中一些地方特色浓郁、表现力超强的词条发生严重流失，其去向大致有二：一是被吸纳进普通话范畴；二是逐渐消失在周围方言的汪洋大海之中并存共用了。

郭大姐将我女儿看大之后，继续在我们小区当保姆，先后在我们小区看大了四个娃娃。最近郭大姐在我们小区看护一对小兄妹，这对小兄妹的爷爷奶奶也在家，爷爷成天沉迷网络聊天，奶奶是个“病秧子”，根本没有能力看管孩子，却成天指手画脚，动辄发脾气骂人。“我一敲她家门，心脏就跳得厉害，那老太太死不上线儿，没人能跟她处好关系……”最后郭大姐炒她鱿鱼了。

郭大姐下岗前在一家民营建筑公司上班。老板和夫人都是庄河人，30多年前做房地产起家，如今企业转型成功传给后辈。多少年过去了，这两口子走遍大江南北却始终难改乡音。

到底如何来形容庄河口音？我突然想到了普洱茶的仓味。如果你喝普洱茶，一定懂得仓味与陈味的区别。陈味是普洱茶的真味，而仓味是普洱茶因存储条件不同而导致的具有地域性特点的味道。有人将仓味贴上不健康的标签，有人却迷恋这种仓味。将庄河口音比喻为仓味，并无歧视之意，而是它那极为特殊的韵味叫人一辈子也难以摆脱。可以说，庄河话是大连方言中的一朵奇葩。

山东方言的体系极为庞杂，当年，祖辈们携带着各自原始居住地的方言漂洋过海来大连，在大连扎根安家，如果将原始居住地的方言比喻为茶青，有的在庄河扎根，经庄河水土的发酵，便有了庄河腔儿；有的在杏树屯安家，经那一方水土的发酵，便有了杏树屯韵儿。

郭大姐曾讲过这对庄河夫妇在口音上发生的笑话。有一年，上级领导到他们企业视察工作，老板夫人带领员工赶紧布置会议室，备好龙井茶和水果，老板夫人问领导：“局长，你是吃个杏还是‘歹’个桃呢？”现在，北三市农村还是将“吃饭”称作“歹饭”，但在社交场合，也试图说“吃饭”，说得不是很流利，常会吐露出“歹饭”。后经郭大姐介绍，我才知这对夫妇买二手房居然住在我们小区，那位庄河先生经常坐在小区“孝慈长椅”上，看到有同龄老太太出入，就用庄河腔儿调戏道：“你这是到哪儿打滑溜跐啊？”有一天，我在孙家沟农贸市场看到他在买虾爬子，操着一口庄河腔儿眉飞色舞地跟人家杀价，敞着嗓门哇啦哇啦地讲他老家庄河的海物如何新鲜。那庄河腔儿，听起来真是令人爱悠悠恨悠悠啊。

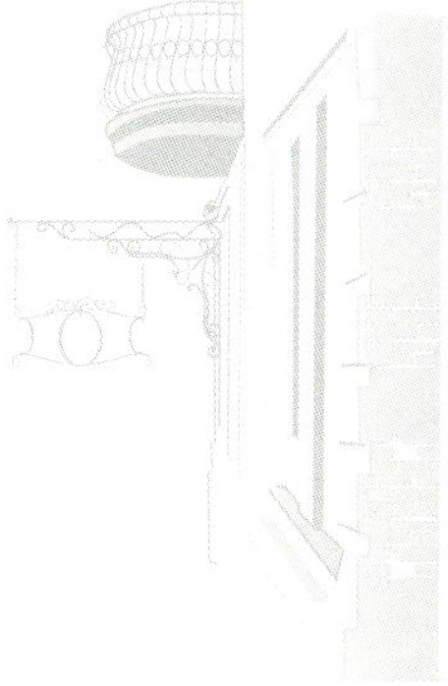

布拉吉，挽霞子

在大连话中，有两个最具历史代表性的外来语：“布拉吉”“挽霞子”。“布拉吉”是俄语译音，指女士连衣裙；“挽霞子”是日语外来语，指男士白衬衫。据说，这两个外来语唯独在大连地区流行，如今依然被大连的中老年人习惯使用。

《新华外来词词典》对“布拉吉”一词有明确记载，一是指连衣裙；二是指一种西式甜点，如核桃布拉吉、摩卡布拉吉等。两种语义都源自俄语。关于布拉吉和挽霞子的回忆真是生动有趣。20世纪50年代，大连街上经常能看到苏联人，苏联的军人排着整齐的队伍，边走边唱，小孩子就跟在后面跑。在苏联专家居住的地方，傍晚时常见苏联小伙子坐在窗台上弹吉他唱歌，女孩子在一旁翩翩起舞。这眼前的良辰美景被那一代大连人深深地记在心底，成为他们对一个时代的经典回忆。

出于中苏友谊天长地久的美好愿望，大连人穿起了布拉吉跳起了“伴舞”（当时大连人对交谊舞的称谓）。从部队到地方，从机关到企业，每个周六晚上7时至10时，倾城蹁跹。每个单位都有专门用来跳舞的大俱乐部，更有劳动公园、中山广场等露天舞场供人们娱乐。《红莓花儿开》《莫斯科郊外的晚上》《喀秋莎》等至今在老大连人记忆中清晰如昨的歌曲萦绕夜空，动人的歌声令人们忘记了现实的烦忧。

大连钢厂是拥有苏联专家最多的单位之一，那时钢厂工会主席的工作重点就是每周六组织工人跳舞。舞伴成了一大难题，有人立马想到了“大纺”（大连纺织厂的简称）女工。就这样，每周六下班之后，“大纺”的女工们坐上工厂的大卡车，浩浩荡荡地来到了“大钢”（大连钢厂的简称）。“大钢”400多平方米的食堂撤光了桌椅板凳锅碗瓢盆，“大钢”的乐队早已奏

响了《莫斯科郊外的晚上》……

那时每个单位的工会还有一个任务，选派有文艺天赋的员工到市文工团学跳舞，学成之后，回来教本单位职工。笨手笨脚的工人们学起来难度颇大，有些工人“逃舞”，后果是要在生活会上做检讨。不参加舞会和旷工的性质没太大区别。在工厂学完舞，工人们回家还会搂着小板凳勤奋练习。从腼腆羞涩到落落大方，从连连踩脚到蹁跹起舞，从“礼拜六想逃”到“有钱难买礼拜六”，大连人的生活方式终于与苏联老大哥接上了轨。

也是从那时起，大连人埋下了爱跳舞，尤其爱在露天跳舞的情结。如今放眼打量，大连露天舞场随处可见，可以说有广场的地方就有跳舞的团队。大连人跳舞，从来不怕围观，越是围观，越是兴奋，越是超常发挥。

那时候跳得好、长得好的女工会被市国际交流处邀去伴舞，从没人说闲话。“我今晚去伴舞，跟你换个班”，人们大大方方地去跳舞。不能夸张地说是“伴舞”美化了心灵，但至少，在那个为“工业增速，超英赶美”而忘我劳作的年代，“伴舞”让劳累之余的人们获得了空前的放松和愉悦，一种悦人悦己的和谐之风，在舞厅与工厂之间，在家庭与社会之间，在干部与群众之中，形成了良好的循环。可以说，苏联“伴舞”改变了大连人的精神面貌，令他们焕发出了与新中国蓬勃建设相得益彰的气质。

那么，男女青年去跳舞得不得有一身跳舞的行头？这跳舞的行头究竟是什么样的呢？若是夏季，当然女穿布拉吉，男穿挽霞子。想象一下，甩掉了一身油渍麻花的工装，洗脸梳头，男青年换上了的确良白衬衫，将下摆束进簇新挺括的黑裤里，一份儒雅的精气神跃然而出；女青年穿上布拉吉，立马变得婀娜妩媚。那时，对年轻人的评价，除了品性和工作能力，“他/她舞跳得好”也是一句不错的评语。

年轻人在苏联“伴舞”中自由恋爱，谁说那个年代没有浪漫，布拉吉和挽霞子见证过。

大连方言中有不少外来语，其来源主要是日语和俄语，这不仅是因为地理位置相近，更有深层的历史原因。大连曾被沙俄统治了7年，又被日本统治长达40年，尤其是沦为日本殖民地的40年间，大量的日语进入大连人的生活，以外来语的身份活跃在大连方言中，有时候人们误以为它们是土生土长的汉语，而忘记了它们外来语的真实身份。学者游汝杰说：“汉文化的宽容性使它能容纳下古往今来的种种外来文化和相当数量的外来词，同时汉文化又具有极大的消融力，善于将所吸收的外来文化加以消化改造，变为中华文化的组成部分。”

近代以来，中国向外部世界开放的两个最大门户是上海和广州，有许多外来语先在这两个区域中流传开来，然后在全国流行成为覆盖面较广的全民性语言。比如，“沙发”“太妃糖”“加拿大”这三个外来语就是从上海登陆的。“鸦片”“三明治”“的确良”是从广州登陆的。“的确良”是大连人最熟悉的方言，它是一种进口的纺织品，过去年代的挽霞子大多是用鸭蛋清色的“的确良”面料制作的。最初，广州人把它称作“的确靓”（“靓”是漂亮、好看的意思），是英语dacron的译音，其他地方的人模仿广州人的发音，就写作“的确良”。这个写法让人以为这种面料很凉快，其实它的透气性很差。

在学者周振鹤的研究里，现代汉语外来语中以日语为来源的外来语占大多数，而这些外来语又以反映西方文化内容的词语占绝大部分，这种情况既说明近现代日本吸收西方文化远远走在中国前头，还说明日本是近现代中国接受西方文化的转驳地。

外来语的显著特点是译音而非译意。有些外来语只是流行于方言区，这些外来语反映了地方文化受外来文化影响的特点，生动地记录了当地的历史变迁。大连方言库里就容纳着相当数量的日语外来语，除了本文中讲到的“挽霞子”“的确良”，还有马葫芦（下水道）、瓦斯（煤气）、榻榻米（指铺在室内地板上的草垫、草席等）、冰棍儿（冷食，这个外来语已进入词典）、万年笔（自来水笔）等。

很难想象，从“辩证法”到“共产主义”，从“吉他”到“相机”，从“露营”到“俱乐部”，从“宗教”到“玩具”，从“奖金”到“礼貌”，这些词语的真实身份居然都是日语外来语。

日本对大连进行殖民统治时期又有一些新的方言词语诞生，这些词语是那段屈辱历史的一种深刻记载，比如“苦力车”，又叫“红皮车”，外面涂着红漆，从寺儿沟到西岗，中国工人只许乘这种车；比如“割脖子”，被撤职、辞退的意思；比如“大米包”，日本殖民统治时期把大米装在草包里，意为没能耐、没本事，草包一个；比如“拿片子的”，日本殖民统治时期，日本军警宪特机关雇用一批中国人做暗探，在上述机构挂名，享有津贴，对外活动时持有其主子的名片，被老百姓称为“腿子”或“狗腿子”；比如

“水袜子”，日本殖民统治时期一种带勒的胶鞋，有分叉与不分叉两种，多在有水的地方劳动时穿用；比如“磨吉”，日本殖民统治时期用黏大米制作的一种食品，有带馅的，有不带馅的，引申义指说话办事黏糊不利索；比如“半拉子”，指旧社会童工，旧时大连贫困家庭的孩子读不起书，十几岁时便托人送到工厂当学徒或到农村当帮工。他们身单力薄，不能顶一个整劳力，故称之为“半拉子”。

掉价儿，砢碜

“掉价儿”与“砢碜”是大连方言中的一对近义词。

“掉价儿”，即有失身份。据《东北方言口语词汇例释》记载的例句：我本想在她面前露露脸，没想到弄巧成拙了，真掉价儿，真丢人。（《辽宁群众文艺》1979年1期44页）你就放心吧，就凭咱这小伙哪掉过价儿呀！（《辽宁群众文艺》1984年1期16页）

“砢碜”，有三种释义：丑陋，难看；丢脸，不体面；讥笑，揭人短处。据《东北方言口语词汇例释》记载的例句：你嫂子那字写得才砢碜呢。（《黑龙江艺术》1983年1期40页）咋的，怕砢碜怕丢丑是不是？你干的就是这路事嘛！（《北方曲艺》1983年3期3页）哎呀，小芳，别砢碜我啦，我服了，服了。（《锦州剧作选集》180页）

作为一部方言词典，如果没有例句，就像案件没有证据一样。以上这些例句很平淡，似乎不如我们自己编撰的句子精彩。《东北方言口语词汇例释》的作者王树声先生认为，自编例句出自一人之手，必然失去丰富多彩的形象。更重要的是，自编例句使读者对词条和释义的可信性产生怀疑。王树声先生在编辑整理《东北方言口语词汇例释》的过程中，宁愿舍弃没有现成例句的词条，也不为无例句的词条编造例句。这种严谨求实的精神值得称道。

如果说方言真的存在，那么，它必然在人们的日常生活中留下痕迹。民间老房子里的每一位老人，都是一部方言的活字典。

大连人特别讲究面子，讲究穿戴。最经典的案例就是“苞米面肚子，料子裤子”。料子是过去年代的高档衣料，兽毛纤维或人造毛编织出一份沉实华贵的质感，日子再贫寒难过，也要想法置办一身料子行头。在凭票供应的计划经济年代，哪有薪资之外的赚钱之道，只有从嘴巴里省了。吃得这么砢碜，原来是为了追求外表的华丽，这个代价令外地人深深地嘲笑我们。这是爱慕虚荣吗？不，通过衣装维持人前的尊严，这是人的一种精神本能。后来这世道也流传着“漂亮者生存”的暗示——没人有义务透过你邋遢的外表，去发现你优秀的内在。张爱玲也非常坦诚地说过以相貌悦人与以思想悦人没有多大区别。

人与动物的本质区别，不仅体现在人会制造和使用工具，也体现在人有穿衣服的精神需求。英国评论家弗里克·吉尔在《衣服论》中写道：“人与其他动物的本质区别不在于人穿衣服，其他动物不穿衣服，而在于人能脱掉衣服，其他动物则不能做到这一点。”他所说的“人能脱掉衣服”，是指人具备通过自己的双手制造衣服来美化自己的能力。我们要穿衣服，还要穿得好看，这其实都是一种高级的精神需求。

告别“苞米面肚子，料子裤子”的年代，大连人“浪”起来了，大连街上都是好看的人，再也找不到穿戴砢碜的人了。东北方言“青斜纹裤子，苞米面肚子”是形容生活水平较低，一年四季穿粗布、吃粗粮。例句：学了这么些年大寨，可老百姓还是青斜纹裤子，苞米面肚子啊！我们的祖辈曾经历过衣不蔽体、食不果腹的悲惨生活，粗衣恶食，活命要紧，谈何砢碜？

一个人穿戴太砢碜，会掉价儿，掉的是身价儿。看人下菜碟，看的就是一个人的穿戴。一个人的穿戴附着很多个人信息。不可以貌取人，也不倡导以貌悦人，但一个人每天衣冠楚楚气息清明，必然有着与之匹配的言谈举止，不仅自我悦纳，也是对别人的一种尊重。

大连作家马晓丽写过一篇散文《与一个浪漫的城市相处》，说有一次突然想去孙惠芬家聊天，没有打招呼，一进门发现孙惠芬的老母亲在家。马晓丽与老人家很熟，已经见过许多次面了。那天，马晓丽却发现老人家特别不自在，趁她俩说话之际悄然离开了。孙惠芬笑着说，家里突然来客人了，老母亲没来得及换衣裳，感到很不安，她应该是去换衣裳了。果然，老人家再出现时，身上换了一套新衣裳。马晓丽在文中感慨：“九十岁的老人家一字不识，但当她从容地抻抻衣角，端庄地坐下来的那一刻，我突然明白了，这，就是文化，大连人代代相传的文化。”

如今，人们都讲究物质生活的体面，却忽略了培育精神层面的体面。精神上的体面，有很多内容，自其食力是一种精神上的体面，清正廉洁是一种精神上的体面，博览群书也是一种精神上的体面。张立宪在《守护读书人的体面》一文中谈了他对“体面”的看法。作为《读库》的投资人、出品人，张立宪看淡《读库》的生死，却死守读书人的体面。如果资金困难，他宁愿贷款，也不愿在朋友圈绑架情感做营销。《读库》拳头产品“老课本丛书”推出了《共和国教科书》，杨绛先生看到这套书非常欣喜，说她在北师大附小读的就是这套书。张立宪当时就想到了一句广告语：“杨绛小时候用的就是这套书，那么你呢？”再细想，他就放弃了这个噱头，原因很简单，他觉得不体面。

顺着张立宪这个思路审视自我，我们有意或无意间做了多少砢碜事。我们鲜衣楚楚地从远处走来，却被人腹诽一句“又来了一个羞答答的厚颜无耻者”。这是为什么？究竟哪里出了错？

《海燕》创刊60周年时，我有幸拜读了由读者提供的20世纪五六十年代的《海燕》杂志。那时《海燕》的作者来自基层各行各业，发表作品要标注作者身份，有造船工人、纺织女工、战士，甚至还有扫盲班老人，等等。我非常认真地阅读了这些杂志，想从中寻找大连方言。令人遗憾和意外的是，这七八本纸张泛黄、陈味浓重的老杂志，穿越了半个世纪，居然看不到过去年代人们所说的方言。比如，1960年第一期刊登了一篇小说《罗克逊先生输了》，作者的身份是造船工人。小说讲述一艘英国轮船在大连港触礁受损，傲慢的英国人罗克逊先生提出20天之内必须修好，我方考虑到船上装满海鲜，向罗克逊先生保证只要8天时间。在抢修期间，罗克逊先生经常上船冷嘲热讽，威胁恫吓，我方工人与他的对话，句句大义凛然，没有一句方言俗语，外交辞令的色彩强烈。

《东北方言口语词汇例释》作者王树声在摘录例句过程中，由衷地赞叹：“许多例句读起来如珠落玉盘，铿锵有声，那凝练、那精彩、那诙谐、那深刻，绝不亚于高雅华贵的名篇中的名句，是另一种高雅，另一种美丽。”《东北方言口语词汇例释》是从20世纪80年代黑、吉、辽三地的报刊中摘录例句，杂志多于报纸，以文学艺术类杂志居多。80年代是乡土文学的辉煌期，乡土文学成为方言的摇篮，为保护方言立下功劳。而20世纪五六十年代的文学期刊，为何找不到一句方言？

原因也不难查找。中国是在1949年至1955年拉开文字改革的序幕，1956年至1965年迎来文字改革的高潮，标志性事件是公布《汉字简化方案》、全国报刊实行横排。1956年，国务院发布了《关于推广普通话的指示》，学校是推广普通话的主要阵地，各行各业也掀起了学习普通话的热潮。在这种时代背景之下，文学爱好者自然将写作当作学习普通话的最好时机。扫盲班老人能用普通话描述墒情农事，这在当时是多么大的进步啊。

想象一下，如果造船工人用大连方言与罗克逊先生对话，那该多带劲啊。方言剖析人性、刻画人物性格的独特功力，要比普通话更给力。或者说，用普通话表达深感技穷无助，唯有方言能挽救这种困境。

方言承载着一个地域的历史文化，记载着先人的故事和祖祖辈辈传承下来的风俗。保护方言，就是保护地域的历史文化，保护我们的生命之源；保护方言，就是要铭记祖辈重建家园的故事，敬畏祖辈遗留下来的生活讲究。嵇汝广的《记忆·大连老街》记载了20世纪20年代大连最著名的饭店“泰华楼”的历史，“泰华楼”由山东福山大厨创建，当年山东人“闯关东”最优越的职业就是厨师，鲁菜的推广，福山厨子功不可没。据《盛京日报》记载：“1923年12月12日下午，汪精卫乘舟抵连，下午游览大连名胜，晚与旧友金子雪斋、傅立鱼二氏同饮泰华楼。”嵇汝广将“泰华楼”翔实深厚的历史鲜活地记录下来。“泰华楼”第四代后人穆丹宇读了之后，心情久久无法平静，“非常遗憾的是，嵇汝广希望我能将‘泰华楼’的资料完善起来，然而我的母亲已离世，我能记起的，已经支离破碎，无法完成嵇老师的心愿。因为我对祖辈历史的不重视，致使母亲留给我的珍贵遗产，被我无知放弃。这使我明白了，对于‘孝顺’二字，不仅是陪伴与服侍，更要珍视他们曾经告诉我们的人生往事，并将它们整理成文字永远记忆，只有这样才不留遗憾。”“泰华楼”后人的心声，令人反省深思。

记忆里，奶奶80岁之后，睡眠少了，在那繁星满天的夜晚，她躺在床上自言自语地讲述家族往事，我每晚都是在她的絮絮叨叨中进入梦乡。冬天，她醒得早，披衣而坐，又开始唠叨家族往事。半梦半醒之间，也记下了逃荒要饭、哪个婶子死了丈夫嫁给小叔子等细节。“泰华楼”的后人当年听母亲讲述家族往事，大概也是我这副漫不经心、半梦半醒的状态。作为一个与地域历史紧密勾连的重要家族，这种年少无知的错过与遗落确实令人扼腕。

轧 乎

“轧乎”，是指人与人之间相处、交往。据《现代汉语词典》记载，“轧”有“结交”的义项，“乎”乃动词后缀。多数大连方言是以语焉不详的字来代替，相比之下，“轧乎”是一条词义堪经推敲的大连方言。

《东北方言口语词汇例释》对“轧”有记载：轧，结交（朋友、亲家）。例句：穷轧穷，富轧富，榜青的轧个租地户。（《风雪情》87页）

听两个大连女人操着一口地道的大连话聊各自孩子的工作情况。“俺姑娘在单位跟一同事没轧乎好，想换份工作，我不同意，这份工作待遇不错。跟人没轧乎好，有她自身原因，她嘴碎，一天到晚二不棱登，动不动尥蹶子，也不是省油灯，难怪人家治她……”另一个大连女人说：“俺儿跟他部门主任也没轧乎好，俺儿有工作经验，他部门主任不是个好饼，靠关系上来的，俺儿哪能宾服他？现在年轻人靠本事吃饭，不用为他们担心，只要他们有章程，是那块料儿，到哪儿都有饭吃。”

除了轧乎，这两个女人的对话中还有哪些大连方言？

“嘴碎”，指言语啰唆，爱说话。《红楼梦》中：“二则姨妈老人家嘴碎，饶这么样，我还听见常说你们不知过日子，只会糟蹋东西，不知惜福呢。”“二不棱登”，是形容傻里傻气、不够精明的人的神态言行，也称“二百五”。周立波以东北话描写东北土地改革的长篇小说《暴风骤雨》中有一句：“你妈……养活你这么个二不隆咚傻相公。”“二不隆咚”即“二不棱登”。在大连方言中，“×不××”构式的形容词（词组）较多，如“酸不溜丢”“黑不溜丢”“粗不伦墩”“红不溜秋”“白不呲咧”等。“尥蹶子”，比喻人的性情桀骜不驯，不服管。“省油灯”，比喻好对付的人（多用否定式）。

“不是个好饼”，不是好东西；“宾服”，即佩服；“章程”，指办法、本事；“是块料儿”，指具备某方面的潜质，将来会有出息的。

作家王安忆回忆父亲，他与一位多年不见的老战友见面时，那叔叔说：“你一点儿没老。”他则回答道：“你的头发怎么都没了？”弄得十分扫兴。见面的套话没有掌握，告别的套话也没有。有他不喜欢的、不识趣的客人来访，他竟会在人刚转身跨出门槛时，就朝人背后扔去一只玻璃杯。

这是作家的父亲与人交往相处的逸闻趣事，读来令人忍俊不禁。王安忆这样点评父亲在轧乎人方面的低能：“他极保护自己个人的生活，他是愿意怎么生活就怎么生活，毫不顾及别人会说什么。别人对他留有什么印象，是他从不关心的。他是只需自己就能证明得了自己，只需自己这一个证明的。可说是十分自信。比起世上太多的终年终月为别人的观瞻营造一个自己的生活，是要轻松，却也多了一种别样的艰难。”

对人际关系用力过猛，处处钻营，很累心；对人际关系不作为，“愿意怎么生活就怎么生活”，精神上倒是自由浪漫，却难免多了现实层面的艰难。

大连人轧乎人有哪些特点呢？大连人很真实。如果愿意跟你轧乎，就会真心实意地对待你，跟你说真话，办真事，从来不搞虚里冒套的。跟虚伪之人打交道，大连人会觉得很没意思。实实在在地做人，脚踏实地地做事，这种人才会欣逢机遇的雨露。浮夸的、弄虚作假的、矫揉造作的，都不在大连人的朋友圈里。

大连人很仗义。重情重义的大连人不能没有朋友，与朋友一年四季常来常往，朋友有难若袖手旁观那是做人的耻辱。有这样一个笑话：一个私企老板在酒店吃饭，经常会为好几桌人买单。他去趟洗手间碰到一个朋友，就去给人那桌的单买了。再去一趟洗手间，又遇到一个朋友，又买一次单。这就是豪爽仗义的大连男人。有人说他缺心眼，完全是暴发户的心态。但这位“海南丢子”的后代说：“我总想此时此刻能为朋友做点什么。看见朋友在这儿吃饭，你不给他买个单，总觉得不过意……”买单的确不是什么大事，但也从中看出一个男人的担当精神。

有人埋汰咱东北人，“没到过东北时，以为东北人很豪爽，去过之后才发现，许多东北人骨子里市侩得很。一个小地方，攀比成风。女人没有貂皮大衣，会被人瞧不起。男人们一起吃饭喝酒，吃的时候很豪爽，吃完了该买单的时候，上厕所的上厕所，装醉的装醉。你别看东北人在喝酒时说得轰轰烈烈，什么你的事就是我的事，不好使，一转眼就把你忘了，等你真有事时他们跑得比兔子都快。他们表面豪爽，背地里相当计较，他们会在回家后算出每一分钱，然后算你差他多少……”这种评价以偏概全过于武断，多数东北人是讲究人，尤其是大连人，轧乎人讲究一个“情”字，更讲究一个“长”字——长情。当彼此价值观相似，不论贫富贵贱，不论过去了多少年月，我们仍然“在一起”。

大连人很清高，是性情中人。大连人也会为了“五斗米”去轧乎人，但绝不会为了“五斗米”尊严扫地折腰尘埃。更多时候，大连人轧乎人带有王安忆老父亲的任性，你是一个实在人、豪爽人、热心人，大连人就愿意与你轧乎；如果你爱端个架子摆个谱、心眼不厚道，那么，你官再大，钱再多，大连人也不稀搭理你，也不稀捧你的场。

在单位，与上司、与同事、与客户轧乎好关系；在家庭里，与配偶、与长辈、与孩子轧乎好关系；在小区里，与邻居、与保安、与保洁轧乎好关系……所谓生活，就是理顺各种人际关系。将各种人际关系轧乎好了，生活就会顺心如意，一切美好如约而至……

扎固

扎固，是修饰、打扮的意思。它有很多不同的写法。

“俺家那里那个，常时过好日子时节，有衣裳尽着教他扎括，我一嗔也不嗔。”（《醒世姻缘传》）

“孙氏道：‘有撒下的孩子么？只怕没本事扎括呀！”（《醒世姻缘传》）

沈阳历史文化丛书《民俗风尚》记载：东北话中的“扎孤”系音译满语借词，除修饰、打扮意思外，另还指治病，则是其本义。如《奉天通志》载：“俗谓治病为扎孤病，满语治也。”“修饰、打扮”的语义系由“治”派生而来。

《东北方言口语词汇例释》记载：扎咕，即治疗。

例句一：我前些日子闹眼睛，公家大夫给扎咕好了。（周立波《暴风骤雨》260页）

例句二：我借个推车子，推您到医院去看看病，快点扎咕好。（《说演弹唱》5期33页）

影响大连方言的少数民族语言主要是满语，满族兴起于东北，在那生活了将近三百年，满语也在东北这片土地上使用了三百年之久。虽然后来被汉语所取代，但是不少满语词汇还是被保留了下来，现存的大连方言中还存在着不少的满语词汇。如邋遢：满语音译，形容不整洁、不利落；马勺：满语音译，带把的大勺；磨蹭：满语音译，意为故意拖延；撒摸：也是满语音译，看的意思；穷得叮当响：非常穷困，“叮当”出自满语，也是穷的意思，“响”是借助汉语词义加的后缀；各色：性格特别，难以相处，满语的原意是特殊，等等。

从语言的变化消亡这个角度来看，目前在汉语方言中主要存在两种类型:突变型和渐变型。突变型是指弱势方言在强势方言的强大冲击下，最终被彻底放弃，人们改用强势方言。突变型的变化消亡需要经过几代人才能完成，中间还要经过一个弱势方言与强势方言并存的过渡阶段。渐变型是指弱势方言受到强势方言的影响和冲击，逐渐磨损、丢失了自己的个性，同时不断吸收强势方言的成分，逐渐向强势方言的方向演变。

在同一种方言的内部，方言词的势力强弱不等、生命力大小不同。有的方言随社会变迁而被淘汰，有的方言却一直活跃在老百姓的生活中，甚至常在报刊上见到方言，也常在网络上看到方言与网络流行语的融合。有些方言终将逝去，它们太单薄了，无法阐述新的生活内容。中青年人以强势方言为主，而老年人只使用弱势方言。比如“扎固”，是大连话中的弱势方言，中青年人对它非常陌生，而老年人却熟得很。

写大连话，总要与身边人聊一聊，掰扯掰扯，有的词条大家一致认同是典型的大连话；而有的词条模棱两可，你认为很典型，而我可能没感觉。我对于“扎固”一词就没感觉，却想起了家乡普兰店一带常说的“扎混”，“扎混”是指治病，“你这病是在哪儿扎混好的？”“这病不能再拖了，赶紧找个地方扎混扎混吧。”

与保姆聊“扎固”，她很惊喜，“哎呀，好多年不说这话了，这是山东话，俺家老太太经常说。”“快说说，你家老太太是怎么说‘扎固’的？”

老太太80多岁了，耳不聋眼不花，识人辨物透彻明白，对生活要求很高。周末，在大连街住的晚辈们会来看望她，老人家在孩子们来之前总要扎固一下，将头发梳得一丝不乱，穿一身玄青色新衣服。在老人的观念中，晚辈拎着东西来看望她是尽孝道，孝道是天地间头等大事，将自己扎固一下面对晚辈，是做长辈应有的礼节。

保姆在附近小区替人家看孩子，早晨出门若没换衣，就会遭老太太的数落：“你就穿这一身出去了？不能扎固扎固吗？”保姆说：“到别人家也是干活，有什么可扎固的？”老太太说：“你穿得这么埋汰去抱孩子，人家父母能乐意吗？”

只要出门，就得扎固一下，这是老太太的生活观念。老辈人骨子里的讲究值得我们去细品。

脑子有病，彪乎乎

脑子有病，有什么病？神经病呗！脑子长包，长什么包？瘤子呗！长了瘤子的脑子肯定不好使了。“脑子有病”“脑子长包”，是大连方言中的骂人话，分别从不同角度形容一个人精神不正常。

每个地区的方言中，都有一小撮骂人话。这些骂人话大多围绕着两个主题：一是傻、无能；二是贱、不正经。比如湖北的“苕”，陕西的“瓜娃”，上海的“阿木林”“巴子”“十三点”“寿头”，四川的“弹胎娃”“录活儿”“神搓搓”，北京的“棒槌”，大连的“彪乎乎”“潮乎乎”“二乎乎”等，都是傻笨、无能的意思。上海的“贱骨头”“下作”，四川的“屁儿痛”，北京的“大喇”“跑头子货”，大连的“贱皮子”“贱掰掰”“贱嗖嗖”“贱呲呲”，都是形容一个人油头滑脑、轻佻浮薄。

在大连话里，也有不少骂人话。因为低级庸俗，这些骂人话很难有正式的出镜机会。而脑子有病、脑子长包，应该算是无伤大雅、最有特色的大连骂人话。

北京方言也很丰富，仅仅是用来骂人的专用词汇，就不胜枚举。过去有句俗话说“京油子，卫嘴子”，意思是说，北京产滑头，天津出侃爷。“京油子”是指那些能说会道的人，他们从来不会得罪人，骂人都有专用的、十分含蓄的词汇。而大连方言里的骂人话，都是很粗俗的、直来直去的。“脑子有病”便是一例。

在家庭中，夫妻二人吵架，当一方感到另一方不可理喻、无可救药之时，就会怒吼一句“你脑子有病啊”或“你脑子长包了”。我曾亲眼见过身边一对“80后”小夫妻吵架，男方是湖南人，女方是大连土著，湖南人号称“南方的北方人”，性格也是相当刚烈的，嗓门也比较大。咱大连姑娘吵不过人家，就说出一句：“你脑子有病，我不跟你废话了！”湖南小伙儿以为媳妇诅咒他脑子得病，脑子得病那还了得？那就是不治之症。媳妇如此恶毒，哪还有恩爱之意？当然，湖南小伙儿后来明白了这句大连话的真正含义。如果一对男女一南一北，互相爱慕结为夫妻，建议第一课除了生育科普，还要摸清对方家乡损人、骂人的俚言俗语。

在中国历史上，湖南人以聪明勇敢、刚烈果决、敢做大事而著称，史学家、文人等对湖南人都毫不吝惜溢美之词：“惟楚有材，于斯为盛”“楚虽三户，亡秦必楚”“无湘不成军”，等等。曾国藩、左宗棠的湘军把大清朝的香火延续了将近半个世纪，新中国很多开国元勋来自湖南，湖南人读书、当兵打仗、做劳力样样都不差，可谓文武双全。相比之下，东北人未免有些逊色。尤其在经商方面，东北人喜欢复制别人的经验，缺乏创新能力和冒险精神。

综上所述，东北人特别不愿被人骂成“脑子有病”。尤其大连人，在东北地区以超群脱俗的高傲形象自居，除了硬气、霸气，还格外有灵气，更受不得智商被人嘲讽。但实际上，“脑子有病”是无伤大雅的骂人话，在两军对峙的骂阵中，我说你脑子有病，你说我脑子长包，一般不会激惹起刀光剑影。

一名精神病女患者经常到其老公单位胡闹，当保安人员发出警告时，该女士理直气壮地说：“我有‘彪子票’，派出所也不敢抓我。”何为“彪子票”呢？大概就是一纸精神病诊断书吧。耐人寻味的是，网上有不少以“我是神经病”为歌名的神曲，也有直接命名为“我有神经病吧”的论坛。有人经常自诩“我是神经病”“别惹我，我有病”“我是神经病我怕谁？”等，如果用大连话来说就是“别惹我，我脑子有病”“我脑子有病我怕谁”。人们为何赐自己一张“彪子票”呢？这里面有对现实无能为力的失望妥协情绪，有自嘲发泄情绪，还有天不怕地不怕的顽主情绪。

在这里将能够出镜的、含有侮辱之意的大连话一一打捞。除了“脑子有病”“脑子长包”，还有“彪乎乎”“潮乎乎”“卡乎乎”“二乎乎”。

在“×+呼呼”构式中，最有代表性的一个词是“彪呼呼”。《醒世姻缘传》：“（珍哥）要往十王殿去，呼呼地坐了晁大舍的大轿就去，没人拦得。”这句话中的“呼呼”在《汉语大词典》中可“形容行动急骤，气势盛大”，该释义在《老残游记》中也可以得到证实：“当时只听得城上一片嘈嚷，说：‘小埝漫咧！小埝漫咧！’城上的人呼呼价往下跑。”释义中“急骤、盛大”都带有一定的程度色彩，因此，“呼呼”也带上了一定的程度色彩。当“呼呼”与表事物性质的词组合时，有加重程度的表达效果。

在“×+呼呼”构式的书面使用中，也有人将“呼呼”写为“乎乎”，有研究者认为，这种写法也颇有道理，《汉语大字典》中认为“乎”为助词，可以作为形容词的后缀，因此，在“彪乎乎”这样的组合中，“乎乎”可以作为形容词“彪”的后缀形式出现。《汉字源流字典》中认为“乎”是“呼”的本字。所以，“×+呼呼”与“×+乎乎”构式可以同时存在，二者均具有使用价值。从交际功能来说，复音化加强了词语的交际功能；从文化心理来说，复音化体现了汉民族的审美要求，双音节词更显对称性，更具美感性。

东北人心直口快，有何不满就单刀直入地挑出来，经常有脸红脖子粗急赤白脸的时候。东北人倔强，爱拔犟眼子（大连方言，脾气执拗、固执，说极端的话），容易得罪人。东北人缺点不少，但优点更多。东北人诚实，爽朗，慷慨，豪放，坚毅。东北人热情好客尤其被外人称道。你途经他家，他生拉硬拽邀你进家吃饭，你若拒绝他当真会生气。有人说东北人“虎悍悍”，“虎悍悍”是一个贬义词，是对冲动鲁莽、不计后果之人的概括与描绘。也说东北人“傻”“彪”，这两个词却直指东北人的优点，是赞美东北人真实可靠，敞亮豁达，毫不计较。东北民俗学家王兆一曾说“傻人好忘己”，一个人只有丢掉自己，忘却自己，才能奉献别人，奉献社会。翻阅那些“大连榜样”“大连劳模”的人生故事，你会发现他们身上都具有一种“彪子精神”“傻子精神”。

在大连家庭里，女主人经常会用“俺家那个彪子”形容男主人。“俺家那个彪子在外面喝酒呢！”“俺家那个彪子背着我把钱借给朋友了。”大连男人喝酒讲究的是诚心诚意，“感情深一口闷，感情浅抿一抿”。大连男人的热情血性尽情地绽放在酒花里。背着老婆借钱给朋友，更彰显了大连男人的义薄云天、珍视友谊。

在东北影视剧中，经常会出现一位名叫“彪哥”的人物。比如在《马大帅》系列剧中，范伟所扮演的范德彪，被人称为“彪哥”。“彪哥”故事那么多，人生笑料那么多。演过此角之后，范伟就享有了“彪哥”这个名号。我们在“彪哥语录”里笑得花枝乱颤，却被南方人好顿耻笑。在一个家庭里，妻子是南方人，丈夫是北方人，丈夫痴迷东北乡村题材剧，而妻子却非常讨厌“彪哥”之类的人物。夫妻二人为了捍卫各自的母土故园，展开了唇枪舌剑的辩论，最终以火冒三丈互相攻击收尾。

“潮乎乎”与“二乎乎”，都有稀里糊涂、傻里傻气的意思，但“潮乎乎”是指缺心眼、智商低下，情商余额不足；而“二乎乎”是指偶尔失误，一时糊涂，是可以原谅的。两个女人因一点儿摩擦吵起来，既要维持自身形象不能沦为骂街泼妇，又要发泄内心的愤怒，便会频繁使用“潮乎乎”一词羞辱对方。我们也经常在家庭中使用“二乎乎”这个词，不含恶意与嘲讽，更多时候是一种并不损伤感情的抱怨。比如，“老爸老妈年纪大了，整天二乎乎的，总是丢三落四。”在这里断然不可说父母潮乎乎的，那可是大逆不道啊。

勾嘎儿，熬糟

如果用一条大连方言来形容大连人十分满足、万分陶醉的心情，你想到了哪个？有人说“展扬”，有人说“血受”，有人说“干净”，这几条大连话都沾边儿，但都不是很精准。

“那家老菜馆的酱焖大黄花，味儿太地道了，把俺们一个一个吃得勾嘎儿的。”“楼下保安老刘的儿子考上北大了，看把他乐得勾嘎儿的。”

没错，大连人的好心情必须用“勾嘎儿”这条方言来诉说。

东北方言有一个“勾嘎不舍”，与咱的“勾嘎儿”语义完全不同。勾嘎不舍，是形容治家或理财十分仔细节俭。

好友张先生从上海回来，酒局前非要吃碗焖子解馋。漂泊在外的大连人，对焖子的思恋是乡愁的一部分。

每座城市都有自己的古早味，焖子是大连的古早味。在张先生这里，我们看到，最解乡愁的不是风景，而是食物。

古早味，是闽南人用来形容古旧味道的一个词，也可以理解为“怀念的味道”。原本是形容食物，后来引申可以概括所有具有年代感、历史感的社会风俗事物。几乎每个城市都有一些文艺小青年致力于古早味的发掘与创作。在南方，以古早味为主题的文创产品铺子格外多，可以说，一座城市历史文化底蕴越深，古早味的文创产品就越多。

去一个地方旅行，总要品尝此地的古早味，对食物有了印象，才算到此一游，不枉此行。

去哪儿吃焖子？当然是天津街的美食大排档。如今，焖子风格也多变，我们想请他吃个混搭风格的海鲜焖子，或者吃个创新风格的麻辣焖子，可张先生一口拒绝，他只要蒜泥芝麻酱原味焖子。

吃焖子前，张先生深情地咏叹了一声：“回家啦！”瞧瞧，为长久漂泊在外的大连人接风洗尘，一碗古早味的焖子足矣。

“摆什么酒局，一碗焖子就吃得毛驴子勾嘎儿的……”眼前的张先生被一碗焖子打回了“毛驴子”的原形，中学时代因倔强落了个“毛驴子”的绰号谁好意思叫？一碗焖子卸下了张先生身上那副南方水土养育出来的精致范儿，大连韵儿、大连做派显露出来了，这才是咱们的“毛驴子”啊。

“毛驴子”吃相虔诚感人，那焖子金黄油亮、丰美坚实，着实令人垂涎。我也要了一碗，入口鲜香有劲，轻微的黏牙感，蒜香华丽，芝麻酱十分默契地烘托着香气。一碗焖子解乡愁，“毛驴子”吃得心满意足啊。

我们大连老辈人常说“待早年”这个方言词，它是年代久远的意思。“70后”们在祖辈膝前所听到的每一个故事，无一例外是以“待早年”开头。爱说“待早年”的老辈人逐渐逝去，而我们，却担不起“待早年”那些生活，那些美德。

作为“70后”，我对传统生活尚有留恋和敬畏，我努力地从母亲那儿学习蒸馒头、炸黄花鱼、熬（炖）酸菜等，但无论我使出怎样的洪荒之力（此处用了最新热词，也是不由自主），也酝酿不出“姥姥家的味”。母亲经常像仙女下凡一样，从泉水倒两趟公交车，到星海为我做顿饭，女儿放学一进家就大叫“姥姥来过了”。母亲做的都是古早味的饭菜，在女儿的嗅觉记忆里，我这个当妈的根本搞不出来这种味道。

姥姥家有姥姥家的味道，那是岁月与亲情的味道，那是老辈人独有的生活方式经年累月积攒下的味道。而我们，能为儿女酿造带有我们这一代人的故事、思想和情怀的经典味道吗？

每个人都有自己关于古早味的记忆，大连音乐人郑军心中的古早味与茶有关：“我从小就喝茶，喝花茶。缘于我妈妈是山东人，她爱喝茶，所以我从小就跟着喝。后来，大家都喝铁观音、普洱茶，可我还在喝花茶。朋友说我喝花茶喝的是垃圾，送我各种茶，可我总也不忘母亲茶——花茶。”

他每天早晨发微信很有规律，先是“睁开眼珠额看世界”（综合新闻），然后是“醒来吼一嗓子”（时事杂谈）。而那天早晨，他突然想起了办公室里的花茶，忍不住发微信抒发对古早味的怀念之情：“每到过年，嘴里含块硬糖块，嗑上咸西瓜子，喝几杯花茶……美啊！花茶，母亲茶，小时候的味道。”世间所有的古早味都记载着亲情故事。

品读郑军这段文字，我这个普洱茶底子的人也馋起了花茶。

古早味的食物令人怀念，不论是食材，还是做法，都体现了过去年代简单朴素、克勤克俭的生活理念，今天再重温这些食物，常以失望收场，我们的味蕾浸淫物质欢场，已经回不去古早味了。

除了古早味的食物，还有古早味的店铺、古早味的街道、古早味的房子、古早味的服装……古早味里有城市的历史文脉，有祖辈留下的文化遗产，可是很多古早味的房子和街道都消失了。“让城市融入大自然，让居民望得见山，看得见水，记得住乡愁。”这不是哪篇散文里的句子，而是习近平总书记在中央城镇化工作会议上的讲话啊。

当人们的感情逐渐平静下来，老建筑突然间“复活”了——在原址重建。所有的结构，所有的细节，你都可以仿造得栩栩如生，但是那从岁月深处一路走来的古早味绝不可仿造。古早味是从历史沧桑中提炼的，古早味是从老百姓生活中发酵而成的。所有在原址上的仿建，都是对原乡人情感的二次伤害。山水可以重来，乡愁却无法重建。

那些被拆迁归零的老街老建筑是古早味，那些原料无污染、做法简单的食物是古早味，那些箪食瓢饮、初心不改的平凡生活是古早味，那些有城市风情闪回的老歌是古早味……阔别台湾多年的林青霞，在街头听到罗大佑的《鹿港小镇》，情感闸门被轰然撞开哭成了泪人。“假如你先生来自鹿港小镇，请问你是否看见我的爹娘，我家就住在妈祖庙的后面，卖着香火的那家小杂货店……”作为旁听者，我们都能感受到歌声里那浓浓的古早味，更何况此地基因的游子呢？

方言隐藏着一个地域过去的历史故事，寄存着此地人过去的生活图景。所以，方言也是一款古早味。

方言是文学创作的资源库，不少作家热衷于用方言进行文学创作。方言是作家刻画人物、叙述情节、抒发情感最便利、最给力的工具。鲁迅先生在《门外文谈》中说：“方言土语，很有些意味深长的话，我们那里叫‘炼话’，用起来是很有意思的。恰如文言的用古典，听者也觉得趣味津津。”

胡适也曾说过，“方言的文学所以可贵，正因为方言最能表现人的神理。古文里的人物是死人，通俗官话里的人物是做作不自然的活人，方言土语里的人物是自然流露的人。”

熬糟，是流传较广的方言，它既是大连方言，也是北京方言和东北方言。

《北京话语汇》记载：熬糟指因为环境不清洁，或身体不清洁，引起来的苦恼情绪。例句：你不理发、不刮脸，身上这么脏，多么熬糟！又如：地也不扫，桌也不擦，东西这么乱放，你觉得熬糟不熬糟？元、明时期的人把“熬糟”写作“鏖糟”。（见《南村辍耕录 · 卷十》）朱有燉写的散曲里有“头不梳，脸不洗，忒熬糟”。熬糟，北京话里也说“熬腻”。例句：这雨下起来没完，真叫人熬腻。

《东北方言口语词汇例释》记载，“熬糟”有两种意思，一是指心里不舒畅；烦闷。二是指烦恼的情绪，常和“添”搭配，形成动宾结构，添熬糟，指增加烦恼，添麻烦的意思。

例句一：就穿这身？看你一眼就得熬糟半拉月，人家还能相中？（《黑龙江艺术》1982年5期23页）

例句二：（我）不由低头暗思考，又恨又羞又熬糟。（《辽宁群众文艺》1979年4期29页）

例句三：哎呀！你们这是来拜寿的还是来添熬糟的？（《黑龙江艺术》1984年6期38页）

当心情不舒服时，也常说“犯熬糟”。如“小孙子见了豆包都不会把名叫……细思量不由人心里犯熬糟”。（《辽宁群众文艺》1979年9期23页）

“犯熬糟”与“犯硌硬”语义有相似之处。但是“犯硌硬”偏重于反感、厌恶。

大连方言“熬糟”是指身心煎熬、受尽折磨的意思，用网络语言来说就是“虐心”。由此可见，大连的“熬糟”与北京的“熬糟”稍有出入，与东北的“熬糟”语义相近。

在过去的年代，熬糟是大连老百姓常说的话。按马斯洛的“需要层次论”，我们早年间所说的熬糟都发生在最底的“生理需求”层面。路遥的小说《在困难的日子里》讲述20世纪60年代农村贫困子弟马建强在城市求学时与饥饿做斗争的故事。“白天是吃不到什么的，可晚上一睡觉，就梦见自己在大嚼大咽。我对吃的东西已经产生了一种病态的欲望，甚至干扰得连课都听不下去了。上数学课时，我就不由得用新学的数学公式反复计算我那点口粮的最佳吃法；上语文课时，一碰到有关食品的名词，思维就固执地停留在这些字眼上。”被饥饿煎熬的肉体痛苦，若用大连方言来诉说，只能凝为一句“熬糟死了”。

在生理层面，还有一种熬糟是疾病带来的。看遍生老病死，才发现精神力量支撑之下的肉体之躯其实是很脆弱的。前些年，我的母亲受神经性耳鸣折磨，寝食难安，夜夜失眠，熬糟得不成人样。母亲说：“如果病可以交换，我想跟别人换个病。”闻听此言，我心如刀绞，却无能为力。

后来母亲的耳鸣有所缓解，她已经耐受得了那种熬糟。每当回想那段日子，我仍是不寒而栗。人们对疾病都有着相同的厌恶恐惧，被疾病所熬糟的心路历程都是一样血泪斑斑。

早些年，我读过陆幼青的《生命的留言——〈死亡日记〉全选本》。陆幼青32岁时得了胃癌，35岁时又得了腮腺癌，五六年间经历了炼狱般的肉体熬糟。患上腮腺癌之后，陆幼青曾在镜前放声大哭过，他脖子下鼓出了一个网球大小的瘤子，布满了密密麻麻血筋肿胀的小结块。陆幼青感觉自己像个标本，深深地厌恶自己的肉体。癌症是一种慢性消耗性疾病，肉体所经受的熬糟触目惊心。陆幼青觉得心肌梗死、脑溢血的死法，简直是太温柔太慈悲了。《生命的留言——〈死亡日记〉全选本》配有陆幼青病中的照片，其中有一张是他坐在沙发上看书，那个硕大的病瘤子带给读者的是生理与心理的巨大刺激，疾病对肉体的摧残实在是太变态了，太可怕了。“我还剩多少天？”陆幼青每天都在心里算计着时间，他想给10岁的女儿留点什么，于是他开始写《死亡日记》。在常人难以想象的痛苦熬糟中，他最终完成了这本书的写作。

人生就是一场熬糟，有的人熬糟死了，有的人却在熬糟中浴火重生，给世人留下一份精神指南。有些熬糟是个体命运，有些熬糟却是人类共同的境遇，比如雾霾。马云说，空气无法特供。是啊，我们身处同一片天空下，一起在雾霾中熬糟，一起苟延残喘，谁能逃得过？哪片雪花又是无辜的？

章程　手拿把掐

老对儿，发贱

“老对儿”，即同桌。

网上有个“老对儿网”，主题词是这样写的：上老对儿网，找老对儿。曾经只有一线之隔，如今早已不知Ta的去向；在老对儿网可以找到一直坐在你身边的Ta，或许现在仍是一线之隔，那就快快把Ta找到吧！

“育明高中吧”发过一个主题帖：聊聊自己的老对儿。“我老对儿啊，各种多愁善感，眼泪巨多。”“我有很多老对儿，都跟我挺铁的，只有一个‘是我心中永远的痛’。”“我老对儿既像蚊子又像猴儿，天天就知道看电子书，看书速度无人能及，很有个性，相当逗。”每个帖子三言两语，像素描，轻轻几笔就勾勒出老对儿的生动形象。

与老对儿在一起的时光默契又安全，近似于老夫老妻，在心间留下“永远的痛”的并不多。经年之后，聊起老对儿，如果你口才好，有那么一点儿小品演员的表演天赋，如果你的老对儿是一个笑料十足的人，那么，你奉献的就是一出单口相声。

老狼有一首歌叫《同桌的你》，这是一首专门写给女老对儿的情歌。“谁娶了多愁善感的你，谁安慰爱哭的你，谁把你的长发盘起，谁给你做的嫁衣……”怀旧风里，这首歌的点击率居高不下。

女儿上小学后，学会的第一句大连方言就是“老对儿”。开学第一天归来，她兴冲冲地向我汇报：“妈妈，我老对儿名叫许皓喃，是个小胖子，老师叫他皓喃兄，他不会跳绳，但书法特好……”与我们的小学时代不同，如今小学生的老对儿已取消“终身制”，每隔两周换一次老对儿。老对儿轮流坐，风水各不同。与不同性格的老对儿相处，可以磨炼孩子与人相处的智慧与情商。

老对儿，最是两小无猜；老对儿，最是冤家对头。“妈妈，你今天没给我带餐具，我老对儿借给我勺子。”“我给我老对儿一个苹果，他妈妈没给他带水果。”“我老对儿喜欢我的橡皮，说借用一天，说好是借的，却不还我了。”“我老对儿今天被老师骂死了……”当乳牙脱尽，“婴儿肥”遁迹，一个沉稳笃定、日渐沉默的少年出现在你眼前，你再也听不到Ta与老对儿之间那些鸡零狗碎的磕碰了。

到了中学时代，与老对儿日益默契，很对撇子。自习课上想眯一会儿，老对儿为你望风；课堂上回答不出问题时，老对儿为你提词……情窦初开的年纪，与老对儿产生心灵的火花也是屡见不鲜的。

狭义上，“老对儿”是指同桌；广义上，“老对儿”是指协作关系里的伙伴。在车间，每个工人都有老对儿，与老对儿一起完成生产流水线上的某道工序。在商场，售货员也有老对儿，与老对儿轮班倒或一起值班。如今，人们似乎更喜欢“伙伴”这个词。从合作伙伴到战略伙伴，从小生意到大事业，都离不开与伙伴的精诚合作。

一茶企举办大型厂庆活动，委托我找诗人写一首题为“伙伴”的朗诵诗。根据其行业特点，我为“伙伴”确定了以下三层内涵：人与茶是伙伴关系，喝茶是人与自我最好的相处方式；茶友之间是伙伴关系，吃茶一水间，往来皆雅人，雅人最长久；经销商之间是伙伴关系，遵循共同的经营思想，坚守共同的企业文化。其实，人与天地间万物的关系，都是伙伴的关系。

大连方言“老对儿”与“伙伴”的内涵基本一致。在家庭中，夫与妻是“老对儿”，共同经营一个家庭，为儿女、老人遮风挡雨创造幸福。在单位里，同事之间是“老对儿”，有生之年成为职场搭档，为稻粱谋，为人生价值的兑现，都需要出生入死的“老对儿”。

在大连人的生活中，有一种关系叫“老对儿”。你若来

大连安家落户，一定要在生活各个领域找到属于自己的“老对儿”。

“发贱”，是大连方言，也是东北方言。不自重或不知好歹，就是发贱。

《东北方言口语词汇例释》对“发贱”的记载：

例句一：人老了也发贱，有事办就来精神头了。（《戏剧创作》1984年2期7页）

例句二：要不说你老了发贱呢……你惦心那驴马烂干啥，人家惦不惦心你呢？（《北方曲艺》1982年6期74页）

“发贱”有时也说成“发洋贱”。贱，还有中洋之分？

《东北方言口语词汇例释》记载：发洋贱，用卑贱的态度向人讨好。

例句：让我整天伺候她呀，呸！我可不发那份洋贱！（《说演弹唱》11期18页）

显然，“发洋贱”所描述的“跌份儿”要比“发贱”更狠。“跌份儿”也是方言，因覆盖面广，已跻身《现代汉语词典》。降低身份，丢面子，就是跌份儿。

辽南乡村还常说“主贱”一词，难道是“主动地去发贱”的意思？

春暖花开的五月，城里的五年级小学生要去学农了。学农前学校召开家长会，班主任强调：孩子坐大巴走的时候，家长不许开车尾随；学农期间，不许探视。往年，有的家长开车跟随大巴，送到高速公路口还不行，居然一直送到学农基地。还有的家长，孩子不在家自己茶饭不思，买一兜子水果香肠去探望。

“三个学校一千多个学生在学农基地接受锻炼，你来看孩子，可以啊，你给一千多个孩子每人都买上一兜子水果香肠，我同意你来。”

“孩子不矫情，你们矫情，爱心泛滥，就是发贱，孩子不在家，你们两口子喝喝茶，看看电影，不好吗？”

在男女情爱的天空里，凡是理性与智慧成分不足的情感输出都可称为发贱，而一切发贱的情感都很难长久。

发贱不是死磕，就是死拧。执念深重就会生怨。真正的爱，像你与你自己在光阴里隔世重逢。真正的爱，是在命运各种悲喜交集处的守望，是不顾一切地奔向对方，并浑然不分。

大连方言的“重口味”体现在发音有力，语调铿锵，将喜怒哀乐痛快淋漓地表现出来。“发洋贱”的声调先扬后抑，这一跌宕开来，尽显大连方言的性格。

发贱，还含有一点儿自作多情或愚蠢无知的意思。

儿女们讲起父母的生活方式，常用“发贱”这个词。有一位老人家，生活优裕无忧，儿女极为孝顺，从物质到精神都被照顾得无微不至。可老人家在物质上过度节俭，对己苛刻吝啬，已构成了健康隐患。“营养品放着不吃过了保质期，背心烂成一缕缕的，当抹布都不成，他却成天穿着，这不是发贱吗？”周末儿女都回来了，老人家做了一桌子好饭好菜，吃饭时，却将残羹剩饭揽到自己面前。“这不是发贱吗？吃坏了肚子，还不得花钱买药？”这是儿女对老人家的抱怨。老人家“发贱”行为的背后，其实是一种年轻人难以理解的感恩惜福的心态。

还有一位老人家，身体羸弱多病以医院为家，却总是为事业有成的女儿瞎操心。其实她若能将自己照料好，便解了女儿的后顾之忧。可老人家总想发挥更大的余热。秋天来了，她兴冲冲地为女儿购置秋菜，白菜、土豆、萝卜、大葱一个都不能少，浩浩荡荡地进了女儿欧式风情的家，那用来养花养草养闲情的阳台成了菜窖子。一个冬天过去了，女儿只吃了一棵大白菜。春天来了，女儿请人将一阳台烂菜叶子打扫出去。“我平时应酬多，很少在家吃饭，每年我都跟老人讲，不要买秋菜，买回来就等着烂！可老人不听，一上秋就给我置办了一阳台萝卜白菜，这不是发贱吗？”父母年老了，腿脚不灵便了，常做糊涂事，这个时候，做儿女的不评判、不分析、不下定义，是对父母最大的包容与尊重。

撒谎儿，翻小肠

大连方言自带幽默效果，有些词条掰开了揉碎了，那种简单粗暴的语义令人目瞪口呆。“撒谎儿”是一句话的缩写：我所说的都是真实的，如果我跟你撒谎，我就是你儿子！

“撒谎儿”集中体现了大连话的特性：土气，生动，简洁，诙谐，富于节奏感。众所周知，大连方言的发音以入声居多，缺少南方话的婉转柔软。入声集中展示了大连方言的特点。比如“撒谎儿”的“儿”，很斩钉截铁地为一句话收梢，像树木嘁哧喀喳的断口。“撒谎儿”的亮点就在这个“儿”字上，而“儿”的亮点在去声调上。

是怎样奇巧的灵感，使大连人创作了“撒谎儿”这条方言呢？

东北被称为“共和国的长子”，在计划经济年代，东北的大米高粱小米黄豆，东北的木材煤炭钢铁石油，东北的机床电器汽车火车，以低廉价格甚至无偿运往全国，支援各地建设。当大哥总要有大哥的样子嘛。东北人并没有躺在功劳簿上养身子，但是，当网络上有人诋毁东北经济落后、人心不齐，穷得叮当响却不思进取时，咱就按捺不住“老子心态”了。“老子”膝下是“儿子”，“我要是撒谎，我就是你儿子！”以给人当儿子来起誓，这可是天大的事啊。

值得分析的是，当对方使出“撒谎儿”这个方言词，常常说明他真撒谎了，或者说话有水分。真话与真相原本就不需要“撒谎儿”的承诺。

“撒谎吊猴”才是撒谎的意思。小学期末考试结束，学生还要到校三两天，有一天暴雨倾盆，交通受阻，家长们纷纷给孩子请假。家长会上，班主任老师点评了此事：“咱们家长请假有两种请法，一种是‘老师，俺今天不去了啊’，理直气壮，倒也坦诚。可有的家长跟我撒谎吊猴，你莫不如跟我实话实说，下雨天懒得送孩子上学，我磨不开面儿，能不给你假吗？你跟我撒谎吊猴，不就是跟你孩子撒谎吊猴吗？”

家长会结束后，只见一男家长冲上讲台，挓挲着双手急赤白脸地跟老师说：“老师啊，我真的没跟你撒谎，我撒谎儿！”老师风趣地回应：“你撒谎儿，那么，你家大壮叫我什么？”一屋子家长哄堂大笑，没笑的肯定不是大连人。

为追本溯源，我与青岛作家连谏通过微博交流这条方言，连谏说，“撒谎儿”是典型的山东方言，意思是“骗你我就是你儿子”“儿子才撒谎呢”。“撒谎吊猴”的山东版本是“撒谎调皮儿”，语义相同的还有“一个屁三个谎儿”“胡诌”“晕”。

形容说谎的大连方言，除了“撒谎吊猴”，还有“撒谎撂屁儿”。例句：我不能干这撒谎撂屁儿、溜须拍马的事。（《北方曲艺》1982年4期86页）妈妈哪样对不起你，你撒谎撂屁儿的，有外心了咋的？（《北方曲艺》1983年3期12页）

在《海燕》杂志读过一篇小小说《局》，主人公是普通工人，却爱好古玩，只要得闲就到古玩市场淘弄宝贝，自称这几年没少“捡漏儿”，赚了几万块钱。“我把这些钱藏在家里，没想私设‘小金库’，主要是想偷着攒点钱，一旦遇到好东西，不用跟老婆撒谎撂屁儿地要钱……”古玩市场里，大骗子骗小骗子，小骗子骗白痴。在老婆眼里，他就属于白痴那伙的。他发誓，迟早要捡个大漏儿，让这死老娘们儿瞧瞧。

在大连方言里，“撒谎撂屁儿”的反义词是“吐口唾沫都是钉”。

吐口唾沫都是钉，意思是说话算数，说到做到。也说“一口唾沫一个钉”。例句：我黑蝴蝶红口白牙不说黑话，一口唾沫一个钉！（《新剧选》59页）妈办事吐口唾沫是个钉，我说不行，就是不行，说到猴年马月，俩字儿，不行！（《朝阳小戏选》33页）

大连方言是咱唠不尽的嗑儿，是咱家的土特产，任何时候说起来都充满喜乐、回味无穷。方言散发着老派生活的味道，多跟孩子讲讲老话儿，老话儿里有过去年代的酸甜苦辣，有老辈人的生活智慧，值得倾听，值得品读。

“翻小肠”，即翻老账、翻旧账。回顾往事，抖落那往事里的种种不堪，数落对方的种种不是，这就是“翻小肠”。大连人常会这样说：“她这个人什么都好，就是爱翻小肠。”

翻小肠是说一个人心胸狭隘，气量小，计较与记仇成为常态心理。其实，翻小肠翻的都不是什么深仇大恨，而是一些掰扯不清的生活纠纷或琐事。翻小肠是女人爱犯的毛病，女人翻起小肠来毫不嘴软。当年与男人同船渡河，男人没划好船，将女人晃了几下。多年之后，女人揪起此事翻小肠，第一次女人说她半个身子淹在河里，第二次说她在河里几经沉浮呛得死去活来，第三次说她落入鳄鱼口险些丧命。所以，当女人翻小肠时，男人不必与其过招，此时的女人是非理性者，是说谎者。如果男人试图与其辩个是非，只能激起更大的风暴，不如头一低佯装悔疚沉默着，最终会发现女人翻小肠并没有多少杀气，只是心情不悦发牢骚而已。

女人翻小肠有时是轻声细语，有时是娓娓道来，小肠曲里拐弯，埋藏着无数心事，翻腾起来没完没了。好男人沉默含笑地听着，也将女人的话记在了心上。男人最受不了女人大吵大闹、涕泪四溅地翻小肠，简直太待人恨了。婚姻需要调味品，如果女人太理性，不屑于翻小肠，也会让男人觉得少点什么。女人得学会一点儿翻小肠，既释放了自己的心理压力，又令男人心生疼爱之意。

多数男人在家庭里没有翻小肠的恶习，但是男人很容易在酒桌上翻小肠，那分明是酒精惹的祸。搞不好，就在酒桌上活生生地结下了梁子。

多少往事堪重数？王朔早年的小说里有这样一段话：“爱情的伤害就像一堆白骨，我们把它埋起来，盖上土，在土上种上草，种上花。于是，我们看到草，看到花，可是心里想的，还是掩埋起来的那堆白骨……”翻小肠断然不敢触碰“白骨往事”。多少年过去了，那份痛楚还鲜活着呢！女人翻小肠，翻的不是惊天大案，而是各说各的理的小纠纷。当年没调和好在心里坐下了疤，如今每逢阴雨刮风天便隐隐作痛，这个时候女人就爱翻小肠。翻小肠是女人情绪的晴雨表，不能不理会，也不能太理会，分寸由男人酌情把握。

女人跟男人翻小肠是想把日子过和美了，夫妻间最怕冷暴力，不怕翻小肠。一般来说，很少有因翻小肠而将婚姻翻到阴沟里去的。

除了女人，老人也爱翻小肠。老人翻小肠可能是一种怀旧。如果你家有一位古稀老人，你会发现，她每天从早到晚都在翻小肠，她陷在一把古香古色的老藤椅里，披一身阳光，絮絮叨叨地讲着那些遥远的往事，讲着那些在或不在的人，即使嗔怒，即使埋怨，也掩不住怀念之情。我小时候就爱听奶奶翻小肠，从“山东家”逃荒讲起，山一程，水一程，爱恨情仇一辈子。我常在奶奶翻小肠时睡着了，久而久之，我发现奶奶的翻小肠对我来说是最好的催眠曲。

为何说“翻小肠”，而不说“翻大肠”？小肠是营养物质完成消化的场所，大肠是腌臜之地，农村杀猪翻大肠相当不美妙。小肠九曲十八弯有六七米长，拉直了有二层楼高。小肠这么长，藏有多少人生往事？往事里又有多少伤悲和遗憾？

翻小肠令人想到另一条大连方言“掉小脸子”。爱生气，动不动就不高兴了，这种情绪变化被称为“掉小脸子”。掉小脸子，也是东北方言。据《东北方言口语词汇例释》记载，掉小脸子就是使小性子的意思。例句：要是不和金凤去，又怕她掉小脸子撒了汤！（《北曲史料》第4辑）

“看你那个熊样，就爱翻小肠，不过说你两句，你那小脸呱嗒就掉下来了，掉脸子给谁看呀？”说话者用了“呱嗒”这个拟声词，巧用通感的修辞方法，将敏感多疑、心思脆弱的小家子气淋漓尽致地表达出来了。

翻小肠的人叫人“犯硌硬”，“犯硌硬”也是大连方言，是指心生反感，令人厌恶的意思。“犯硌硬”是一条长盛不衰的大连方言，如今还时常出现于大连人的口中。

翻小肠与掉小脸子都是一丘之貉，容不得人，济不得事，相处起来实在太累了。

晕堂子，才下船

20世纪六七十年代，人们到老式澡堂子洗澡，由于空气不流通，缺少新鲜空气，导致头昏眼花，胸闷气短，憋晕过去了，这就叫“晕堂子”。今天，洗澡的地方不再叫澡堂子，大众化的叫浴池，高档化的叫洗浴中心。洗浴环境虽然发生了翻天覆地的变化，但所张贴的温馨提示不曾更改，提醒老年人洗浴时要有家人陪伴，以防身体不适发生晕堂子；拒绝老年人带着小马扎一洗就是一小天，不仅浪费水，也担心老人晕堂子。

晕堂子后来又有了引申义，是头脑不清、迷迷糊糊的意思，在日常生活和工作中，由于精神不集中而造成纰漏，会被人质问一句：你晕堂子了？

在大连方言中，有很多与“晕堂子”类似的、词尾是“子”的词条，如“马栏子”“甘井子”“泡崖子”“彪子”“老鼻子”等，“子”的发音似有若无，疑似“啊”或“呃”，浑厚而又含糊。这是大连方言源自山东方言的一个特色。据《从胶东话走向普通话》记载，烟台的福山、莱山等地，轻声“子”发音时舌尖轻轻地一闪，而普通话没有这种现象。烟台话里，“大姨子”“小姨子”“老生子”“闺娘子”“布袋子”“夜猫子”“黄鼬子”等词的后两个音节都读轻声。牟平、乳山等地，轻声“子”读成了轻声de。普通话的轻声“子”读zi。除了末字“子”，儿化音现象也是山东方言的特点。总体来看，方言中的儿化音现象比普通话更加丰富和复杂，各地的情况也有差别。

通过解读市井俚语，回顾过去年代晴耕雨读、古意盎然的生活，这也许是我们关注方言的一个理由。物质生活高度发达的今天，人们一边追逐着新生事物，一边深情地缅怀过往。对于过去生活的怀念，最有趣、最有料的读本是作家张立宪的《闪开，让我歌唱八十年代》。张立宪是“六八式”中年男，所谓“六八式”，即“生于六十年代，在八十年代经历青春，在九十年代讨生活，在本世纪负责任”。是的，张立宪深情地歌唱20世纪80年代，他歌唱了校园、评书、电影、电脑和足球，他还歌唱了麻将、打架等。可是，他怎么没有歌唱澡堂子呢？

最接地气的地方莫过于澡堂子。在过去的年代，泡澡堂子算是一种休闲娱乐生活，人们一泡就是一上午或一下午，将身体彻底地浸泡、搓洗、捶打。泡澡堂子是老百姓可以安然享受的乐趣。晕堂子不过是其中的小插曲，不值一提。

大连地方史研究学者嵇汝广说，说起大连的老澡堂子，老大连人就会想起人民浴池。人民浴池旧址在天津街古玩城东北侧。据《中山区志》记载，人民浴池始建于1938年。60年后，人民浴池随天津街改造而消失了。

天津街上还有一间修竹浴池，也是个老澡堂子，于2009年消失。嵇汝广之所以关注老澡堂子，是因为他寻到了日本殖民统治大连时期的澡堂子，日式澡堂子讲究设计，欧陆风情与岛国元素相互交融。对日本人来说，洗澡似乎比吃饭还重要。日本公共澡堂子非常多，尽管家中有浴室，但日本人仍喜欢到公共澡堂子泡澡，将澡堂子当作一个交流场所。结果，澡堂子变成了与酒吧一样火爆的场所。男女同浴是日本洗浴特色。鲁迅当年在仙台读书时曾误入男女共浴温泉，狼狈不堪，被日本姑娘批评思想封建，这段经历曾被许广平嘲谑。

再来聊聊咱的“晕堂子”。解放前的大连老澡堂子一般设一大一小两个浴池，大浴池是普通温水，小浴池则是高温热水。不少大连人喜欢烫澡，烫澡容易晕堂子，但烫好了会带来重生感。烫澡是为了深度解乏，将沉淀在骨缝里的疲乏全部释放出来。烫澡是至高享受，带给身心无与伦比的放松。若唤起了深沉的睡意，便躺到大堂的木床上睡去。那时的澡堂子也有大堂，只是没有莺歌燕舞。那样的睡眠，真是馋人啊！

今天的洗浴中心也有池子，水是活的，人们却不怎么敢下去泡。过去的天空是蓝的，空气是新鲜的，澡堂子里的水是干净的，可泡可烫可睡，可将大把光阴抛掷其中。

保姆跟我抱怨，她家老头周末去泡澡，像老娘们儿似的，一泡一下午。她家老太太说：“这不就像根儿了？他爹就爱泡澡堂子，领两个儿子去泡澡堂子，带上几个烧饼，拎上一壶水，一泡就是小半天，泡得全身发软才回家……”我问保姆：“那烧饼是自己做的吗？那壶水不泡点茶叶吗？”保姆说：“等老太太从她二儿子家回来，我问问她。”保姆知道我在写大连话，需要生动的细节。

咱北方人泡澡堂子带几个烧饼，南方人泡澡堂子却带一包茶叶。老作家秦绿枝在《孵茶馆》一文中写道："早年，上海的退休老人所以能打发日子，靠的是这三样消遣：听书、孵混堂（浴室）、坐茶馆。这三样又都与茶有关系，坐茶馆自然要吃茶，听书、孵混堂也要吃茶。""孵"是上海方言，长时间沉溺其中的意思。老客人孵混堂要带一包茶叶，交给堂倌，当客人从"大汤"（大浴室）出水以后，堂倌已将茶泡好。用热腾腾的毛巾将身子擦一擦，再喝一口热腾腾的茶，瞬间百脉通畅，一会儿便呼呼睡着了。

"孵"比"泡"生动，茶叶比烧饼风雅。他们喝的是什么茶？那滋味一定鲜爽生津、回甘无穷吧。往日的生活总是令人回味不尽，别处的故事也总是令人遐想不已。

20世纪80年代，中国工人群体涌动着这样一股思潮：珍惜青春，坚持晚婚晚育，把精力集中到学习和生产上去。二十啷当岁正是学技术的大好年龄，自行车把儿上挂着的网兜里既有饭盒也有书籍。那时候青年工人的人生里都有一个重要人物——车间师傅。师傅大多视徒弟如己出，毫不保留手把手地传授技术，可偏偏有的徒弟脑子不够灵光，任凭师傅讲得口干舌燥仍一头雾水，再宽容大度的师傅这时也忍不住大光其火：你才下船吗？

"才下船"，暗讽一个人做事不得要领或愚笨不开窍。在林林总总的大连方言中，"才下船"最能完整地诠释咱祖辈的身世。

多数大连人有一个小名叫"海南丢子"，带着土气，更带着沧桑。"海南丢子"将大连人的前生一语道破：俺们是当年为生活所迫"闯关东"的山东人的后裔。

2007年，大连海之韵广场上矗起了一组雕塑，主题为《海南丢子》，描述的是清末民国时期，山东人饱经兵燹、天灾的蹂躏浩劫，家园破碎，生计竭蹶，为了活下去，他们或独家或三五家结伴踏上了迁徙他乡逃荒求生的征程。这船上的老小各负其责，互相协助，他们披星戴月，乘风破浪，要去哪里？他们朝大连方向奔来了，有船的坐船，没船的抱着块舢板向北漂。"闯关东"是贫苦农民在死亡线上自发的求生运动，其悲壮空前绝后。

很多"海南丢子"来自山东农村，才下船，置身于一个与家乡完全不同的地方，那可真是蒙头转向找不到北啊。才下船的山东人，面对这片陌生的土地和人群，快速卸下背井离乡的悲怆之情，安营扎寨，一头扎入社会底层。他们以顽强、勇敢、勤劳的精神，在各种现代人难以想象的苦力场奋斗着，逐渐拓展自己的生存空间。据记载，东关街一个“海南丢子”当年带领7个儿子来到大连，在人丁最兴旺的时候，57口人在一个灶里吃饭。由此可见山东人顽强的生存繁衍能力。

“海南丢子”的人生离不开码头，生命的执着与生命的挣扎由此开始，而船是其命运的重要线索。

当年，东关街作为日本殖民统治时期的中国人街区，聚集了很多才下船的山东人，这里成了“海南丢子”落脚大连的起点。“海南丢子”在这里开始了各式各样的生存谋划。

一位少年身上挂把胡琴下了船，这把胡琴就成了他的名片。很快，大龙街76号的福顺喇叭房诞生了。小岗子一带老百姓家的红白事都要到喇叭房请吹鼓手去造势，根据个人财力的不同，有请四人的，也有请六人八人的。那时候的红白事也摆酒席，那少年跟着喇叭队跑遍了小岗子的知名饭庄，什么杏乐天饭店、天成饭店、中央饭店、东京饭庄……穷人家就去不知名的小饭馆。每个饭店都有自己的八大碗、招牌菜，鲍鱼海参并不昂贵。在少年的记忆里，那时的海参看上去有黄瓜那么大。凭吹拉弹唱的手艺，少年很快在大连街站稳了脚跟，才下船时的恐慌无助不见了，他还把老家的父母接来了。年纪虽小，但养家糊口的能力不输成年人。

一青年才下船便到山东馆子找活干。旧时流行一句话：东洋的女人西洋的楼，山东的馆子福山的厨。福山厨子在大连很有名气，现今大连的家常打卤面当时就叫“福山面”。“闯关东”的福山人，大多混在餐饮业，即使不做厨子，也是以饭馆为职场，干些和饭馆相关的活。识文断字打得一手好算盘的，可在饭馆里做账房先生；没念多少书却特别能吃苦的，只能从底层做起，也可以安身立命。那时候小岗子一带妓院多、商贩多，外卖便成了饭馆的主要业务，青年便成了送餐员，拎着个竹制的二层食盒，走街串巷送起了外卖。外卖送完了回到店里，也不歇着，逢活必干，不挑不拣。慢慢地，青年熬上了跑堂的。那时候的堂倌可不好干，整个饭馆十来张桌全靠他一个人招待，那可真是眼观六路耳听八方手脚并用啊！几年后，跑堂的攒足了资金另立门户，也开了一间山东馆子。

学过瓦匠手艺的中年男一下船，便表现出超强的适应能力，并很快打开生存局面。他召集起山东老乡组建了一支瓦匠队，在东关街一带给人盖房子。盖房子是有一定承揽难度的大工程，最寻常的营生是盘炕，谁家的火炕不好烧了，跟他们说一声，他们便扛了工具风风火火去掀了重盘。

有头脑的山东人，很快从才下船的迷茫中走出来，厘清生存线索，凭借内心深处的不屈和隐忍，活着，像模像样地活了下来。

曾经采访过一位老妇人，她15岁时就开始“闯关东”，只记得自己生于1936年，却不知哪月哪日出生。在孩子们眼里，她身上从来没有女人的馨香，只有不尽的汗水和灰尘。当年，她有两个姨生活在大连，其中一个在大连街开了一间中药碾坊。碾坊雇了四五个工人，她属于临时工。秋收之后，寒风乍起，她便收拾一个小包袱坐船来到大连。在碾坊干到来年开春，然后她又坐船返回“山东家”种地。与倾榨体力的农耕相比，碾中药对她来说几乎是零体力劳动。后来，碾坊歇业了，她和一些才下船的山东老乡一道辗转市内各处建房、修道、劈山……虽然身为女性，却属于头等劳动力。与男人搭档干活时，她决不示弱，强度与节奏丝毫不输男人。

在那种生存条件下，女孩子根本没有性别意识，与男人们穿着一样，吃喝一样。即使在生理期，也一样挥汗如雨。那时候有两大盼，一盼能吃顿肉；二盼天下雨，可以不用出工干活。在大连卖苦力赚钱，她不舍得花费一分钱，悉数寄回“山东家”，供弟妹们念书，供父母求医问药。弟妹们靠知识改变了命运，唯独她依然生活在社会底层。

“闯关东”的经历使她性格里缺乏温柔和细腻。丈夫是一介书生，身体瘦弱，她责无旁贷地成为家庭重体力劳动的承担者。她不捏绣花针，她抡扁担扛粪筐，哪里苦累脏，哪里就有她健壮的身影。这一辈子，她付出最多的是体力，一个女人鲜有的体力。从表面上看，她性子直爽粗犷，做事讲究一个“短平快”，成天一副风风火火闲不住的样子；而追根溯源，我们看到的却是山东人孜孜孜不倦的拓荒精神。

大拿，章程

“大拿”，是大连民间对贩夫走卒、引车卖浆者在某一方面的超常技能的一种赞赏。

台湾地区的闽南语“大咖”与大连的“大拿”语义相同。在某一领域比较有钱、有本领、有思想、有话语权、有人脉的人，如今都被誉为“大咖”了。经济发达地区的方言往往会获得更大的舞台，“大咖”演变为大江南北、老少皆知的网络用语，也就不奇怪了。

作为地球百种主要语言代表之一，闽南语是莅临过太空的。美国1977年发射的“旅行者1号”曾将地球上55种人类语言带到浩瀚无垠的宇宙中寻觅外太空知音，这其中就有我们的闽南语、粤语、吴语和普通话。想象一下，当我们的方言与世界上其他古老语言一起遨游星际，呼唤外星生命，那份旷古的孤独、绝世的神秘简直令人潸然泪下，人类生活对于整个宇宙来说不过是沧海一粟，我们必须学会拥抱，必须学会扶持，必须学会爱。

行稳致远，乡愁萦怀。当我们回望家园时，发现那里山高水长，草木馥郁，乡音亲切，相信那里的人心、人情也都不曾更改。

据《东北方言口语词汇例释》记载，大拿一是指在某方面有权威的人，二是指掌大权的人。

例句一：这个小子叫刘达，那个脾气要论差劲，十里八村——是大拿！（《萤火》1983年3期1页）

例句二：你身为列车长，全车是大拿，我妈坐火车，不用把钱花。（《说演弹唱》3期20页）

中国历史上有过多次大规模的移民潮，方言是首要随迁者，当方言在另一方水土扎根，势必会与当地方言发生深浅不一的关系，语义发生变化便在情理之中了。大连是东北的一分子，共享的方言词条不少，但是语义却有细微差别。

大连的“大拿”多指有绝活的人，绝非用来形容权势显赫之辈。

大拿们虽然难登大雅之堂，却在民间享有良好声誉。大拿们的绝活并非雕虫小技，而是赖以为生的真本领。冯骥才的短篇小说集《俗世奇人》里有几位性情各异、身怀绝技的大拿，比如刷子李，他是刮大白的，那年他收了一个徒弟，徒弟对他的绝活半信半疑。那天，徒弟跟他到英租界给洋房刷浆，他带了一身黑衣黑裤，外加一双黑布鞋，这是他的工装。大拿要有传奇色彩，要有神秘感。大拿要有几分特立独行，如果你只是“唯手熟尔”，却没有独特的风范和气场，是成不了大拿的。

刷子李开始干活了，徒弟盯着他的一招一式，一面墙刷完了，那一身墨黑的行头不见一滴白，而且，他坐下来抽烟喝茶了。大拿决不会汗流浃背闷头彪干，驾轻就熟风轻云淡之间丝毫不见劳累迹象。

洋房刷完了，刷子李亮堂堂一身黑出来了。“你以为人家的名气全是虚的？那你是在骗自己。好好学本事吧！”刷子李这句话令徒弟羞愧难当，师傅领进门的这一课实在是太生动了。

“码头上的人，全是硬碰硬。手艺人靠的是手，手上就必得有绝活。有绝活的，吃荤，亮堂，站在大街中央；没能耐的，吃素，发蔫，靠边待着。这一套可不是谁家定的，它地地道道是码头上的一种活法。”这就是各路大拿闯江湖的硬道理，不服不行啊！

明代有位大拿名叫王叔远，擅长以“径寸之木”雕刻人间万象，“苏东坡泛舟赤壁”是他的代表作，明代散文家魏学洢《核舟记》里如此记载：“通计一舟，为人五；为窗八；为箬篷，为楫，为炉，为壶，为手卷，为念珠各一；

对联、题名并篆文，为字共三十有四。而计其长，曾不盈寸。”这艘船雕刻得精细繁缛，纹理纤妙，邻于鬼工，令人叹为观止。

那五人都在干吗呢？苏东坡与好友黄鲁直在赏析一幅长卷，佛印袒胸露乳抬头仰望，三人神情姿势不必说，咱来瞧瞧佛印手中的把件，“珠可历历数也”，光泽温润。再看船尾俩船夫，一人蹲于炉前煮茶，一人仰着脸凭栏远眺问斜阳，最引人遐想的是烧茶的那位，他手持一把蒲葵扇，神色平静地凝视着茶炉，好像要听出炉内是一沸鱼目有声，还是二沸涌泉连珠，抑或是三沸腾波鼓浪。

王叔远是明代微雕界的大拿，他的作品历经几百年的风雨成为今人的膜拜对象。据说王叔远满月时抓周，死死地抓住了一把小刀，父母以为他将来要投身戎马生涯，可他长大后只喜欢玩小刀，平时寡言少语，喜欢沉思，经常怀揣小刀出没山林，这里是他的创作天堂，他在这儿一待就是一天。大拿在年少时都有异于常人的“癖”与“痴”。

在朋友圈见过一张职场进阶图：

奴：非自愿和靠人监督的人。

徒：能力不足肯自愿学习的人。

工：老老实实按规矩做事的人。

匠：精通一门技艺或手艺的人。

师：掌握了规律又能传授的人。

家：有固定信念让别人更好的人。

圣：精通事理、通达万物的人。

神：住进墓地、精神还影响世界的人。

大拿属于哪个段位呢？大拿不是匠人，匠人无他，“唯手熟尔”，看似炉火纯青，却缺少创新能力。大拿应该是“师”或“家”，不仅技压群雄，还具有深厚的人格力量和薪尽火传的担当精神。

咱大连哪些行业大拿辈出呢？你是不是想到了20世纪80年代灯火通明、热力四射的车间，还想到了浩瀚富饶的渤海湾，咱们到大连作家邓刚先生的作品中寻找大拿的身影吧。

写大拿，我想到了八级大工匠。何为八级大工匠？月薪多少？长辈们记忆模糊语焉不详。从曲圣文老师手里借来邓刚于20世纪80年代出版的两部书《白海参》和《迷人的海》，果不其然，在《八级工匠》一文里看到了“大拿”一词闪亮出镜，惊喜之情汩汩而出犹如他乡遇故知。

“他心里明白，自己也确实不行了。可他毕竟是八级工匠，安装队的技术‘大拿’！八级，到头了，一百一十六元九角整，技术工匠们顶天的级别，难道他赵宝元是凭空白捡钱吗？不，当年提起赵八级，连地皮都颤三颤！”

如今，“工匠精神”已经提升到国家战略思想的高度，各行各业的大拿们没有耀眼的文凭，没有光鲜的头衔，却在平凡的岗位上心无旁骛默默耕耘，从匠人到匠士，由匠心到匠魂，不断精进技艺，升华品格，书写着中国精造、中国创造的传奇篇章。

20世纪60年代的三年困难时期，大地已彻底荒芜，人们奔往了大海，大海十分慷慨，水大鱼大，海参鲍鱼俯拾即是，浪奔潮涌，波澜有情。《迷人的海》里有民谣为证——

我们都是穷光蛋，
口袋里没有一分钱；
我们都是阔大爷，
海参鲍鱼就干饭。
……

敢潜入海底捕海参捞鲍鱼的“海碰子”可都是响当当的大拿级人物，他们个个身藏独家绝技，敢跟大海搏命，也谙悉大海深处的游戏规则，取舍、回避、妥协、硬拼皆有章法。与大海为伴之人都有着别样的精神品相。

邓刚在《白海参》里写道：“剐海参是海碰子最愿干的舒服活。在水下拼死拼活，上岸歇过气来，坐在热乎乎的沙滩上，剐一刀，数一个数，就像数钱一样。于老鬼称作数小银子。他年轻时扎海参，换的是银圆，当时都叫小银子。现在数纸钱，于老鬼还这样叫。这个叫法我们也接受了，有时数完海参，别人问：‘干了多少小银子？’‘九十个小银子。’小银子这个词挺有味，说起来和听起来也好受，总使你想起柔和的、白亮的、沉甸甸的、光滑滑的银子。这比称什么币强多了，那个词干巴巴的，没有想象的余地。”

鲁迅先生曾把自己的写作比喻为“地摊”上的“瓦碟”，“我愿意我的东西躺在小摊上，被愿看的买去，却不愿意受正人君子赏识”，“我只在深夜的街头摆着一个地摊，所有的无非几个小钉，几个瓦碟，但也希望，并且相信有些人会从中寻出合于他的用处的东西”。

其实方言也是作家“地摊”上的“小钉”“瓦碟”“小银子”，总是引人温柔地俯下身子去细细地品读、把玩。

老舍先生是语言艺术大师，他用地道的北京话写北京人的生活，成为中国当代文学的一道风景。老舍先生的语言干净利落，俗白鲜活，当然，方言在作家笔下的出场都经过了一定程度的锻造加工，其“俗”其“白”往往富有深意。

老舍先生曾说：“我无论写什么，我总希望能够充分地信赖大白话；即使是去说明比较高深一点儿的道理，我也不接二连三地用术语与名词。名词是死的，话是活的；用活的语言说明了道理，是比死名词的堆砌更多一些文艺性的。”

他认为：“从生活中找语言，语言就有了根；从字面上找语言，语言就成了点缀，不能一针见血地说到根儿上。话跟生活是分不开的。”

前几日，女儿写作文，老师要求以“中国好人”“感动中国人物”为素材写篇夹叙夹议的文章。我不建议从“中国好人”中取材，这个提法似乎不够严谨，人哪能简单地分为好人坏人？我向女儿隆重推荐“大国工匠年度人物”李云鹤老先生，这可是一位令人敬仰的大拿式人物。

80多岁的李云鹤是敦煌研究院的修复师，他23岁进入这个行业，从此，他不是在石窟里修壁画，就是在去石窟的路上。他一生面壁，孜孜矻矻，最终成为石窟类壁画修复界的“一代宗师”。

2019年年初，李云鹤老先生当选2018年“大国工匠年度人物”，他的颁奖词是这样写的：

风刀沙剑，面壁一生。洞中一日，笔下千年！六十二载潜心修复，八十六岁耕耘不歇。李云鹤，用心做笔，以血为墨，让风化的历史暗香浮动，绚烂重生！

其实每位大拿都有着“风刀沙剑，面壁一生”的经历，正所谓“宝剑锋从磨砺出，梅花香自苦寒来”。

大拿多有麋鹿之性、布衣情怀，那些不学无术、爱好阴谋、私欲深重之人是成不了大拿的，即使在场面上滥竽充数一阵子，也终究有狼狈出局的一天。

“人的尊卑，不靠地位，不由出身，只看你自己的成就。我们不妨再加上一句：‘是什么料，充什么用。’假如是一个萝卜，就力求做个水多肉脆的好萝卜；假如是棵白菜，就力求做一棵瓷瓷实实的包心好白菜。萝卜白菜是家常食用的菜蔬，不求做庙堂上供设的珍果。”

杨绛先生在《隐身衣》里的这段话令人醒悟，那些在“蛇阱”中苦苦挣扎之人是否也该解脱呢？

“一个人不想攀高就不怕下跌，也不用倾轧排挤，可以保其天真，成其自然，潜心一志完成自己能做的事。”各行各业的大拿们都有着相似的生存哲学，要么“藏身”，要么“陆沉”，潜心精进自己的手艺，不慌不忙地养育自己的恒心，赚得一份有尊严感的人生恒产。

三百六十行，行行出大拿。大拿皆有章程，皆有操守，皆有传奇色彩。往小处说，这是一个人的谋生手段；往深处说，如果这个时代人人是大拿，人人有恒心，这份精气神集结起来便是一个国家的国力。

“章程”也是东北方言，《东北方言口语词汇例释》记载：章程，是指办法。例句：我这个黄嘴丫没蜕净的小青年，能有多大章程，搞关系就得靠钱。（《黑龙江日报》1982年7月27日）

在词典里，“章程”是指组织规则和办事规则的法规文书，也泛指各种规章制度，以轻音结尾时有办法的意思。大连话的“章程”则是指有能耐、有本事。沈阳人、哈尔滨人、长春人也说“章程”，估计是从大连“舶”过去的。表达准确生动、耐人寻味的方言，传播力总是很强大。

“章程”的本义是规则。规则分为“显规则”和“潜规则”。前者是指为社会主流意识形态所认可的、成文的、强制性的制度规定，这是“章程”的本义。后者是指社会生活中不成文的章法，它就像一只看不见的手，虽然看不见摸不着，却真实存在并发生着作用。潜规则虽然会受到道德观念和显规则的抑制，某些时候却也大行其道逐渐演变成另一种“章程”。

大连人常说“这个人很有章程”，多是指此人熟悉社会潜规则，为了捞取更多经济利益而不敬畏显规则，在一条灰色的利益链条中上下其手层层盘剥，并且毫无罪恶感。法律审判够不着，道德批判又并不具有威慑力，相反还会被羡慕为“有章程”。

大连话的“章程”并不是指一个人的“专业能力”，而是指其社会交往能力、人脉资源及对社会潜规则的熟谙程度。“他跟领导交往很有章程”，这里的“章程”不是指靠能力和人品赢得领导的青睐和信任，而是指他取悦领导的那些只可意会不可言说的手段。“这小子办事很有章程”，是说他吃透显规则，玩透潜规则，运筹布局能力强、成功率高。

“我们公司新换了一个经理，从英国名校毕业，在世界五百强企业做过高管，据说此人非常有水平。”“我舅从部队转业到地方跟政府部门打交道，很有‘章程’，找他办这个事准成！”评价一个人的专业能力或智商时，大连人会老老实实地使用“水平”一词；评价一个人社会关系多，敢于突破规则办事，则会使用“章程”一词。

作家吴思曾写过一本《潜规则：中国历史中的真实游戏》，这本书对转型期的中国社会产生了深刻的影响，令人警醒与反思。在中国社会，如果显规则不硬气，不能令清气上扬，浊气下沉，那么，在“适者生存”的残酷压力之下，将会有更多的人变得有“章程”，这对社会发展的消极影响自不待言。

扯老婆舌

在《现代汉语词典》中，“扯”有一个义项是“谈”，多指漫无边际地闲谈或非正式地交谈，如“闲扯”“东拉西扯”“咱们把开研讨会的事扯扯”。那么，“扯老婆舌”就是扯闲篇儿，与另一条大连话“拉呱儿”意思相同。

《东北方言口语词汇例释》记载：扯老婆舌是指背地闲扯，搬弄是非。

例句一：还有的妇女间扯老婆舌，造成不少矛盾。（《黑龙江日报》1982年7月23日）

例句二：背后议论人是一种陋习，在民间被冠以一个很不雅的称号，叫“扯老婆舌”。（《鹤城晚报》1986年10月30日）

“扯老婆舌”是个贬义词，女人与女人在私底下搬弄是非、散布谣言这类行为就是“扯老婆舌”。简而言之，“扯老婆舌”是对缺乏口德的女性的描绘。在大连方言中，有那么一撮贬义词是专门用来描述女性的，比如：浪、轻腚、跑风、张排风、拉呱儿、嘚瑟、扯老婆舌、闹妖儿，等等。这些词不约而同地描摹了女性的两个方面：行为和语言。

写“扯老婆舌”这个词条，正值周末立冬日，凄风苦雨伴着重度雾霾，实在是度日如年，内心荒凉无边。幸好有茶，以茶慰藉，安度初冬，是微信朋友圈不约而同的选择。朋友们边喝茶边过着琴棋书画的生活，生动地示范了怎样在大时代、在坏天气里过好小日子。我边喝茶边琢磨着“扯老婆舌”这条方言的来历，该不会是过去年代咱东北人猫冬的娱乐吧？

咱们大东北曾誉为“共和国的长子”，其他省份喊咱一声“东北老大哥”。东北老大哥家底子厚，又满怀奉献精神，在困难时期为国家的振兴发展立下了不可磨灭的功劳。而如今，东北却成为中国经济的“差等生”，近年来经济数据一直很难看，权威人士对东北经济困局发表长篇大论时，总要扯一笔东北人骨子里的一些东西。咱东北人骨子里有什么呢？往历史深处打量，咱东北人过冬的画面栩栩如生地浮现在眼前。

一组《东北农村人过去的真实生活》的摄影作品流传于东北各个贴吧、论坛，所反映的生活应为20世纪七八十年代。浓郁的东北风情以强烈的写实感“泼”面而来，人物的面貌真实得令人赞叹，极具年代感的生活物品简直是勾人魂魄，沧桑之中流溢出独属于那个年代的吉祥与温暖。贫寒粗粝、热气腾腾的东北生活泼墨般地铺陈在眼前，百感交集间眼睛已经湿润了。

耐人寻味的是，这组摄影作品的背景大多是冬季，小女孩在炕上玩“嘎啦哈”（过去东北农村女孩子的玩具，从羊或猪后腿关节处卸下的骨骸，有四个面，分别叫作针、轮、坑、肚）；年轻女人坐在热炕头上打麻绳纳鞋底；而上了年纪的女人，操劳大半生拥有了休闲享受的资历，在炕上三五成群围着火盆抽旱烟，抽旱烟就要“扯老婆舌”嘛。

为何选择冬季表现东北农村人的生活呢？原因很简单，东北农村人在冬季里最清闲，春耕秋收之后的冬季相当于年假，男女老少在农村的广阔天地里发明各种娱乐打发时间，调理精神。不论是抽烟，还是喝酒，都要“扯老婆舌”。物质的享受是有限的，精神的碰撞才能慰藉身心。谁说在那个贫寒年代，“扯老婆舌”不是一种精神交流呢？

方言是历史的活化石，方言裹藏、凝结着过去的生活场景。在东北人过冬的画面里，“扯老婆舌”是最经典的一幕。东北出二人转、小品人才，与东北人的过冬方式多少有些关联。那年那月，我们已在热炕头上耍出了一副好嘴皮子。

东北人骨子里的慵懒由来已久，那铺天盖地的雪被子有多厚，骨子里的懒意就有多深沉。外地人爱将我们与从小生意中崛起的温州人做比较。我们骨子里的好吃懒做、好高骛远、好耍嘴皮子一直饱受诟病。咱们大东北该何去何从呢？中央关于东北振兴新一轮国家战略已定，“东北需要做的，就是从战术上去落实，归根到底就是一个字——‘干’。不干，什么都不行；实干，什么奇迹都会发生”。

“扯老婆舌”是垃圾情绪的吐槽，也是心灵的交流。从街巷里随便拉出一支“扯老婆舌”的队伍，都是一支都市情感剧小型创作班底。“扯老婆舌”扯得很透彻，很酣畅淋漓，令人想到卢仝那“七碗茶”带给身心的福利，首先是破了孤闷，其次是发了轻汗，心中瘀滞之气烟消云散，最后是百脉通畅一身轻啊。

“一人得神，二人得趣，三人得味，六七人是名施茶”，这几句古语说的是品茶人不能太多，人多了便不能领略饮茶的万般趣味。同样，“扯老婆舌”也不能人太多。有人说，“扯老婆舌”不就得人多势众才有意思吗？其实不然，“扯老婆舌”不在于话题多，而在于内幕深。内幕挖掘得深才能吸引人，才有嚼头。“扯老婆舌”属于民间娱乐，聒噪不休唾沫星子四溅，是一种扯法；有质量有档次的“扯老婆舌”，既将故事娓娓道来，又能榨取人生各个层面的真理。

在高浓度友情里，“扯老婆舌”简直就是一大人生享受，这个过程令人想到东北火锅。吃东北火锅需要慢时光，身心闲散地坐下来，将酸菜丝、粉丝、金针菇、血肠等深情地投入汤中，汤花翻滚浓郁得像一段恋情，细细地涮着每一样食材，于浓汤翻滚间捕捞自己最中意的料。这个“涮”的过程与“扯老婆舌”就有几分神似了。

广东有“打边炉”，“打边炉”是站着吃的广式火锅，为了捞取方便，那筷子就特别长。“时间就是金钱”，在站立涮食的“打边炉”里有了某种暗示。东北火锅可以吃到地老天荒，像一场沸腾的促膝而食的“扯老婆舌”，涮几分熟、酱料如何调配、如何涂抹与渲染都要根据自己的口味和心意来。食欲的风暴当然要自己做主。蘸食别人的隐私是人性一大痼疾。互联网时代，每人一个酱碟，众声喧哗，即使是真知灼见，也难辞戾气的重度污染。戾气是互联网的霾，捍卫生活的清静与美好，就要与互联网保持适度距离。

生活中，一定要有能在一起“扯老婆舌”的朋友，人不能总是端着架子一天到晚说正经话，敛翅歇息卸下包装用俚言俗语“扯老婆舌”也是回归生活、回归自我的一条途径。没错，“扯老婆舌”使用的一定是方言。都市人在社交场合说普通话，在生活深处说家乡话，这种“两话生活”已经成为社会语言生活、文化生活的常见现象。越是接地气的生活，人们越是爱说方言；越是亲密的关系，人们越是爱说方言。

过去人们“扯老婆舌”是面对面地扯，如今是在微信朋友圈扯。微信登录界面上有一个眺望蓝色星球的孤独小孩，微信发明者如此解读：“我从没有见过一个不孤独的人会发出耀眼的光芒。”具有讽刺意味的是，中国人不爱孤独，中国人的生活被微信搞得面目全非，大多数人都活跃在微信上，关注的话题很多，议论的半径很大，但所能做的却很少，成就感就更加稀薄了。

自古以来中国人的生活美学讲究低调含蓄，而如今在微信上人人都敞开了怀，生活的隐私保护已降至历史低点。本城有一个挺大的文化界人物，没加微信之前，总对他心怀敬意。加了微信之后，这种印象逐渐坍塌。他每天发20多条微信，将吃喝拉撒睡“扯老婆舌”似的悉数晒出来，尤其是酒局和K歌，和谁喝酒了，喝了什么酒，和谁唱歌了，唱了什么歌，骂了什么人……自我曝光非常彻底，金迷纸醉，人肉熟烂，被严重干扰最后只好设置屏蔽。

我们每天在微信朋友圈“扯老婆舌”所消耗的时间让人触目惊心，微信朋友圈有“三大扯”，扯政治，扯成功学，扯养生之道，扯得天地一片混沌，身子骨也虚弱不堪。“扯老婆舌”当休矣。

吭哧瘪肚，手拿把掐，挣死扒命

“吭哧瘪肚”与“手拿把掐”是大连话中的一对反义词。

“吭哧瘪肚”，一是指说话不流畅、不痛快，吞吞吐吐的样子；二是指很费劲、很吃力的样子。

《东北方言口语词汇例释》记载：吭哧瘪肚是形容说话吞吞吐吐，做事窝窝囊囊的样子。

例句一：（姜恩久）拿出纸铺开，从兜里掏出“光芒”笔，吭哧瘪肚写了封信。（《黑龙江民间故事集》46页）

例句二：呸，没搬块豆饼照照你那个德行，哑巴脸儿，母狗眼儿，吭哧瘪肚、囊囊不喘儿。（《黑龙江艺术》1983年9期49页）

某城市的豆腐渣大桥塌了，人亡车毁，一时间酿成了无数家庭悲剧。城市的父母官这个时候要出来给民众一个说法，他站在台上吭哧瘪肚地老半天说不出一句话来。说实话，一个官员在愧对城市、愧对百姓的时候，若表现得吭哧瘪肚，那真是善莫大焉，这个官员人性尚存，温度尚存。最怕的却是官员在“人祸”现场“面露微笑”，还美其名为调节悲剧现场的压抑气氛。

当年“海南丢子”逃荒求生落脚大连，很多人是在码头扛大包。悲惨的逃荒生活使他们一个个骨瘦如柴，即便是男人，体重也大多不足百斤，却要吭哧瘪肚地扛几百斤重的大包，累得气若游丝，命悬一线。吭哧瘪肚是对重体力劳动者的一种形容，也可以用来形容脑力劳动者，比如写作，为了写出好句子，苦思冥想、绞尽脑汁的过程也是一种“吭哧瘪肚”。

在一个家庭里，当夫妻二人吵架时，男人也会抱怨，不过男人不会喋喋不休或如诉如泣，通常只是淡淡地说一句：“我在外面吭哧瘪肚挣俩钱容易吗？”“吭哧瘪肚”一经使用，女人顿时心软了，心愧了。

一个理科生，头脑非常聪明，却木讷寡言，不擅言谈，在一个非专业交流场合，该理科生被领导突然拎出谈一个专业之外的话题。理科生手足无措地上了台，但见他青筋暴露，满头大汗，吞吐嗫嚅忸怩支吾老半天也说不出一句完整的话。他的青筋暴露满头大汗，他的吞吐嗫嚅忸怩支吾，以一句大连话来概括就是“吭哧瘪肚”。

“北大醉侠”孔庆东教授是一个不折不扣的东北人，他在一篇文章中这样评论东北人的性格：“东北人重传统爱面子，身上具有某种‘山林气概’。东北人爱面子主要是从山东、河北、山西、河南等中原地区带去的，在政权统治比较松散的地区，这将构成一种亚文化和亚社会。”“东北地区的家庭势力比较大，东北人一般靠面子解决问题，土匪与土匪之间也是靠面子解决问题。在东北地区，这种‘土匪气’是维护社会平衡、发展的一个机制、一个精神，它是一种社会需要，所以在东北大平原上，人与人的交往更密切，面子问题就显得非常重要。”孔庆东其实也说出了东北人非常自信的性格特点。好面子的人通常自信心强大。一个人过度自信，能力水平却不匹配，便可能出现“吭哧瘪肚”的吃紧状。东北人的自信与潇洒饱受外地人的质疑，粗粝的东北文化也经受着中原文化的嘲讽。如果有人说“大连人特自信”，怎么听都不像一句褒奖。与南方人做事百般推敲、细致雕琢的风格相比，东北人的“吭哧瘪肚”一方面表现了水平不足，另一方面也表现了做事拖泥带水，经常遭人诟病。核雕艺人大多是南方人，咱东北人粗手大脚，习惯于大刀阔斧地杀将过来，习惯于“吭哧瘪肚”用力过猛，咱干不了凝心屏气的一雕一琢。

如果说南方人是使剑的，那么，咱东北人则是耍大刀的。剑法讲究轻灵，刀招讲究沉猛。过去，常见走街串巷的卖艺人耍一把偃月刀，有的耍得很轻灵，有的却耍得“吭哧瘪肚”一头汗。如果能将大刀耍得如舞剑一般轻灵，那才是水平高。评价这种高水平，大连人会使用“手拿把掐”一词。

《东北方言口语词汇例释》记载：手拿把掐，很有把握的意思，也说“手掐把拿”。

例句一：要不是家务缠身啥也放不下，戴一朵光荣花我手拿把掐。（《辽宁群众文艺》1979年3期14页）

例句二：今天上午考试，大伙儿都说志强平时练功刻苦，保证手拿把掐考上。（《说演弹唱》11期50页）

大连人评价一个人业务水平强，做事靠谱，成功率高，通常会说“你看人家做事手拿把掐的”。手拿把掐，就是形容一个人做某件事情，在心态上表现的是胸有成竹，志在必得；在专业水平上表现的是驾轻就熟，事半功倍，一切尽在掌握之中。反之，一个人的专业能力很弱，做事的过程就可以形容成吭哧瘪肚。

网上有这样一条新闻《没手拿把掐的特长，慎考“体艺优”》，说的是每年中考，都有考生凭借文艺或体育方面的特长考取名校，令人们羡慕不已。但是，仅仅会拉小提琴或者只是喜欢打篮球，是很难通过专项测试的。有关专家告诫考生及家长：如果没有较强的专业功底或较高的艺术水平，不要盲目报考体、艺特优生，否则不仅会耽误宝贵的备考时间，还可能因为艺考失利而影响考生情绪。一个学生从小学时代就学习音乐，勤学苦练，孜孜无怠，这才有可能掌握一门手拿把掐的特长，而考前突击学习几个月的学生，是很难形成专业实力的。

咱东北人好面子，说大话，吹大牛，热衷于装点门面的富丽，博取人们的艳羡目光。《马大帅》里的彪哥就是一个典型的东北人，他身上几乎涵盖了东北人所有的性格特点。彪哥浑身毛病，但都不是大毛病，他没干过伤天害理的事情，那些小毛病像过去农村人生了虱子似的一身身的。带一个“彪”字的哥哪能不嘚瑟，不吹牛，不说大话？这些倒不可怕，可怕的是彪哥还爱冒充文化人士、社会名流。比如，他开个解梦馆也要写上“辽北地区精神分析研究所”。彪哥“手拿把掐”的创业自信，终究成为一个笑谈。

今天的大连人趋于低调与沉稳，但骨子里做江湖“一哥”“一姐”的欲望依然存在。这似乎体现了大连人不甘平庸，追求胸怀天下、经世致用的理想抱负。但是，理想需要“功力”辅佐，“功力”来不得半点虚假，真正做到“手拿把掐”是需要洒一番心血的。可以说，“手拿把掐”的背后一定曾有过“吭哧瘪肚”的付出与努力。

“吭哧瘪肚”与“挣死扒命”是大连话中的一对近义词，很费劲、拼命的样子就是“挣死扒命”。

“挣死扒命”，是绝对地道的大连话。面朝黄土背朝天的农民兄弟常用“挣死扒命”来形容自己的命运；下岗后自谋职业的工人兄弟常用“挣死扒命”来诉说生之不易；初涉职场的年轻人为了业绩达标而“挣死扒命”地跑业务。

从字面理解，挣死扒命就是挣脱开死亡，扒拉到命。命，也是活路的意思。农民兄弟是从土里扒拉到命，工人兄弟是从各种苦力里扒拉到活路。人陷入自怜情绪时，会说一句：“我成天挣死扒命我容易吗？”

挣死扒命其实就是努力拼搏，但这种拼搏的姿势不够美观，龇牙咧嘴扒皮瞪眼汗水淋漓，这种用力过度其实是能力不济的表现。与大侠们谈笑风生间攻下半壁江山的事半功倍相比，“挣死扒命”多少显得恶形恶状，是一种勉为其难。

在网络世界，“挣死扒命”有了更广阔的舞台。凡使用“挣死扒命”一词的网友差不多就是大连人。

论股票，“真不要脸，绿了一天，直到收盘前挣死扒命涨了两点，还好意思称红盘。”

谈爱情婚姻，“我觉得呢，爱情这东西不是自己挣死扒命地争取来的，而真的是靠缘分。”“我从婚姻的坟墓中连滚带爬挣死扒命地探出头来透一口憋闷在心中若干年的浊气，用全世界都听得到的声音大吼一句，我要当个单身贵族。”“你一个工薪阶层挣死扒命地娶个富二代姑娘，你能守得住吗？”

论西餐，“挣死扒命地非要去必胜客，那里有什么好的，不就是有张带馅儿的饼吗？还死贵！想吃馅饼咱自个儿回家烙呗！想吃什么馅儿就烙什么馅儿，吃得既舒坦又实惠！”

大连孩子最熟悉的大连方言就是“挣死扒命”。“你个兔崽子，我们大人一天到晚挣死扒命地忙活，不就是为了供你上学，你居然敢逃学……”

徐志摩当年追求林徽因时，已是有家室之人。林徽因才貌双全，追求者众多。徐志摩天天登门拜访，毫不避嫌，那份殷勤劲用“挣死扒命”来形容很形象。梁启超看不惯他“挣死扒命”地取悦女人，写信让他悔改。徐志摩在回信中极为动情地说：“我将在茫茫人海中，寻我唯一灵魂之伴侣。得之，我幸，不得，我命。如此而已。”这种达观的情感态度令人佩服。“得之，我幸，不得，我命。”是你的，就是你的；不是你的，“挣死扒命”地抢，也是没用的。顺其自然是最朴素的人生智慧，“挣死扒命”是强求，而强求往往不得。

初看，带有自怜意味的“挣死扒命”多是形容社会底层。其实，各个层面都有不同内容的“挣死扒命”。工人在体力上“挣死扒命”，商人在心力上“挣死扒命”，官员在上位途中“挣死扒命”……有人说自己“挣死扒命”那确是他生存状态的真实写照，而有人说自己“挣死扒命”带有自怜或夸张成分，是为了博取他人的同情或认可。与闲游打逛、混吃等死相比，“挣死扒命”是一种积极的人生状态。没有最初的“挣死扒命”，怎会有后来的闲庭信步，岁月静好。

够 人

当失望、厌恶、愤怒等不良情绪一锅烩时，一言以蔽之，便是“够人”。“够人”是大连人的口头语，是无伤大雅、不会破坏感情的贬义词。

字典上接近的意思是厌烦、腻，如吃够了、干够了等。大连人将“够”放在“人”前面，是将形容词“动”用，意为烦人，就像吃多了某种食物，吃够了，吃腻了。

在婚姻里，“够人”就是审美疲劳。“审美疲劳”原是美学术语，具体表现为对审美对象的兴奋减弱，不再产生较强烈的美感，甚至对对象表示厌倦。曾经的贺岁大片《手机》里，大学教授费墨说了一句，“在一张床上睡了20年，的确有点‘审美疲劳’。”从此，“审美疲劳”便成为流行语。费墨所说的“审美疲劳”，是指长期的婚姻生活消磨了爱的激情而对配偶产生了平淡或麻木之情。若将“审美疲劳”置换成“够人”，费墨说的便是“在一张床上睡了20年，的确有点够人”。对婚姻失去激情和美感的描述，“审美疲劳”和“够人”各有各的生动，各有各的趣味。

在旅游季，大连人总要接待外地以家庭为单位的亲朋好友来连休闲度假。打量饭局上每对夫妻，你会发现，人家南方夫妻特像夫妻样，女人举止文雅含蓄，脸上会有一抹羞怯的红晕，不时以燕语莺声、吴侬软语劝男人少喝一点儿。再瞅咱东北夫妻，论身高，论块头，似乎不差上下，像一对球友；论亲密度，像儿时混床睡的兄妹或姐弟，光屁股尿床磨牙打滚儿四仰八叉无所顾忌，大号嗓罢免了男人的发言权，哓哓地往自己男人杯里灌酒，“喝吧喝吧，老同学来一趟不容易，喝醉了，我背你回去！”东北男女对于婚姻的“审美疲劳”比较耐受，那句“老婆孩子热炕头”是东北男人对“审美疲劳”婚姻的自我肯定，充满了煮萝卜的腻歪味，却令东北人心满意足。

婚姻熬至最后是亲情，就像那文火慢熬的小米粥，熬至尾声现出了一层米油。这米油就是亲情，最养人的。小米粥的香气和煮萝卜的腻歪味，交织成东北人的婚姻气息。煮萝卜味太大了，就会很“够人”。

“够人”虽然是大连人在家庭生活中的高频词，但经常是“一事一议”，过后照样劲往一处使，钱往一块儿攒，兴致勃勃地熬小米粥煮萝卜。

在男女关系里，“够人”还有另一种用法。一对年轻人谈恋爱，花前月下，女孩子含嗔带怨地说了一句“真够人”，这是大连版的“我爱你”，和老电影里那句经典台词“你真坏”有异曲同工之妙。

对某件事物失去了兴趣，或者被人弄烦了心情，大连人也习惯说一句“真够人”。仔细品读，“够人”与网络用语“无语”很相似，都有已经无话可说的意思。而“够人”显然要比“无语”更甚，整个人都被厌烦透了，腻歪透了。

“够人”是负面情绪。在家庭中，一句“够人”抛出之后，夫妻俩各关各门，各找各妈，不吵不交流，冷战开始了。在职场上，面对巨大的工作压力，也动辄说句“够人”。怎样的情形会“够人”呢？对工作失去了兴趣和激情，产生了疲乏、厌倦或麻木，便会感觉很“够人”。在人际交往中，也会遇到“够人”。“够人”之人有多种款式，有些人不值得过招，将其直接从脑中删除，彻底清理。而有些人处于职场食物链的前端，为了理想或现实利益，少不了与其斗智斗勇，少不了忍耐与妥协。哪个写字间里没有几个“够人”之人？如果遇到了，不必气馁不必消极，权当是一段山路，拿他练手吧。

大连人说“够人”一词，就像吐瓜子皮一样频繁。对看不惯的、看不顺眼的人和事，懒得评说，或不屑于评说时，便会蹦出一句“真够人”“够死人”结束它。

走进岁月深处，经历了很多人很多事，如果还能对人生保持兴致勃勃的劲头，对家庭，对事业，对朋友，对一饭一茶那些微不足道的寻常，不腻，不烦，不够，这股充沛的生活热情令人敬佩啊！

不　善

善的本义是吉祥，作为形容词，有“吉、美好、善良、慈善、高明、熟悉”等义项；作为动词，有“擅长、修治、羡慕、认为好、赞许、友好”等义项。大连话“不善”并不是指“恶”，而是“擅长”“厉害”的意思，多用来称赞某人有能力，有水平。如“这小孩真不善，没上学就能识一千多个字。”又如，“张三，几年不见，你老得可不善啊！”

《东北方言口语词汇例释》记载：不善，是指很可观，非同小可。例句：这丫头还真挺敢干，找工作不分高低贵贱，真不善啊。（《东北二人转》1983年2期9页）元代杂剧《裴少俊墙头马上》第一折：若有人撞见，这顿打可不善也。此处“不善”是指非同小可。

“善”具有深刻的伦理学、哲学和佛学内涵，中国传统伦理有着丰富的劝善内容。善的哲学定义是指具体事物的运动、行为及存在对社会和绝大多数人的生存发展具有的正面意义和正向价值。简单地说，善是一种正能量。与善对立的是恶。恶，即“不善”。“不善”有“坏事、恶人、缺点、不良、不长于”等义项。显然，这些义项与大连话“不善”毫不相干。据记载，“善”作为方言，有“轻”“少”“厉害”的意思，其中“厉害”是指大连话。目前大连话在网上颇为流行，网络版大连话教程层出不穷。网上大连话教程都是由大连人编撰的，没有哪个城市的人们像大连人这般热爱自己的方言。或者说，没有哪个城市的人们如此自恋，我们说着自己的方言，还要赏析、把玩着自己的方言。

说一说咱大连的哥“马路虾”，这位有20多年驾龄的大连男人日夜为生活而奔波，他说：“即便疼，我也不呻吟！”多年前，“马路虾”开始写东西，他虽然受教育程度不高，但平时酷爱读书，阅读面也很宽广。他写的哥的故事，写的哥的酸甜苦辣，他的文字幽默中见辛辣，平实中见智慧，扔在网上居然引来无数“虾米”追捧。作家陈村非常欣赏“马路虾”的文字，在网上留言大加赞赏，并转发到其他论坛。“马路虾”的文字很快被出版机构相中，一本名为《黑夜，给了我黑色的眼睛：听的哥讲故事》闪亮面世，并迅速成为畅销书。大连人称赞“马路虾”，不说“马路虾”多么有才，也不说“马路虾”多么厉害，而是说一句“‘马路虾’真不善啊！”

美国著名影星梅姨凭借在传记影片《铁娘子》中出色演绎英国传奇人物、前首相撒切尔夫人，捧走了第84届奥斯卡最佳女主角的小金人。梅姨名叫梅丽尔·斯特里普，在梅姐时代，她曾获17次奥斯卡提名、26次金球奖提名，捧回8座金球奖杯，还有一堆奖项与提名暂不罗列。从梅姐到梅姨，在40多载的岁月长河里，梅丽尔·斯特里普在一个领域里心无旁骛地深耕细作，终至功成名就的这一天。若用大连话赞一下梅丽尔·斯特里普，那就应该是“梅姨真不善啊！”

“马路虾”跨界经营，在别处有所斩获，是一种“不善”；梅姨在自己的专业领域内发力，成为“尖子生”，更是一种“不善”。出了点薄名的“马路虾”依然在路上，但这回是给私企老板开车。有时“马路虾”也坐出租车，闲聊时，他的心头始终萦绕着一种隐痛。这种隐痛将催生第二本书的诞生，“马路虾”真是不善啊！

“不善”仍被大连老辈人使用，年轻人喜爱网络流行语，与“不善”同义的网络用语是“达人”“牛人”。“达人”是指长期沉浸在某个领域，积淀丰富并觅得真经的人物；“牛人”是指做某件事情非常厉害或做事不按常理出牌的人。在论坛上，常见“史上最牛的人”这种表述。与“不善”反义的网络用语是“很菜”，是指对某些事物操作不熟练的生手。

简而言之，“不善”是指各行各业的“尖子生”。这些“尖子生”并非天赋异禀，他们大多资质平庸，甚至存有先天不足或缺陷，但他们坚信努力奋斗是人生的“唯一解”，他们上路，并且风雨无阻日夜兼程……此类奋斗者用大连话赞美就是“真不善”。“真不善”是一种发自内心、原汁原味的夸奖。

大连人在使用“不善”一词时会加上语气词“乎”，强调赞赏之情的由衷与强烈，如“马路虾”真不善乎！梅丽尔·斯特里普真不善乎！在过去年代的东北大宅门里，恶婆婆、刁小姑子，再加上一个“真不善劲儿”的儿媳妇，这日子就像连续剧一样有看头了。

不来玄，不打哏儿

玄，就是深奥、不真实、靠不住的意思，如玄想、玄虚等。“不来（“来”在这里发音为lǎi）玄”，是指一个人说话实在，做事靠谱，不弄虚作假，不夸大其词，有一说一，有二说二，绝对真实可靠。

在网上看到一个帖子，题目是《不来玄的，稍不注意你就会成为杀人凶手》，讲一名女士开车上道后，不守交通规则，胆子又大，惊瘫了老人，吓傻了孩子，连那与时间赛跑的急救车，这名女士也敢横刀立马挡在其前。帖子作者如此感慨：“急救车的喇叭声在俺听来尖锐且凄凉，可这名大姐就是不肯挪一挪，泊在马路中央岿然不动。真不来玄啊，她很可能就成了杀人凶手啊……”“杀人凶手”一说并非言过其实，这就是“不来玄”的意思。

张三去单位仓库取东西，与一只耗子邂逅，“那耗子那个大呀，不来玄啊，足有一尺多长！”在此处，“不来玄”也是不夸张的意思。

张三在圣诞节时陪媳妇去英国旅行，目睹并参与了中国人“血拼”奢侈品的疯狂，回来后跟亲朋好友如此描述：“真不来玄啊，中国人的购物欲简直比索马里海盗的抢劫欲还强烈。我都有些蒙了，这究竟是伦敦还是中国哪个城市？大街上到处都能听到中国话，到处都是中国人在排队抢购。大家买奢侈品简直就像去大菜市买秋裤似的。最后一天，我们坐火车去牛津的品牌直销购物中心购物，火车上全是中国人，真不来玄啊，就像春运一样……”

当大连人讲述某件事情的时候，对于那些重要的细节，在说之前，或说完之后，往往会以一句“不来玄”强调其真实性。反之，则是“真来玄”。张三听王二麻讲了一件事情，张三评了句“你可真能来玄啊”，是说王二麻有捕风捉影、夸大其词或胡说八道之嫌。

20世纪70年代，大多数中国城市家庭都有三四个孩子，孩子多，父母工作忙没有精力照顾每一个孩子，便会将其中一个送到乡下老人家寄养。虽然每月按时寄养育费，却被偏心眼的老人家悄悄积攒挪作他用，比如给儿子盖房子娶媳妇，比如买了耕牛。所以，被寄养在乡下的孩子大多面黄肌瘦，严重营养不良。除了身体发育问题，最大损失还是孩子的教养不足，精神风貌很差劲。到了上学年纪，父母领回家的可能是个面目全非的野孩子。有一部小说曾描写了城市孩子被寄养在乡下的境遇，并非常恰当地使用了“不来玄”：

（张聿礼）经常说起我哥在我奶家造得真是不像样子，说起这些，他就眉飞色舞，用手比画着说，咱不来玄……山东话都读四声，在张聿礼嘴中说出来就是：赞不赖旋。

咱不来玄，是张聿礼的口头语，意思是他说的都是真的，没有一点儿假的，也没有夸张的意思。他说，咱不来玄，小波呀，我到那儿一看，那造得真不像样，大鼻涕足有一尺长，鞋底都断了，用草绳紧着，衣服嘎巴地都能当镜子，裤子到处是窟窿，用个烂绳子系着，跟个花子差不了多少。

花子，也就是要饭的，我们那儿管要饭的叫要饭花子，或者直接叫花子。张聿礼说，这小波可是你们老周家的人，根本就没人管，跟个野孩子没啥区别，活着就是了。张聿礼说，我都不好意思带他走，走到村口，我拿块砖头，让小波把衣服脱下来，我就用砖头蹭，总算把油渍麻花的衣服蹭得干净一点儿了。翻过来，一抖搂，虱子都往下掉，虮子密密麻麻的，看得我头皮发麻，我也用砖头蹭了蹭，咱不来玄，都能听到咔吧咔吧地响……好好的孩子，这是咋给养的？

“不来玄”与文学技法“渲染”有几分神似。渲染原属中国画技法的一种，后来运用于文学领域，成为文学作品中最常见的表现手法之一。渲染的主要手法有反复、排比、夸张、层递、铺陈、烘托等，这里提到了“夸张”，夸张引发联想，烘托气氛，但不能脱离生活基础，歪曲事实。品读大连人所说的那些“不来玄”之事，都有夸张之嫌，却又是那么自然合理，很接地气。

“打哏儿”原指说话或背诵接不下去，中途停顿，引申为“犹豫”“有顾忌”。小孩子背课文不够熟练，大连人会这样批评孩子：“你怎么背得磕磕巴巴总打哏儿？”在这里，“打哏儿”是停顿、不流畅的意思。

那么，“不打哏儿”就是流畅、干脆、痛快的意思。“不打哏儿”常形容一个人的办事态度。比如，张三找某领导办事，某领导态度很热情，一点儿不打哏儿。有时“不打哏儿”也称“不打奔儿”，“这个年轻力壮的小伙子干啥活从来没打过奔儿。”面对脏活累活，从来不犹豫，用的是引申义。

大连人性格耿直爽快，多情重诺，喜欢坦诚相待，不喜欢拐弯抹角，虚里冒套，行就说句痛快话，不行就拉倒走人，这些性格特点概括起来就是“不打哏儿”。

与南方人的内敛含蓄相比，大连人的“不打哏儿”显得质朴豪迈。“不打哏儿”也从侧面体现了大连人爱面子的特点。这种特点可以推而广之到东北人。这颜面比什么都重要，不能有丝毫折损。所以，有时候就宁可死要面子活受罪。其实，在社会交往中，“打个哏儿”更符合人际交往之道。委婉与含蓄，克制与内敛，是东北人应该修炼的科目。南方人在委婉克制中闪转腾挪，进退有度，身心自在；东北人在“不打哏儿”的豪迈中感受人生快意。真是各村有各村的特色，各村有各村的福气。是欣赏，还是讪笑，都不重要，重要的是我们自己感觉妥帖自在。我们终其一生，就是为了超越世俗，找到真正的自己。

近几年，东北人喝茶风气很盛，以茶为媒介，有了茶友这样一个交际圈。但茶友圈里有个潜规则：雅人不可俗用。大家在一起喝茶聊天，聊得很尽兴，很愉快，仅此而已。但是，大连人交朋友还是停留在“俗用”的层面，每个人都想有几个办事不打哏儿的好朋友。

“不打哏儿”除豪爽性格使然，更多的是人情回馈或供需契合。大连人交朋友，不仅看重精神层面的共鸣，更看重现实深处的关照与扶持。换句话说，朋友就是俗用的。感情不是聊出来的，也不是喝出来的，而是在“不打哏儿”的一路关照与扶携之中修炼出来的。

外地人听大连话，琢磨透意思之后，就有学舌的冲动。一方面是大连话的发音很赶劲，很给力，上口快，有一股热辣劲和力量感；另一方面是大连话直白亲切，不矫揉造作，不转弯抹角，具有奔腾的张力和豪气，充满了趣味性与幽默感，更有一种说不出的荡气回肠。两个大连人在异乡相遇，用大连话寒暄几句，心底立即升腾起相见恨晚的亲切。

按说，大连人在人际交往中的“不打眼儿”，应该像雷锋做好事不留名一样，不表白，不张扬，但大连人偏不，帮助朋友时不打眼儿，对外宣扬时也丝毫不打眼儿。听两个大连男人唠嗑儿，你经常会听到其中一个声情并茂地讲述自己如何为朋友两肋插刀，在别人感动之前，先将自己感动得够呛。这并非大连人浮夸或浅薄，而是大连人太重视感情了。大连人视朋友为人生最大财富，人不能没有朋友，就像人不能没有空气和水一样。没有锺子期，狐朋狗友咱总得有几头吧。有朋友的人生才有滋味有声色，才不会孤单寂寞冷。有能力帮助朋友是人生一大乐事，被朋友帮助也是人生一大乐事。大连人陶醉于帮助朋友不打眼儿的爽直不羁，实际上是沉迷于友情的真挚温暖。

大连是著名的旅游城市，很多家庭每逢旅游旺季，都要招待远道而来的亲朋好友。即使手里没有多少钱，也不打眼儿地想方设法让亲朋一家吃好喝好玩好，走时再大包小卷带上特产。在办公室里，你经常会听到同事打电话：“我外地同学来了，一家五口，你给我订两个房间，再给我安排一顿饭。”电话那边的朋友不打眼儿，马上照办。这世界如果都像咱大连人这般热情豪爽，那该多好啊！

大连的海岸线很长，面朝大海，诗意栖居，人们由内而外一派坦荡清朗之气；大连也有很多的广场，那些知名的大广场就不必说了，它们被誉为“城市的会客厅”。在社区，在小区，也可见大大小小风格别致的广场。城市的大气格局熏陶着人们的性情，大连人视野开阔，接纳力强，融合速度快，既务实又高远。大连人说话办事一点儿不打眼儿，与大连人打交道，不累！

攒欺，掐把

“攒欺”，是逗弄、挑衅、欺负、调侃的意思。

在小区里，下午3点半之后，保姆们牵着蹒跚学步的娃娃们到花园里晒太阳，每个小娃娃都带着自己心爱的玩具。一个同样以小区花园为江湖的老汉童心大发，一会儿抢这个女娃的芭比娃娃，一会儿夺那个男娃的蜘蛛侠，惹得娃娃们仰天长号，保姆们嗔怒道：“你个老东西，总攒欺小孩子干什么？”攒欺，在此是逗弄、玩耍的意思。

过去大连有一种日式两层楼房，楼道走廊是公共区域，每家都在这里摆放大量的生活资料。去年秋天，张三家的秋白菜占了王二麻家的地盘，王二麻家提出了抗议，结果两家大吵一场，伤了和气断了关系。张三家老少都属火箭筒的，倚仗着家有两个膀大腰粗的男性公民，在邻居间飞扬跋扈霸道得很。今年秋天，张三家的酸菜缸子又杵在王二麻家领地上，王二麻欲将那酸菜缸子挪开，却被夫人苦口婆心地劝下：“你去攒欺他们干什么？忍一时风平浪静，退一步海阔天空，不就是占了块地方吗？又不是抢咱家钱，咱就忍一忍吧！”在这里，攒欺是激惹、挑衅的意思。存有领土争议的两个国家，也会在边界上发生互相攒欺的事件。

攒欺是欺负人的前戏。如果对方是条血气方刚的汉子，那是经不起攒欺的，转瞬间就厮杀一团狼烟四起了。

北京人善于吵架，两个人站在那里油嘴滑舌、云淡风轻地吵，谁也不吐一个脏字，乍一听以为二人在说笑，岂不知双方早已气得内出血。相比之下，东北人嘴糙舌笨，腹中辞藻也不多，特别不善于优雅地吵架，三句话说不到就亮拳脚，不见血不收兵。在外地人的口中，东北人打架一定要就近找武器，如果地上有砖头，决不捡泥块；地上有铁棍，决不捡木棒；地上有斧头，决不捡镰刀。而攻击部位，也是直奔要害，如果能扇脸，决不捣屁股；如果能掏心口，决不扫腿脚。东北人打架不喜欢说话，上去就开踹，打得尘土飞扬的。“不喜欢说话”，说的就是东北人打架省略了“攒欺”的过门。

相比之下，大连人比较理性文明，大连人吵架好辩论，不轻易出手。这与海洋城市的气质风韵有关，与城市的发展定位及自我期许有关。经过多年的潜心发展，如今的大连城披挂一身美誉，俨然一座国际风范的海滨名城，这里的女人很浪漫，不再是东北大嫚的粗线条；这里的男人很绅士，戒了爱攒欺人的痞气与陋习——男女皆气息宜人赏心悦目，是城市景观文本里最迷人的一道风景。大连人特别热爱自己的城市，曾有媒体向大连人征集城市精神、城市印象的关键词，请看大连人所给予的词语：包容博大、开放创新、和谐致远、浪漫时尚、唯美超越、求新尚美、弘德扬善……这是大连人对城市的褒奖，也是对未来的期许。因此，大连人摒弃了很多陋习，善于兼收并蓄其他地域的优良品质，逐渐形成了鲜明的自我风格。

再以“京城第一大玩家”王世襄斗蛐蛐为例，对“攒欺”进一步解释。

王世襄《秋虫六忆》一文分为六个小标题：忆捉、忆买、忆养、忆斗、忆器、忆友。其中《忆斗》一节，用大连话来概括内容就是讲怎样“攒欺”蛐蛐：“双方将蛐蛐放入斗盆，各自只许用黏有鼠须的芡子撩逗自己的蛐蛐，使之有敌来犯……运用这几根老鼠须子有很大的学问。但主要是当自己的蛐蛐占上风时，要用芡子激发神威，引导它直捣黄龙，使对方一败涂地。而处于下风时，要用芡子遮挡封护，严防受到冲击，好让它得到喘息，增强信心，恢复斗志，以期达到反败为胜的目的。但双方都不能做得过分，以致触犯定规，引起公愤。精彩的对局，不仅看斗虫，也看人斗。欣赏高手运芡之妙，也是一种艺术享受。”

这“运芡”即是攒欺。王世襄“秋斗蟋蟀，冬怀鸣虫”，乐此不疲地“攒欺”小虫物，居然玩出了文化，使井市的“雕虫小技”登上了大雅之堂。攒欺小虫物好玩有生趣，是一种休闲养生娱乐活动。而攒欺人，却风险重重，是“贱皮子”（大连方言，贱骨头的意思）。

攒欺，也有撩拨、挑逗、搭讪的意思。某男喜欢上某女，以恶搞的手段去攒欺对方，以期引起对方的注意，然后进行下一步发展。这种方式因流于轻浮有失庄重而为多数女人所不喜。

大人攒欺小孩，是逗弄；地痞攒欺百姓，是欺负；男人攒欺女人，是调戏。攒欺也可能是一种调侃打趣，比如开会时，当全局陷入尴尬沉闷的境地，有人无伤大雅地攒欺一下某个人，令气氛变得轻松起来。但凡事要讲究个度，不能让攒欺人成为一种习惯甚至爱好，否则既会跌身份，也会影响人际关系的和谐。

据《现代汉语词典》记载：“掐”有两种方言语义，一是指争斗，如“两人因一点儿小事掐起来了”；二是作为量词“掐儿”在方言中出现，拇指和另一手指尖相对握着的数量，如“一掐儿韭菜”。大连话“掐把”有两种含义：一是指受到限制、管制；二是指用力按摩。

长篇小说《醒世姻缘传》中：“我生平是这么个性子，该受人掐把的去处，咱就受人的掐把；人该受咱掐把的去处，咱就要变下脸来掐把人个够！”这里的“掐把”就是指受到限制、管制的意思。

在大连方言中，“掐把”也有用力按摩的意思，比如：“你给我后背掐把了几下，别说，还挺舒服的。”更多时候，“掐把”是指待人过于刻薄、不近人情，比如：“我要是再老实一会儿，还不把我给掐把死了啊！”“你这样掐把我，我想哭的心都有了。”“我好歹跟你是一家子，你这样掐把我，有意思吗？”

一个村庄，有两户人家因田间地头的争端而结怨，两户人家都不是“善茬子”（指好对付的人，多用于否定式），你在春天播种时掐把了我，我就在秋天收割时掐把你；你在初一掐把了我，我就在十五掐把你，最终闹出了人命，招致牢狱之灾。

那年夏天，一小伙儿在三八广场附近的永昌农贸市场卖螃蟹，一些社会闲人砸他摊子，执法部门也撵他，小伙子被各方力量掐把得七窍生烟，“老子不卖免费送还不行吗？”据说他每天去旅顺海边拉来1000多斤螃蟹，足足送了6天。没有发生哄抢，人们很斯文地排着队，每人可领20只顶盖肥的活螃蟹。“俺们的螃蟹卖不动，哪有这么搅和的？他这是跟谁掐把呢？他的钱是大风刮来的？还是海水潮来的？”小伙子被拧巴心态绑架了，哪还会顾忌同行的感受。

谈到人生，于丹将社会比喻成一锅滚烫的沸水，任何东西投进去都会发生改变。比如说，第一个锅里扔进一个生鸡蛋，第二个锅里扔进一根胡萝卜，第三个锅里撒一把干茶叶。生鸡蛋在滚水里煮老了，从里到外变得硬邦邦的，这类人愤世嫉俗，怨天尤人，看什么都不顺眼，成天诋毁他人，攻击社会。胡萝卜原本水灵灵的，却被滚水熬成了一摊烂糊糊，这类人被生活彻底改造了，随波逐流，人云亦云，完全丧失了自我。可是，干茶叶投入滚水里会怎样呢？一把干茶叶，投入沸水之前，形状最难看，分量也最轻，而在沸水的煎熬下，那些干燥的、皱巴巴的叶子变得滋润、丰美、舒展了。更重要的是，它在实现自我的同时，也将无色无味的水变成了浓香的茶汤。

人生在世，怎么可能不受人掐把呢？换言之，人类所有的困惑、焦虑和痛苦，都是因为受制于人而引发的。也许，这个世界就是在互相掐把、互相制约之中不断前进吧。

隔锅上炕　五脊六兽

支腿儿，挂桌角

一把凳子缺了一条腿儿，就成了废物，沦为烧柴。若本着物尽其用的原则，给缺腿儿的凳子“支个腿儿”，这把凳子即可重返生活区，派得上各种用场。

说“支腿儿”，总也绕不开大连人极喜爱的一种牌类游戏——打滚子。说起打滚子，我很怯，因为我不会打滚子，前些年和同事出差，因为不会打滚子，成了出差途中最乏味、最无用的伙伴。最近有朋友组织去某地旅行，她事先问我：“打滚子学会了吗？”不会打滚子，简直成了人际交往中的缺陷、短板。

那么，“支腿儿”与打滚子有何干系？简单地说，每一局都有一人担任庄家，利用庄家的特权尽量不让对手得到分牌。在庄家的身后，隐藏着一位技高一筹、全力拼杀的对家，这个对家被称为“支腿儿”。如果对家抓得一手好牌，也可喧宾夺主，让庄家给支腿儿。据说，这是“支腿儿”的来源。

久而久之，“支腿儿”有了更广泛、更有趣的含义，基本上可以理解为“当好配角”“跑好龙套”，是“支持”，是“配合”，是“帮衬”，是一个战壕里的倾力襄助，是命运共同体的休戚与共。

20世纪90年代中期，下岗浪潮令很多人一夜之间失去了工作，由“领导层”转为“底层民众”的人，最不平静。有人四处上访索求补偿，有人却整装披甲准备“从头再来”。“昨天所有的荣誉，已变成遥远的回忆。辛辛苦苦已度过半生，今夜重又走进风雨……”刘欢这首《从头再来》歌唱的正是这些不惧变革、在困境中迸发激情的领军者。他们带领一班人马准备创业，这时有人主动请缨：“我给你支腿儿吧！”支腿儿者，大多也是优秀分子，绝非一般跑龙套的。

日本企业家稻盛和夫在《活法》一书中提出一个颇为新鲜的“燃烧理论”。他说，一个人要有所成就，有所作为，就必须拥有自发性的热情。换句话说，他必须是一个“可燃性”的人，能够点燃自己的热情。稻盛和夫还将人分为三种：自燃性的人、可燃性的人、不燃性的人。所谓“燃性”，是指对事物的热情。自燃性的人，往往最先对事物采取行动，将自身的能量分给周围人，用自己的情绪和态度去感染、鼓舞别人。这类人内心富有激情，有责任感和使命感。可燃性的人，是指受到自燃性的人的影响，能够充分活跃起来的人。愿意为别人“支腿儿”的人，一定是自燃性的人或可燃性的人。既有能力，又有热情，是“今夜重又走进风雨”的战友，不可或缺，坚韧不拔。不燃性的人，即使从周遭感受到强烈的能量，也不为所动，消极、冷漠、懒惰，并且会打击周围人的热情。这类人，只会拆台，绝无给人“支腿儿”的能力及热情。

在剧组里，场记、摄影、灯光、化妆、服装、美术等，都是给导演“支腿儿”的。导演是艺术创作的总负责人，他需要整个团队紧密地围绕着他，为他服务。按国外“制片人中心制”的惯例，导演又是给制片人“支腿儿”的。而制片人是给投资方“支腿儿”的，代理投资方执行和监督创作、拍摄、制作、发行等工作，有权干涉导演的工作。导演虽然也是给人“支腿儿”的，在投资方和制片人面前却拥有较高的话语权。

在中国封建时代，宰相是给国君“支腿儿”的。宰相是辅助国君处理政务的最高官员的通称。关于宰相职责，西汉的丞相（与宰相是一个概念）陈平曾有过总结：“宰相者，上佐天子，理阴阳，顺四时，下育万物之宜，外镇抚四夷诸侯，内亲附百姓，使卿大夫各得任其职焉。”由此可见，“支腿儿”不仅是左辅右弼，更是一方主宰。

大连话有两种风格，一种具有“越轨的笔致”，越品越有意思，越品越觉高明，比如“干净”“辣眼”“浪”“姿势”等；另一种是不掖不藏，毫不隐讳地将意思摊在字面上，“支腿儿”即属此类。你要做一件大事，我不说给你做帮手，却说给你“支腿儿”，“腿”确实比“手”更给力。

著名学者胡适曾经感慨：“我常常想，假如鲁迅先生的《阿Q正传》是用绍兴土话作的，那篇小说要增添多少生气啊！”在语言学家刘半农看来，方言是一种“地域的神味”。

有学者指出，与方言同步流失的，是文化的传承。方言不仅是交流工具，也是一种文化载体。方言一旦消失，很多有特色的地域文化和民间文化根本无法生存，文化的差异性和多样性必然遭到破坏。在苏州，有一位演员曾尝试用普通话来表演苏州评弹，最终失败了。苏州评弹靠师徒口耳相传，以方言为载体，改成普通话根本无法表现其精髓，甚至会让其面目全非。去苏州旅游，在姑苏区乘坐公交车，“第一人民医院到哉！”报站广播用普通话报站后，紧接着用苏州方言报站。外地乘客虽然听不太懂，却一下子跌在了江南意境里。据了解，这种“双语”报站在苏州市区已推行近两年。

周末乘公交车去“泡崖儿”，报站广播字正腔圆地说“泡崖子”，听起来十分别扭。还有“马栏子”“青泥洼桥”等站名，被普通话一喊，那“神味”已荡然无存。咱们是否向苏州学习一把，也来个“双语”报站呢？

2008年，国家语言文字工作委员会启动中国语言资源有声数据库建设试点，2012年大连话语音数据已经完成采集。在民间，一些文化公司热衷于以大连话创作小品、微电影在网络上传播，赚足了人气。可以说，在社会各界的共同参与下，咱大连话的“神味”得到了较完善的保护与拯救。

“挂桌角”，是指饭局上的配角、无关紧要的人，引申义是“蹭饭”。比如，张三请吃饭，他叫上朋友王二麻。王二麻正与几个哥们儿打滚子，正打到饭点上，接到了张三的电话，毫不客气地将三个牌友带到饭局上。这三个牌友，于这一场饭局而言，就是挂桌角的。他们是来蹭吃蹭喝凑热闹的。

需要说明的是，“挂桌角”的“角”应读成jiǎ。方言必须要用当地的发音去表达，只有这样，才能将方言的原生态意蕴表现得淋漓尽致。这就像侯宝林先生的相声，相声是北京的土产，听相声就是听用一口“京片子”讲述的故事。也有点像名曲《二泉映月》，只有用中国传统民乐二胡去演奏，才会有“此曲只应跪听”这句极致评价。很多大连话是口耳相传的，只有一个发音，并没有确定的汉字表达。

找到了准确的汉字，发音或声调却发生了变化，这也是大连话的一大显著特色。比如“挂桌角”的“角”，被大连人私自读成了jiǎ，并且这个发音绝不中规中矩、文质彬彬，向下，敞开，像凛冽的西北风，像野蛮的大黄蜂满院扑腾，这独特的腔调道尽了大连话的土气与劲道。

大连话在发音上的“戏”，趣味津津，掰扯不尽。某些时候又只能意会，无法言传，那咀嚼不尽的诙谐、喜感或许只有大连人能够完全明了。

“挂桌角”是我在饭局上打捞的一条大连话。在这个以大连人居多的饭局上，一位先生开口说：“我最近挂了几次桌角……”有人没听明白，他拍了一下饭桌说：“就像今天的饭局，王兄请你们编辑部吃饭，我这个外人是来蹭吃蹭喝的，蹭吃蹭喝就是挂桌角。”众人被这条生动鲜活的大连话所打动，饶有兴趣地听他讲述挂桌角时听来的逸闻趣事。人们在饭局上都说着一口地道的大连话，方言如酒，润泽情感，慰藉心灵。

一群人准备挤在一张桌子前吃饭，安排椅子时，会在桌角插一把，坐在这个位置上吃饭，身子是被排挤在外的，其难为、逼仄可想而知。由此进一步引申，一个人在饭局上处于不重要的、陪衬凑数的位置，这个位置是哪里呢？是桌子角。

挂桌角，生动地描摹了一个爱蹭饭、爱凑热闹之人的光辉形象。想象一下，就令人喷笑了。这个喷笑的效果，“角”（jiǎ）的大连式发音厥功至伟。

各地方言的“香滋气韵”都是通过发音来展现的。比如苏州话，用一种圆唇元音奏出迂回婉转的声调，没有一个力量强烈的爆破音，句尾尽是拖长了的、差别极为细微的音节。而大连话，发音洪亮干脆，节奏铿锵有力，绝不拖泥带水，绝不拖腔拉韵。大连话的发音很少有阴平声调（一声），大多数被读成上声（三声）或去声（四声），与众不同的声调铸就了大连话的土气盎然、风趣诙谐的特点。

方言是随着社会的发展而不断涌现的。但如今，受网络语言的强势干扰、冲击，新生的方言很难有生命力。“挂桌角”是一条新生的大连话。它会流传下去吗？这似乎很难说。每到年终岁尾盘点季，有人就开始收集整理本年度的网络流行语，“土豪，我们做朋友吧”“我和我的小伙伴们都惊呆了”“高端大气上档次，低调奢华有内涵”“帮汪峰上头条，欢迎补充”……几乎每一条都包含着一个新闻事件，或一种风尚潮流，这显然是网络流行语的吸引人之处。网络流行语层出不穷，传播力度极其强大，不但成为人们的口头语，还深刻地影响着作家的语言创作风格。在这种情形之下，新的方言即使产生了，也会被网络流行语抢了风头。

将时光的镜头向前推移，会发现还有一些大连话在特定区域或行业内流行。比如生活在部队大院里的孩子会说一些特定的方言；再比如大型工厂，其组织架构非常庞杂，数以万计的工人形成了一个独具规则与习俗的小社会，在这个小社会里，会产生一些独属于这个群体的方言。20世纪六七十年代，海港工人最常见的文化娱乐活动是看电影。为了不影响生产，看电影是分批次的。在工作时间被安排看电影，工人们很高兴；而在周末安排看电影，似乎并不讨喜。大型工厂组织工人看电影，经常是包场的形式。工人们从工会领了票，一群群一簇簇早早地来到电影院，找到座位坐下时才发现，中间的一片位置空着，留给谁？留给领导呗！虽然骨子里对潜规则早已接受，但还是忍不住一番谩骂发泄：“我们都是打围子的，傻子都坐中间！”

“围子”，一是指围绕村庄的障碍物，用土石筑成，或用密植的荆棘做成，如土围子；二同帷子，指围起来做遮挡用的布，如床帷子、车帷子等。在电影院里，工人与领导一起看电影，中间位置留给领导，工人们散落在四周边缘处。工人们打成一个“围子”，将领导围在中央，面对这种布局，你还能找到比“打围子”更生动的词吗？

彪说六道，嘞嘞，臭败

“彪说六道”，即胡说八道、乱说话的意思。在天健网论坛里，看到一个大连白领发帖子：上班实在无聊，求一个彪说六道的QQ群解闷。有人跟帖：“不稀彪吧。”“百度一下七院（大连市第七人民医院，即大连市心理医院）的号。”

“彪”，大连方言，与傻同义。“六道”，是佛学术语，即天道、人道、阿修罗道、畜生道、饿鬼道、地狱道，众生因善恶行为的不同，于此六道中升沉异趣，轮回相续。彪说六道，说的大概是六道轮回里的生死与悲欢吧。

如果你有过网络“群生活”的经历，就会对“彪说六道”有所理解。除却工作及由工作衍生出的圈子，人们会依自身的喜好在网络世界寻找属于自己的群落。“群生活”可以满足年轻人多样化的心理需求，可以让他们敞开心扉做最真实的自己。每个人都有多重人格面具，在现实生活中，我们将容易被人接受的一面展示出来，而将不为世俗所容的一面压抑下去。最典型的表现是，在现实层面，人们尽量少说话，说话尽量说得四平八稳左右逢源，必要时说假话，说空话，说逢迎谄媚的话。某些人德行与能力“气血两亏”，却靠一张很会说话的小嘴巧谋稻粱，将一大家人养得红光满面、膘肥体壮。某日你发现他也有“群生活”，在群里他彪说六道，他针砭时弊，嬉笑怒骂，显得既有温度又有生趣。彪说六道，多数是指乱说话、说假话或不会说话，偶尔也指说真话、说心里话。将真话说得很彻底，说得很激动，过分情绪化和带有攻击性，也会被大连人劝告一句：“别彪说六道了！”

人们喜欢网络“群生活”，喜欢论坛天地，在虚拟的世界里，威胁少、冲突少、竞争少，可以展现出最真实的自我。精神樊篱一旦被打开，最典型的症状便是敢于说话，以自己的言说方式或批判或赞颂，说的全是有情有义有用的话。当然，在网络世界里，人们更喜欢随便说话，喜欢彪说六道，喜欢说些无用无聊的话。这是一种精神减压，是一种情绪释放。只要你愿意，每个人都可以在这里敞开心扉，畅所欲言。

“嘞嘞”，是指大量、高密度、长时间地说话，并且，言说质量非常低劣。老百姓爱瞎嘞嘞，掌握话语权的领导者也爱犯瞎嘞嘞的毛病。《大连日报》副刊当年对大连话进行打捞梳理，对“嘞嘞”词条如此举例：台上某领导意识流已达数小时，台下群众牢骚满腹地说：“瞎嘞嘞什么，都嘞嘞酸了！”据分析论证，“嘞嘞”一症是诉说欲（表现欲的一种）太强的表现，与不识时务一相遇便会发作。

嘞嘞，也是东北方言。

《东北方言口语词汇例释》记载：嘞嘞，（信口）说。

例句一：你嘞嘞这干啥！（《新剧选》62页）

例句二：顺嘴胡嘞嘞啥，你别打岔。（《黑龙江戏剧》1983年1期36页）

东北人爱嘞嘞是出了名的，过去东北有句俗话：一个月过年，两个月耍钱，三个月种地，六个月干闲。在那漫长的休闲期里，东北人需要“大娱乐”，所以东北人扭大秧歌，唱二人转，满山满岭地唱啊扭啊，以驱赶漫长的孤独寂寞闲。但是，唱和跳也是颇费周章的，最信手拈来的娱乐就是坐在热炕头上唠闲嗑儿。因为闲在冬季，天气奇寒无比，所以人们是盖着棉被子抵足相依地唠。单调枯燥的生活哪里禁得起那么漫长的唠扯，唠着扯着，便开始瞎嘞嘞了。美化一点儿说，“嘞嘞”是东北人的口头创作。东北人普遍具有的幽默感就是由炕上口头创作锻炼出来的。贫苦生活并非一无是处，很多才华就是从贫苦之地生发出来的。诺贝尔文学奖得主莫言曾说，他的想象力是饿出来和吓出来的。同样，东北人的幽默感是闲出来的，是瞎嘞嘞出来的。

由大连人乃至东北人的“嘞嘞”联想到成都人的“摆龙门阵”。龙门阵是成都人的“赋”，它不同于一般的聊天、侃大山和吹牛皮，就在于它和“赋”一样，必须极尽铺陈、排比、夸张之能事。即便一件素常小事，也要添油加醋，摆得七弯八拐，吊人胃口，夺人耳目。这样的“作品”当然需要在茶馆里“发表”。事实上，成都茶馆的魅力就在于龙门阵。龙门阵的内容五花八门、无奇不有，作家林文询在《成都人》里是这样概括的：“既有远古八荒满含秘闻逸事古香古色的老龙门阵，也有近在眼前出自身边顶现代顶鲜活的新龙门阵；有乡土情浓地方色重如同叶子烟吧嗒出来的土龙门阵，也有光怪陆离神奇万般充满咖啡味的洋龙门阵；有正经八百意味深沉庄重严肃的素龙门阵，也有嬉皮笑脸怪话连篇带点黄色的荤龙门阵。”

成都人爱摆龙门阵，就是要向人展示自己的嘴巴功夫，用大连话说是一种“显摆”。从这种“显摆”可以看出成都人自我认可度比较高。林文询曾对北京、广州、成都三地的出租车司机做过比较，结论十分可笑：北京的司机喜欢和乘客说话，广州的司机几乎不说话，而成都的司机喜欢和自己说话。成都人实在太重视“嘴巴瘾”。成都人爱说话，除了有事情要说之外，“更多的是说着玩，把话语在舌头上颠来颠去地品味，欣赏，展示。犹如绿茵场上的好手，把一颗皮球在脚尖头顶颠来颠去颠出万千花样来一般”。显然，东北人的“嘞嘞”还不能与人家的龙门阵相提并论。

成都也有不少方言是形容爱说话、会说话，比如“涮坛子”（开玩笑）、“冲壳子”（吹牛皮）、“展言子”等。其中“展言子”最具特色。所谓“展言子”，是指说话时带几句谚语、歇后语，而且藏头露尾，让你去猜、去品，在心领神会中获得乐趣。也许是因为新鲜感，也许是被龙门阵的魅力所惑，我觉得“涮坛子”“冲壳子”“展言了”比咱的“彪说六道”“嘞嘞”似乎好听多了。

东北人嘴里“疙瘩话”多，“爱嘞嘞”“瞎嘞嘞”几乎成了东北人的性格标签。如果坐火车，你可能会有这样的见闻：大家安置好箱包之后，最先取出茶杯、水果、鸡爪子、皮蛋什么的，大多是东北人。因为会嘞嘞，东北人善于跟陌生人搭讪。一趟火车坐下来，你发现这个东北人“满嘴跑火车”，火车一路奔驰向前，他也奔驰般地嘞嘞了一路。

“嘞嘞”与另一大连方言“忽悠”近义。忽悠为何意？看一看赵本山小品《卖拐》《卖车》《功夫》三部曲就知晓。东北人的性格曾被人总结为“三拍”：一拍脑门想起来了，一拍胸脯“交给我了”，一拍屁股走了。走了是因为做不到，即使做不到也决不承认。有人说这种人是不负责任的“炮将”（能吹牛、会说大话的人），但你细品之下会有一种释然。他满口应承下来，是因为他对你真诚，无力拒绝，当发现自己能力不及逃之夭夭，也是一种诚实。

来说一说“迂叨”吧。凡是说话唠唠叨叨缺少具体内容的人，大家就会说他太迂叨了。这里的“迂”是曲折、绕弯的意思。

有一首歌号召天下儿女“常回家看看”，就是说要常回家听父母迂叨迂叨。俗话说，树老根多，人老话多。老人之所以话多，除了老来有闲和害怕孤独之外，也是因为老人阅历多，见识广，有一肚子话要说、可说。在大连有这样一个文化现象，很多退休老人提起笔写家史、写自传、写回忆录。几乎每个历经沧桑的老人都有为后人存史的责任感。老人也比较适合写回忆录，一方面退休之后有大把闲暇时间，另一方面老人生活积淀深厚，阅历丰富，无名利欲求，杂念较少，一般都敢于说实话、吐真言。钩沉久远的往事，打捞逝去的感念，这些老人晚年生活安排得很充实，不是特别依赖儿女们“常回家看看”。但并非每个老人都能写自传，他们有话还是愿意跟儿女们迂叨。儿女们有时会烦老人太迂叨，说老人迂叨可以，但万万不能说老人“彪说六道”或“瞎嘞嘞”。曾有这样一个广告片：儿女们回家看望父母，吃过晚饭之后大家全把头埋在手机里，没有一个人肯听老人迂叨，老人一气之下掀了饭桌子。呜呼，可怜人生晚景里的老人啊！

再来说一说“臭败”吧。“臭败”乃诋毁之意，通俗地说，就是背后说别人的坏话，败坏别人的名声。在大连坊间，会听到有人说：“这个人就爱四处臭败别人，可离她远点！”这就是说此人口德不佳。

所谓口德，就是说话的道德。善护口业，不举他过。“佛是一炷香，人是一句话”，人贵有口德，背后臭败人是为人大忌。利用莫须有之事将一个人的名声整臭了，败坏了，就是臭败。“臭败人”是口德差之人最为常见的行径。古人云：“静坐常思己过，闲谈莫论人非。”“臭败人”之徒却说：“谁人背后无人讲，哪个人前不说人？”如果这类人再结成一个小圈子，成天开“嚼舌头”茶话会，那可真是令人避之唯恐不及啊。

一段感情破裂之后，最不堪入目的桥段就是互相臭败。当初是出于感情和信任，才将自己难言的隐私向对方和盘托出，想不到后来却被对方捏在手中四处臭败。尤令当事者痛心疾首的是，这种臭败的素材往往并非故意捏造诽谤，而确实是自己一触即痛、鲜为人知的往事。

东北人在超大量的农闲时光里发明了唠嗑儿这种娱乐活动。唠什么样的嗑儿？从开始的东家长西家短，到后来的臭败人，有些人好像不说别人的坏话就过不了日子。背后臭败人，或因空虚，或因内心狭隘，抑或缘于心存邪恶，到最后连自己也腻歪了，人格丧失，沦为孤家寡人。

多年以前，《大连日报》副刊专栏《大连流行语辞典》曾这样定义栏目宗旨：自我定位，自我审视，自我扬弃。我想，这三句话既是对大连方言的寄语，也是对大连人的勉励。当我们反感赵本山小品里某些人物时，当我们在网络中与人激辩努力维护东北人的形象时，其实已经完成了自我审视与自我扬弃的淘洗与沉淀，从批判走向了建设。

隔锅上炕

“你能隔锅台上炕吗？”“你这不是隔锅台上炕吗？”

在大连生活中，你常会听到这两句话，如果在现代汉语中找个词来解释这条方言，就是“越俎代庖”。

厨子不做饭，掌管祭祀神主的人不能越过自己的职守，放下祭器去代替厨子做饭（见于《庄子·逍遥游》）。显然，“越俎代庖”是比喻超过自己的职务范围，去处理别人所管的事情。

“隔锅上炕”与“越俎代庖”基本意思贴近。如果再精准一些，“隔锅上炕”更多时候是比喻人们在处理事情时越过了某种权力程序。以职场为例，普通职员在工作中发现了问题，应向部门主管反映，如果越过部门主管捅到更上一级那里，就很容易引起矛盾。

有时候，连“隔锅上炕”也嫌冗长，简约为两个字：过了！可不是嘛，用大白话解释，“隔锅上炕”不就是“过了”吗？“人生有度，过则为灾”之类的鸡汤文在网上阅读量极大，这反映了中国人普遍的生存主张。

林语堂在《中国人》一书中曾批判过“遇事忍耐”“消极避世”“超脱老猾”这些“与其说是美德不如说是恶习”的成分，并一针见血地道破：消极避世的“活命价值”是基于这样一个事实，即由于个人权利缺乏保障，人们参与公共事业——“管闲事”——就有相当的危险。

“隔锅上炕”不就是“管闲事”吗？不在你的流水线上，或者在你的流水线上却不属于你的权责范围，直白地说，或许你有能力处理眼前这个问题，但你的权限远远不够。发生“隔锅上炕”职场故障的人，一般比较自信，业务能力也不差，性子大大咧咧的。若此类故障过于频繁，则风险极大。

年年有魚
財神到
2月
2
初七

年轻的伊卡罗斯飞得很高，身上的一对蜡翼遇热熔化，他坠海而死，而他的父亲代达洛斯飞得很低，安全抵家。这是林语堂在《中国人》中讲到的一段希腊神话，“一个人随年龄的增长，会发展一种低飞的才能”。在人生舞台上我们费尽思量去处理各种关系，就是为了获得一种安全的飞行高度，天长日久，便变成这副老成温厚的可憎面目。林语堂的文章对今天仍有极强的批判意义。

方言孕育于民间生活之中。方言的创作者是咱老百姓，和作家搞创作一样，咱老百姓创作方言也需要灵感，当一条方言从原浆生活中提炼出来，那别样的姿色惹人赞叹，也难怪很多作家倚傍方言搞创作。

那么，“隔锅上炕”这条方言的灵感来自何处？

在东北农村或小城镇，按住房的结构，一般是先进厨房（有锅台），再进卧室（有火炕）。你要进卧室，必须得经过厨房；不越过锅台，你就上不了炕。那时候，厨房不叫厨房，叫“外地”；卧室也不叫卧室，叫“里屋”。“外地”这块呈长方形的空间，前半部分是锅台，通常是左、右各有一个锅台，为各自所连接的里屋供暖。锅台是一方用水泥砌筑的台面，中央安置了一口大铁锅，一家人一辈子的饭食就在此处完成了。后半部分是饭厅，饭厅置一张高桌。饭厅有后窗，春夏季节，高桌横在地中央，一日三餐在高桌上进行。到了深秋，后窗要用土坯砌堵，四腿高挑的高桌这时被横陈于窗下，成为农户人家过年祭祀祖先用的摆台。里屋有一铺炕，占据里屋空间一半左右，炕面铺着地板革；里屋地下摆放着家具。还记得那些家具的模样吗？我在布置茶室时，总想去辽南某个家风好的人家淘个老柜子，连带着老柜子上摆放的瓷瓶和老挂钟。当然，我也想将那个年代的所有美好都请回来，以茶香书香滋养、加持人生。

为写这条方言，我曾电话采访我的忘年老友郭城驿先生：“咱们家过去的房子为什么一进家是厨房，左右两边才是卧室呢？”果不其然，郭老说了一句：“你这孩子，你还能越锅台上炕吗？”毫无疑问，先厨房后卧室是为了保温。锅台设在门边，也是为了散烟火。在祖辈漫长的生活史中，实用主义是至高无上的生活理念。在岁月长河中得以传承下来的各种生活讲究，都泛着实用主义的精光。

拿人，抓唬人

“拿人手短，吃人嘴软”“拿人钱财，替人消灾”，这是“拿人”一词的常见用法。而大连话“拿人”，是指精湛、厉害或迷人。

与“拿”相关的方言还有两条：一条是“拿把”，具有两层含义，一是刁难、要挟；二是傲慢、矜持，眼皮子向上看鄙薄别人。比如，“当时我追她，她很拿把没同意”。另一条是“大拿”，也具有两层含义，一是指在某方面有权威的人，二是指掌大权的人。凡是大事，都由他拿主意，这是“大拿”的字面意思。“大拿”一词一旦用上了，就带着那么一点儿桀骜不驯和挑衅的意味。“大拿”是北方方言，也是北京土语，意思基本相近。

在“拿把”与“大拿”的基础上，大连人另辟蹊径，“拿人”一词就鲜活地诞生了，其表达效果只可意会不可言传。

保姆是《中国好声音》的粉丝，她对喜欢的歌手一律评价为：“这个歌手唱得真拿人！”工人出身的父亲，教育子女不会讲大道理，常说一句大实话：“你没有拿人的家把什，将来怎么到社会上混？拿什么娶媳妇？”“家把什”也是方言，是指工具，引申义为专业或技术。公司老板与朋友聊天，聊到单位的人才时甚为忧心地说：“我公关部那几位，个个都拿人，被几家猎头公司盯着。所以，我不仅用高薪养着，还得用感情浇灌着。”人才都很拿人，都被惦记着，而人力却可有可无，有价格但不贵重。

以直白、通俗、霸气而为人乐道的大连话，其实有着令人叫绝的韵味之美。韵味之美，只可意会，不可言传。就像茶韵一样，中国有六大茶类，每类茶都有自己的香滋气韵。以普洱茶为例，普洱茶讲究“陈韵”，何为“陈韵”？在岁月的长河中，经过奇妙的自然陈化及微生物的长期作用，普洱茶具有了不同的香气，不论是樟香、荷香，还是兰香、枣香，都具有相同的气质韵味——陈韵。依我的品鉴体会，所谓“陈韵”，往感性里说，就是岁月的味道，有纵深感，却没有沧桑气。再比如岩茶，“岩骨花香”是岩茶的韵味特点，何为“岩骨”？阅茶无数的乾隆皇帝，喝过武夷岩茶写下了这段感受：“就中武夷品最佳，气味清和兼骨鲠。”一个“鲠”字，就是对“岩骨”的绝妙形容。既有一副铮铮风骨，又有一腔眷眷柔情，这就是“岩骨花香”的含义。可是，花香与柔情容易捕捉，“岩骨”与“鲠感”能喝出来吗？这种玄妙的领悟、感性的咀嚼，与大连话确有几分相似。

除“拿人”这一例，还有“辣眼”“干净”“姿势”“抓色”等，这些看起来富有姿色的大连话，在内涵上也有着卓尔不群的精妙，这使大连话妥妥地走进了大雅之堂，成为地方文化的经典之一。

抓唬（大连方言里发音为zhuǎ hu）人，即欺骗人的意思。

普希金的诗《假如生活欺骗了你》，用大连话来说便是：“假如生活抓唬人了你……”

“唬”在古代同“吓”。“唬”的本义是指虚张声势、夸大事实来吓人或蒙混人，如“唬人”“差一点儿叫他唬住了”。大连人将两个动词连用，将人“抓”住了进行“唬”，生动地刻画了被人欺诈的无奈与悲愤。比如，某人去外地旅行，在一家饭店吃饭，点菜时觉得菜单上的价格挺合理，可结账时却发现价格翻倍。某人表示质疑，服务员淡定地取出一本菜单算给他看，某人发现这个菜单和点菜时的菜单不是同一个。“这家饭店实在是太抓唬人了！”某人扔下钱气咻咻地走了。

一个人用什么来“唬”人呢？当然是嘴巴，所以“唬”又暗指一个人嘴巴厉害，辩驳能力强。当然多数时候，这种辩驳能力是指颠倒是非、混淆黑白、唬鬼瞒神的能力。

恃强凌弱是抓唬人，占尽别人便宜是抓唬人。一个人太过老实受到不公正的待遇，大连人会说被抓唬了。

再以旅行途中那些事来解释“抓唬人”。某寺庙大雄宝殿前面的香龛里，最细的一炷香比胳膊粗，最粗的一炷香比碗口粗，长度都超过一米。香龛旁边坐着三个和尚，请香的客人过来，他们并不告知价格和规矩，而是请你在签名簿上签上自己的名字。游客哪里想到这签名簿是一个陷阱，还误以为那是寺庙对香客们的尊重，稀里糊涂地就将自己的名字签了上去。这一签，你就中了圈套。和尚告诉你，凡签了名的香客，住持法师都会亲自诵经念佛为你消灾。然后和尚指着华丽的香问："施主，您请哪炷香？"听说住持法师会亲自为自己念经消灾，好面子的香客一般都会选择粗大的、华丽的高香。当你高香在握，和尚这才轻轻地告诉你："这炷香是6000块钱。"你顿时就失去了生气僵在那里。名字已经签上去不说，香都拿到手了，周边又围着看客，面前又供着大佛，只得心惊肉颤地将钱掏出来。当然，少不了在心底放泼打滚地吼一声："这佛家净地怎么可以这样抓唬人啊？"

在西安的一些地方，你只能动眼，不能动手。西安遍地是"古董"，到西安游玩，总要带回几件"古董"才不虚此行。西安有条古玩街——化觉巷，小巷子里净是卖古玩的铺子，什么鼻烟壶、瓷器、老锁、玉器、化妆盒、头饰等应有尽有，知情者都知道这些货色是一水儿的赝品。更抓唬人的是，一些店主会暗设机关，只要你伸手触碰，那"奇珍异宝"就像多米诺骨牌一样栽下来。一个价值两元的玻璃"玉镯"就这样唬走你上千元。所以，有些古玩街我们得绕着走。想看个热闹，就要管好手脚。

在大理，"老乡"是一剂蒙汗药。看货时，服务员不经意地说，我们老板和你们是同乡。随即老板闪亮出场，先是极富感情色彩地询问家乡是否安好，然后淡淡地讲起自己几千万的生意规模。老板还会将珠宝业的经营黑幕一语道破。众游客被老板的真诚所感动，对老板给出的折扣鞠躬作揖感激不尽。结果怎么样呢？一个团下来十几万块钱被人家实实惠惠地赚着了。黑心钱老天会给个说法，抓唬人的勾当应休矣。

不耳视，不坤

“不耳视”，即不理会、漠视、置若罔闻的意思。在大连人的日常生活中，“不耳视”常被这样使用：“他成天五马六混，我让你不要跟他来往，你耳视吗？你连耳视都不耳视！怎么样，栽进去了吧？”“不听老人言，吃亏在眼前。父母都磨破嘴皮子了，你也不耳视，早晚要摔跟头的。”

多数大连方言是以语焉不详的字来代替。相比之下，“不耳视”这一条也颇耐人寻味。耳，即耳闻；视，即看见。不耳视，即视而不见，听而不闻，爱咋咋的。

“不耳视”多用在家庭领域，孩子不耳视父母教诲，令父母伤心失望，产生恨铁不成钢的无奈之情；夫妻之间也存在不耳视的情况，可能是审美疲劳，也可能是精神冷战。

丈夫应酬多酒局缠身，妻子沦为“应酬寡妇”，免不了对丈夫软硬兼施地唠叨：“要少喝酒多吃菜，酒能喝就喝，不能喝就赖，赖不了就找人代。”“喝醉了就别回来，大马路等你睡！”人生难得几回醉，喝酒一定要到位；宁可胃上烂个洞，不叫感情裂条缝……男人一肚子酒嗑儿，根本不耳视女人的叮嘱与威胁。大连男人老张购置了一套高档住宅，喜迁新居之际，妻子下达一条死令：坚决不许醉卧小区花丛中。老张酗酒成性，一日不喝手脚乱颤，根本不耳视妻子的话，新房住上第二天，便给了物业公司书写事迹的机会。那天凌晨时分，几位保安轮流扛着老张转遍九九八十一栋楼，才找到了他的家。妻子顿觉颜面尽失，居然将不省人事的老张胖揍了一顿。第二天老张清醒过来，只见一头母“藏獒”围着酒后呆滞的他左右狂吠。老张知道自己醉后就是一头死猪，并无妻子所陈述的累累丑态，所以不反驳不道歉不保证。妻子面对他的“三不”主义，也只能反复重申，以观后效。至于老张耳视与否，且听下回分解吧。

不被耳视的话，大多是絮叨之语；不被耳视的人，大多是与自己最亲近的人，只有最亲近的人才可以无底线地怠慢。

凡事太耳视，被别人的思想所左右、所牵制，没有自己的主张与规划，不仅心灵受累，也容易失去自我。

对东北人的言说能力有两种评价：一说东北人少言寡语，口齿拙笨，少说多干，沉默是金；一说东北人能说会道，巧舌如簧，靠一张嘴皮子谋稻粱谋自行车。在炒作意识大行其道、谄媚之声聒耳不绝的当下，懂得保持必要的沉默，愿意发自内心倾听别人，正视别人，实在难能可贵。

倾听，诉说，沉默，人生在世无非这三种状态。侧耳聆听是人与人之间交往最受用的姿态。我们很憷那些不愿倾听、不给别人讲话机会的人，总以为自己的观点是独家高见，闪烁着令人钦佩的思想光芒，越讲越兴奋，口吐白沫简直像打了鸡血似的，毫不耳视别人的看法。也许，他们的话不乏真知灼见，却因密不透风的语速和庞杂不经提纯的信息量而令人疲惫窒息。

不耳视，是一种漫不经心，是一种傲慢。多倾听别人的意见，兼听则明，胸中有谱，才能出手不凡。在喧嚣的网络时代，人们都热衷于做“意见分子”。“意见分子”这个概念具有很强的时代性，它是开放、多元化社会的必然产物，是思想得到更大解放的表现形式。140字的微博，不能叙事，只能表达观点。因为不够权威，不够深刻，有些人的“意见”我们根本不耳视。我们关注各领域的大V（在微博平台上获得个人认证，拥有众多粉丝的微博用户），其微博粉丝数以万计，远远超越了弱势纸媒的读者量。他们是大鳄，是翘楚，是精英，已突破圈层及行业在中国发挥着个人影响力，他们的只言片语都被世人关注着、转发着，他们被人耳视率极高。

与“不耳视”近义的大连话是“不坤”。“不坤”也是不理会、不搭理

的意思。赵本山小品里曾有这样的台词："这事这么的，你找他，完了提我，提我肯定好使。"大连人在生活中也常说赵本山的台词，比如，张三为孩子就业找朋友王二麻帮忙，王二麻说他跟某局长关系很铁，让张三直接去找该局长。结果，张三提了王二麻的大名，人家局长没坤他。大连小伙儿爱上了一个姑娘，小伙子是个工薪族，而姑娘却是个"富二代"，朋友们都笑话小伙子是癞蛤蟆想吃天鹅肉："你就死了这个心吧，高富帅你占了哪一条？人家姑娘肯定不坤你的！"哪承想小伙子以炽热而持久的爱情掳获了姑娘芳心。

说起大连人的品质，首先想到的便是"仗义"一词。大连方言里还有一个词叫"讲究"，大连人互相引见朋友，经常是言简意赅地说一句"这个人很讲究"。"讲究"在这里就是仗义的意思。大连人夸奖一个人，尤其是夸奖男人，最给力的褒奖词便是"讲究"。一个人如果不讲究，便没有人坤他，这是做人最大的失败。

大连人披一身侠气行走江湖，遭人诋毁诟病的，也恰是这一身侠气。在崇尚理性、秩序、和谐的社会，"义气"二字可能是冲动、鲁莽的代名词，很容易出事。大连人也不是没有契约精神或合同意识，只是更重视面子交往。你给我一个面子，我给你一个面子。如果你损折了我的面子，从今往后我就不坤你。一个"坤"字隐含了大连人的个性特征。张三不坤王二麻，并非王二麻毁约令张三损失千金，而很可能是王二麻在某件事情上没给张三一个面子。某些时候，大连人又是很任性的，比如在一个圈子里，张三从来不坤王二麻，其实他们之间并无过节儿，只不过是张三看不上王二麻的腔调做派。如果在精神层面无法共振，无法相悦，大连人也会摆出不坤的姿态。

"非典"期间电视里曾播过这样一个专题片：一个小伙子从疫区回到上海的家，他的妈妈将家门插上，不给他开门，让他先去医院隔离七天，以免传染家人；而一个东北哥们儿，从北京到抚顺，一路上查得很严，他给老家一哥们儿打了一个电话，对方卸了块抚顺车牌，通过多道关卡帮他换上假车牌，用违法的方式带他回家。这样的哥们儿在大连人眼里就是一个讲究人、仗义人，这样的哥们儿不会有不被人坤的孤单寂寞冷。这也说明，大连人的"讲究"与"仗义"缺乏必要的理性，而煽情意味居多。有趣的是，大连人也时常会被自己的"讲究"与"仗义"所感动，在酒桌上，经常可见一个大连男人向众酒友讲述他是怎样为哥们儿两肋插刀肝脑涂地的，那份铿锵诉说像讲评书似的。这种自我感动虽有自恋之嫌，却也无伤大雅。认同自己、喜欢自己、欣赏自己，是难得的好事啊。

歌手臧天朔曾以嘶哑而高亢的曲调告白朋友：“朋友啊朋友 / 你可曾想起了我 / 如果你正享受幸福 / 请你忘记我 / 朋友啊朋友 / 你可曾记起了我 / 如果你正承受不幸 / 请你告诉我……”大连人希望与朋友休戚与共，一生一起走，快乐着彼此的快乐，悲伤着彼此的悲伤。在旅游旺季，几乎每个大连家庭都有一道相似的作业——接待外地来连旅游的朋友。以热情慷慨而著称的大连人，在这个时候挈妇将子，呼朋唤友，付出不菲的金钱和时间款待自远方而来的朋友吃好喝好。大连人就是这样热情好客，就是这样重视感情。当大连人去外地旅游度假，也会在第一时间知会当地朋友。如果朋友谎称出差不肯照面，那就是朋友没给面子不坤你，这绝对让大连人很受伤。不过多数情况下，大连人以一颗真心换来的是一份实意。

大连人爱热闹，喜欢热闹的排场，排场的规模事关面子的大小，有的排场是由官位衍生的，被大连人视如浮云并无羡慕。“地势坤，君子以厚德载物。”大连人真正欣赏的人生排场是由那些德艺双馨的人主演的，他们的门庭四季如春，充满了曲水流觞的世俗欢乐与文化风雅，那是人情的四季如春，那是人格魅力的四季如春。而那些虚情假意、私心深重、不学无术、浮夸矫饰，在人际交往中散发着坑蒙拐骗、欺行诈市气息的人，终将跌入不被人坤的境地。为了表明对某人的彻底否定或厌恶，大连人通常会说：“我连坤也不坤他。”“我根本不坤他。”“他过来跟我搭话，我没稀得坤他。”大连人说这几句话时，洋溢着一股子强烈的精神快感。

迂里刮外，五斧六兽

“迂里刮外”，是大连坊间说得最频繁的一条大连话，至今仍时常挂在大连人口头。大致意思是没有正经精神，都是外路精神，不怎么靠谱。

甲和乙，从小光屁股在一个大院里长大，小学、初高中又是同窗，是高考将他们分开，并拉开了人生差距。甲大学毕业后在要害部门衣轻乘肥，下海又赚得盆满钵满；乙没考上大学去工厂当技工，下岗后在社会底层沉浮挣扎，朝不保夕，债务缠身。某年同学聚会，甲乙喜相逢。这以后，乙常找甲，今天安排一顿饭，明天安排一顿酒，后天安排一次桑拿，甲从来不拒绝。乙觉得倍儿有面子，常跟穷哥们儿大肆吹嘘，穷哥们儿不仅不羡慕，反而讥笑他：“你就是迂里刮外，你同学那么有能耐，你怎么不找他要个项目干？”乙说：“人家干的是大买卖，需要高管，咱能干什么啊？”“越是大生意，需要人的地方越多。你成天迂里刮外，谁会瞧得起你？”受穷哥们儿挖苦式的启发，乙当真去找甲。甲听完他的来意，露出欣慰之笑：“你终于不再迂里刮外了，我这儿正好缺保安，你来吧！”

迂里刮外之人，为人不实在、不靠谱；迂里刮外之人，好高骛远，眼高手低；迂里刮外之人，好吹嘘，穷嗖嗖，兜里永远比脸干净；迂里刮外之人，大多嘴贱话多，骨头也没硬哪儿去。

有一个人以大连话为元素在中国相声界表演了20多年，此人就是出生于庄河市的陈寒柏。20世纪80年代，有一相声名叫《大连话》，陈寒柏听了特有感觉，就试着表演，不料赢得一片喝彩。从此，陈寒柏就以大连话为元素进行相声表演。有人说陈寒柏把大连话搬上舞台，是在糟蹋大连人。陈寒柏强烈反驳，他认为用朴实、起劲的大连话说相声，能够生动表现大连人的豪爽幽默、乐观善良的性格，外地人听着好玩，大连人听着过瘾。《无价的情》是陈寒柏自己创作的相声，讲一个外地人来大连旅游，在海边不慎落水，大连人向他伸出援手。陈寒柏用大连话模仿了当时男女老少的表现。其中一小伙子扔下200元转身就走，外地人说你给我留个名吧。小伙子回头说：“我让你开了，多大点事，你知道我是大连人就行了！”陈寒柏说，用大连话表演相声，不失为一个宣传大连的好方法。

论婚姻关系，网球运动员李娜曾这样感慨：“他（姜山）对我很重要，最重要的是，他是免费的。”免费的人或关系，是我们在人世间的最后停靠。在这种亲密的关系中，铺陈的是朴实真挚的俚语俗词，是活蹦乱跳的“小话儿”。“小话儿”上不了台面，却最见肺腑，最见真情。人们最轻松自如地表达思想感情的语言，一定是方言。

“五脊六兽”，是形容一个人非常闲，闲得无边无际，闲大发了，百无聊赖，难受死了。

中国的古代宫殿建筑是由一条正脊和四条垂脊组成，统称“五脊”。在五脊之上安放六种人造的神兽，合称“五脊六兽”。“六兽”包括：正脊两端的兽叫“螭吻”，垂脊上的五种兽分别是狻猊、囚牛、獬豸、凤、狎鱼。这些小兽各有寓意，并都有神奇的本领，有的能镇水避火，有的能降魔除障，有的能带来吉祥好运。从表面上理解，六种小兽长年累月蹲在那儿，啥活不干，多闲啊！适度地清闲，忙中偷点闲，心情是愉悦满足的，也很养生。而一旦闲大了，彻头彻尾地停摆了，那就不美妙了，不仅心烦，还有可能殃及健康。

在过去的词典里，“五脊六兽”是个正经成语，形容心烦意乱、忐忑不安。老舍《四世同堂》中：“这些矛盾在他心中乱碰，使他

一天到晚五脊六兽的不大好过。”有人说“六兽”是指“六畜”，即牛、马、羊、猪、鸡、犬。城乡民宅不敢张狂，只设“六畜”。但“六畜”多为温顺动物，循规蹈矩，绝不会不成体统。而“六兽”个性强，有本事，不安分。还是以“六兽”为准。

五脊六兽也是东北方言，只不过写作“五饥六瘦”，语义相同，也是形容终日无所事事而精神空虚，情绪烦闷。例句：他们成年累月家中守，没场去玩没处游……只憋得一个个五饥六瘦，没有公园逛菜园，没有马路压垄沟。（《克山文艺》1987年1期16页）

有一栋家属楼。家属楼是专供工厂或军队家属居住的楼房。计划经济年代，男人才享受分房福利，这栋楼里的男人都在一个单位上班。后来大家都下岗了，住一楼有开店的便利，几乎家家都开个小门脸儿，做起小本买卖来。老张也住一楼，他有病不能负重，媳妇却超级能干，不足一米六的个头、气息羸弱的样子，却在附近几个高档小区身兼数职，早晨给一户人家送孩子，中午给一户人家的老人做饭，晚上去接另一户人家的孩子放学。周末还要给两个新婚家庭做保洁，每天忙得像个陀螺，月收入极为可观。家中有顶梁的女汉子，老张心安理得地闲着。早晨，女汉子前脚出门，他后脚也跟着出去了。先去菜店抽支烟，再去建材店喝口茶。茶当然是自带的，他长年随身携带一个大号塑料杯，里面沤着一堆烂茶叶，就像他这个人似的，浑浊破败，没有一点儿人味。上午打发过去了，中午回家吃口饭，打个盹儿，下午又出来逛荡。跟收废品的小媳妇磨磨嘴皮子，再跟磨刀的老汉胡吹乱侃，很快暮色四合，倦鸟也归巢了，这一天结束了，他拖着疲惫的身子往家走，有邻居在背后啐他一口：“媳妇在别人家做牛做马，他却闲得五脊六兽的。”都说东北男人疼老婆，其实东北男人吃起软饭来，压榨起女人来，是相当过分的。

打人家什，当盘菜

有“打人家什”，才能被人“当盘菜”。

先来说“打人家什”。《东北方言口语词汇例释》记载，“打人家什”，是指有说服力的依据或令人折服的技术或手艺。家什，也称家巴什，泛指各种事物，相当于“东西”。

例句一：别推，千万别推！有批件，有批件……我一看有打人的家巴什了，心里甭提多敞亮了。（《黑龙江艺术》1982年7期32页）

例句二：白经理的“打人家什”……就是在吸引顾客上下功夫。（《鹤城晚报》1990年11月27日）

一个人有了技术专长，才能生存，才能参与社会竞争，实现人生价值。在外地人眼里，东北人手荒儿，一没金钱，二没手艺。没手艺，没打人家什，怎么能有钱呢？看南方人，打小就讲究跟人学个手艺，将那些不起眼的手艺练成了绝活，练成了养家糊口的打人家什。

一大连姑娘大学毕业后去北京工作，芳龄26岁，长得挺辣眼的（大连方言，很出众、很完美），谈恋爱非“富二代”“高富帅”不谈。春节，姑娘领回一个“富二代”，几间寒舍蓬荜生辉，姑娘父母点头哈腰低至尘埃，唯有“海南丢子”出身的老祖母敢于盘问：“你爹有钱有什么用？富不过三代，那钱是你的吗？你有什么打人家什？”一身沧桑的老祖母说着一口嘀里嘟噜的山东话，小嫩兔子“富二代”听得一头雾水。

“富二代”的父母没看好姑娘，对当今一些姑娘凭姿色谋生亦谋爱甚是反感，怎奈儿子与她蜜里调油拆不散，只好到大连登门造访以探虚实。这个工薪家庭的平衡感完全被“富二代”父母的到来颠覆了，还是老祖母，她从头到脚一派淡定，坐在一张大床的中央，身子沐浴在金灿灿的太阳光里，像

囍
囍
WHITE
ITE RABBIT

一个巨大的能量场，散发着不尽的暖意与慈悲。老祖母大嗓门说话，任凭世事变迁沧海桑田，这一口山东话不曾更改。那“富二代”的父亲逐渐变了脸色，原来他的祖辈也是“闯关东”的。乡音温暖了他的心，轻轻扯去了那张傲慢的脸皮，他的身子低下来，放松又虔诚，像游子回到故园，偎在母亲的乡音里不愿离去。

随着后工业化时代的来临，对一个人能力的定义居然又回到了老一辈的标准。

经济学家亚当·斯密说：“一个国家的发展主要取决于其劳动者所掌握的技能、熟练程度和判断力的高低。”经济学家这个观点用咱大连话来说，在学习型社会的背景之下，我们每个人都要有一份打人家什，而打人家什绝非“唯手熟尔”，它是需要学习的，具有一定的知识含量和技术含量。

世界银行曾推出“国民财富新标准”：全世界人力资本、土地资本、货币资本的构成大约是64：20：16。显然，人力资本是全球国民财富中最大的财富。经济学家在思考，什么样的人力资本素质可以被称为能力？什么样的人是人才？好人是人才吗？有能力的人是人才吗？用好人还是用有能力的人？好人的传统标准是：忠诚、苦干、投入、具备专长；有能力的人的标准是：具备较强的口头表达能力、人际关系处理能力、团队精神、职业精神、分析能力、实施能力、新事物接受和运用能力等。时代不等人，许多问题的答案一目了然。

能力不是一纸文凭，能力最终要体现在实战场。倡导能力主义的管理者认为，学历高、资历深并不等于素质好，唯有终身学习并发挥所长的人，才是事业发展所需要的高素质人才。近年来，我国的职业资格认证制度正悄然发生变化，在实际考查中淡化了纯学术、纯知识成分，而强调现场工作能力和技艺实施运用表现。这种变化证明了我们正在迎接能力主义时代的到来。

一个全新的能力主义时代已来临，你准备好了吗？借老祖母的话问你：你有什么打人家什？

一个人在单位被信任，被重用，调转工作时大家都舍不得，更重要的是，工作离不开他，这样的人就是被“当盘菜”了。在一个单位里，被“当盘菜”的人很多，说明这个单位人才济济，是一个攻无不克、战无不胜的集体。

被“当盘菜”的人大多属于“知识型工作者”。“知识型工作者”是美国管理学家彼得·德鲁克在1959年首先提出的概念，简单地说，“知识型工作者”就是脑力劳动者。在欧美国家，最发达的城市往往拥有最高比例的知识型工作者。让知识型工作者发挥最大的能量，是企业成功的关键所在。精明的企业会把知识型工作者“当盘菜”，以待遇留人，以感情留人，以发展前景留人。

被别人“当盘菜”是一种能力，证明了做人做事的成功。可怕的是，有些人不学无术，钻营取巧，还总是将自己“当盘菜”，成天趾高气扬夸夸其谈，自我感觉非常良好。一个妄自尊大不可一世的人即使是盘菜，也不会走得太长远。“一个人走得快，一群人走得远。”俞敏洪曾说，“如果我一个人做新东方做到今天，可能还只是一个不大不小的培训机构，但新东方后来有了一支优秀的团队，这才走得更远。”俞敏洪还说，“在远行中，即使争吵都是一种克服孤独和恐惧的热闹。”这句话真是令人感慨万千。那些自己将自己“当盘菜”的人，是无法体会这种孤独、这种恐惧及这种热闹的。他们只会在利益上纠结不休，很难在精神层面与团队休戚与共。

红烧海参、油焖大虾、清蒸鲍鱼、油爆海螺、干烧鲅鱼、酱焖牙片鱼、炸蛎黄、苏扬大烤、樱桃肉、糖醋里脊、小鸡炖蘑菇、酸菜炖血肠……这些都是硬菜，在婚宴、寿宴、考学宴、升迁宴上，这些菜都被“当盘菜”。它们个个都是精英，都是主力，将其荟萃一堂，这个饭局便显得档次不俗。如果每张桌只放一道硬菜，更彰显其实力，没错，这道硬菜是来撑场面的，是来提升档次的。周边的家常菜是配角，至于那些开胃小菜只能算是跑龙套的。主菜是主角，始终被“当盘菜”。人才就是人才，人力就是人力。没有主菜不成席，没有人才不成事。当然，跑龙套也是需要敬业精神的，多少大明星当年都有过跑龙套的经历，只要肯努力打拼，跑龙套也会迎来事业的春天，也会拥有星光璀璨、被人“当盘菜”的那一天。

每个人都想将自己“当盘菜”。想将自己“当盘菜”，是一种好现象，但我们要清楚自己的实际能力，这是很重要的。是旁边的凉拌小菜，就不要想着做中央的油焖大虾。是什么材料，就发挥什么作用，这也没什么不好。“假如是一个萝卜，就力求做个水多肉脆的好萝卜；假如是棵白菜，就力求做一棵瓷瓷实实的包心好白菜。萝卜、白菜是家常食用的菜蔬，不求做庙堂上供设的珍果。”

每个人都应该将自己“当盘菜”。你分明有实力，却不把自己“当盘菜”，任人支配，抛弃个性，放弃信念，这种自暴自弃绝不可取。站着、蹲着、跪着，人在不同的境遇里选择了不同的生存姿态。其实，谁也别把谁“当盘菜”。在这个价值多元化的社会里，每个人都有自己的活法和选择，学会尊重和接纳，这很重要。

在家庭里，被父母妻儿“当盘菜”；在单位里，被领导同事“当盘菜”；在圈子里，被朋友们“当盘菜”。被“当盘菜”，便意味着为人处世被认可。尤其是在单位里，有的人是人才，有的人是人力，人才与人力虽一字之差，含金量却大为不同。人力随处可见，人才却稀缺难觅。很多人在单位不被领导“当盘菜”，结果人家跳槽另觅高枝。

“当盘菜”也是北京话。那年，易中天接受媒体采访，记者称赞他不仅学术水平高，还具有知识分子的良知与责任感，记者问他对那些“两耳不闻窗外事”的学者有何建议，易中天说：我哪能给别人提建议？那也太把自己当头蒜了。如果说有什么建议，也就是“千万别把自己当盘菜”，以为谁谁谁就可以“一言兴邦”。所谓学者，也就是脑力劳动者。打好自己那份工，就可以心安理得地领工资、拿补贴，没有义务一定要关心公共事务。不过，学者还有公民身份。公民关心社会，是天经地义的。

知识分子是盘菜，是盘硬菜，而如今，“知道分子”多起来了，真正的知识分子不知哪儿去了。

外地人谈对东北人的印象，总会将大连人单独拎出来掰扯掰扯（大连方言，评价、解释、辩论的意思）。大连人心气高，出门在外总是自我感觉良好，不论对方官多大，钱多厚，大连人平起平坐的意识很强烈，重要场合一定要拔得头筹炫耀一番。简而言之，大连人很拿自己“当盘菜”。这大概是城市的美好发展给予人们的精神底气吧。

跟头把式

据《东北方言口语词汇例释》记载，“跟头把式”有这样两个意思：

一是跌跌撞撞的样子。例句：于洪涛跟头把式撞进了地窨子里，“扑通”一声，倒在了一堆干草上。（《北方曲艺》1982年4期）

二是形容经历艰难坎坷。例句：半月来他忽然变成了小瘦鬼儿，都因为上个月他跟头把式地娶媳妇儿。（《辽宁群众文艺》1979年7期）这一年你们五个党员，跟头把式地没白干哪，我这是乐呀。（《新剧稿》2期）

一个人因体力过度消耗而难以支撑，跌跌撞撞，这个释义不用过多阐述。耐人寻味的是第二个释义，人在困境却“不抛弃，不放弃”，即使踉跄着也决不倒下。跟头把式也是一种奋斗的姿态。

“跟头把式”是一个跟头就要栽倒，却又一下腾空而起。这个过程用一个高大上的字眼来形容，就是“砥砺”；用一个咱老百姓熟悉的字眼来形容，那就是“熬”。

大连话有一个词叫“熬糟”，就是煎熬、熬磨的意思。“熬糟出来了”，就是熬过困境有了出头之日。人生熬至滴水成珠，便有了自己的气场、格局和未来。

“一个人经过不同程度的锻炼，就获得不同程度的修养、不同程度的效益。好比香料，捣得愈碎，磨得愈细，香得愈浓烈。”这段文字出自杨绛先生的《一百岁感言》。我觉得这个“捣”、这个“磨”与“熬”同属一个意义。

在那个年代，杨绛先生曾自嘲被剃“阴阳头”的窘迫，在大小会的间隙自学外语，她将所有袭来的污垢，所有的跟头把式，都积累转化为灵魂的养分。

人世这一趟，难免栽跟头，难免跟头把式，只要能扛过去，风雨总会停的。

我所供职的杂志社离茶城很近，午休时我常去茶城一间专营黑茶的店喝茶。老板翁女士是上海人，温和优雅、言谈低调的气质一看就不是咱这一方水土的出品。

而翁女士的丈夫却是地道的东北大汉，“我家那只小狗是媳妇从上海带来的，我唤它从来不理会，它只认上海话。”茶友们哄堂大笑。

翁女士的妈妈来大连散心，与上海老友煲电话粥讲大连：“大连的菠菜长得像小树啊，买一捆菠菜回来，像买了捆小树苗儿……”翁女士说：“上海蔬菜个头小，模样精致，口感细糯，不像你们大连蔬菜又脆又硬啊。”

天啊，蔬菜不就是口感清脆吗？谁家的蔬菜像发糕？

上海人讲究含蓄和留白，像清供书画小品；咱北方人习惯敞开襟怀泼墨式地挥洒，说话是掰开了揉碎了往你心窝子里钻，也要求你不能掖着藏着，必须和盘托出以诚相待。

前几天，我和朋友去翁女士的店里喝茶，翁女士说：“我们最近要出去植树，茶店交给你们，你们有空就过来喝茶吧。”买与卖之间达成这种程度的信任令人感慨，也对他们外出植树感到好奇。

东北丈夫十分敞亮地说起来：“我们在北边有座山——”

“行了，说那么多干吗呢！”翁女士柔柔地截了丈夫的话头。

若换了咱东北媳妇，该是怎样的台词？

“看你狗肚子装不了二两香油，一天到晚瞎嘞嘞，嘞嘞那么多能当饭吃啊？”

北方人爱说上海人小气，说前些年上海婚宴最后上的“四大件”（全鸡、全鸭、全鱼、蹄髈），知趣的客人是不动筷的，这“四大件”是留给主人用钢精锅装回家慢慢享用的。这应该是真实写照。

说上海人在家里吃饭，一条鱼要吃四顿：切成两段，每次只吃其中一段的一面。这应该是编派（大连方言，夸大或捏造别人的缺点或过失）人家的。

学者朱大可认为，上海人的小气是一种应当倡导的精算主义生活方式，是非常宝贵的上海精神。“一个炫耀财富的时代已经结束，精算主义是人们从幻觉中清醒过来所做出的生活选择。”

上海人请东北人喝酒，只点两瓶啤酒，多了没有。而我们东北人，菜点好之后，风轻云淡地向服务员丢一句：“先搬一箱。”东北人能“造”被外人嗤笑。越喝越空，生活底子薄，所以就爱吹牛皮嘛。

翁女士很少在外面吃饭，专心在家做上海菜，想想上海的菜碟子，再看看她家先生的体格，我们真的为他的饭量担忧。

低头品饮这盏菌香四溢的茯茶，突然领悟了，南北两地的蔬菜完全是无辜的，糯与脆，那不就是南北两地人性格之差异在心理层面的暗示吗？

“北人卑视南人”似乎由来已久，鲁迅在《南人与北人》中说：“据我所见，北人的优点是厚重，南人的优点是机灵。但厚重之弊也愚，机灵之弊也狡，所以某先生曾经指出缺点道：北方人是‘饱食终日，无所用心’；南方人是‘群居终日，言不及义’。”鲁迅还说相书上所说的“北人南相，南人北相者贵”并非妄语。

大作家们写南北两地人的差异是非常有趣的，他们百年前的议论与评说，成为今天网络上南北两地人互相嘲笑、攻讦的证词。

从文化角度来看，南方人身上“自然性”更多一些，林语堂先生却认为咱北方人是“自然之子”，咱们身强体健，思维简单朴素，适应艰苦生活，性格热情爽朗，爱吃大葱，并且爱开玩笑。这些素质能决定我们成为“自然之子”吗？

林语堂先生为何对北方人心存好感呢？大家可以在他的文章中一探究竟。只是今天，我们还能担得起这种美誉吗？

搅牙，掉歪，闹妖儿

一个人刁钻刻薄、骄纵傲慢、偏执狭隘、暴戾乖张、使坏难缠，就是“搅牙”或“掉歪”。“搅牙”与“掉歪”同义，都属于贬义色彩强烈的大连话。

当年《大连日报》的《大连流行语辞典》对“搅牙”是这样解释的：“搅牙”是形容那种说话办事不痛快，故意找碴儿，设置障碍，不把你弄得心烦意乱誓不罢休的人。这令人“恐怖”的难缠劲有的是天生的，属于江山易改、搅牙难移的类型，这种类型多少还可以接受，因为起码他不是故意为之。而有的被惯出来的搅牙毛病则让人深恶痛绝。手中有点小权力，就对求到他门上的人百般刁难，极尽搅牙之能事，这样的人血待人恨。

《东北方言口语词汇例释》记载，搅牙，是磨牙的意思。例句：分开家以后，老太太寻思，虽然不在一屋住着，还没离这个屯啊，低头不见抬头见，还怕再有啥搅牙的事，才搬到河南柳家屯来了。（《北方曲艺》1982年6期67页）它对“掉歪”的记载，则是不正派或调皮的意思。

人的情绪具有附着性和传染性，好情绪是自己的生产力，也令周边一派明媚和谐。而搅牙者大多是充满暴戾之气的失败者，那份坏脾气源于内心的恶浊环境所滋生的腐败。估计搅牙者身体素质都很差。所谓修身养性，修的是一份宁静淡泊的情怀，养的是一股中正平和之气。搅牙者坏得头顶生疮脚底冒脓，头顶成天燃烧着一股邪火，怎么能够长命百岁？

跟搅牙之人打交道，一般人都会不寒而栗。除了以理、以制度为武器，最好也备上一套更搅牙的办法。这多少有点“恶马恶人骑，恶人恶人治”的意味。

在职场，既有搅牙的上司，也有搅牙的下属。为搅牙的上司画像，每个人都有相当精彩的一笔。网上职场段子无数，主题大都是搅牙老板遭受惩罚。话说某日，外出归来的老板见一个人在办公室里东瞅西看无所事事，就阴险地问："你一个月挣多少钱？"那人答："2000块。"老板掏出4000块钱扔给他说："马上从我面前消失，不要再来了。"那人抓着钱骇然离去。老板转身训斥人事主管："你怎么会招这种人？"主管说："他只是个送外卖的！"

搅牙的下属，各款各式，而老板眼里的搅牙行为，可能是职场苦力眼里的正义与美德。职场江湖，白与黑，神与妖，其实是说不清道不明的。立场不同，角度不同，便有了不同的看法与结论。

在家庭中，既有搅牙的婆婆，也有搅牙的儿媳。婆媳搅牙起来，受苦受难的是男人。

在小区，若摊上搅牙的邻居，那简直是永无宁日，只得搬家以求解脱。

"掉歪"同"搅牙"。"歪"，即不正当的；不正派的。从心里掉出来歪点子，即刁钻使坏的意思。

"掉歪"也是云南方言，是对着干、不听话的意思。和别人发生争执或要求别人听从自己的意见时会说："你不要和我掉歪！"含一种警告、蔑视的口气，与大连话"掉歪"的意思基本相同。

"闹妖儿"，即出洋相、整事。还有一句大连话叫"闹景儿"，与"闹妖儿"同义。景儿虽好，但"闹"出来的便不好看了。

"闹妖儿"与北京方言"妖蛾子"、天津方言"作妖"同义。作家王小柔是天津人，曾出版过两本段子文集名叫《都是妖蛾子》《还是妖蛾子》。拿平日生活里的鸡零狗碎说事儿，尽显市井里的各种闹妖儿的人。三五分钟的小短文，都跟甩闲话似的，句句赶劲，段段过瘾。

词典里对"妖蛾子"的记载是"幺蛾子"，是指鬼点子、坏主意；也指有悖于常理的事物，如"他就会出幺蛾子戏弄人"。人们平日里还是爱用"妖"，想必是爱整事、爱闹景儿的人都带有某种妖孽之气吧。

大连人选了个"闹"字，来揭示那些搞假的、玩虚的种种人、种种事，颇为恰当。

大连人常说："放着好日子不过，你成天闹什么妖儿？"在这里，"闹妖儿"是不安分、异想天开、胡作非为或铤而走险的意思。一个人不按常理出牌、举止荒诞怪异，也是"闹妖儿"。一个人幽默风趣、活泼好动，爱

“耍怪”，也是“闹妖儿”。

“闹妖儿”就是闹动静以引起人们的关注。这动静也可称为噱头，“闹妖儿”也就有了炒作之意。“炒作”一词诞生于娱乐圈，明星们为了提高人气，不惜抛弃自尊心，牺牲美誉度，制造真真假假的绯闻给娱乐记者。这种炒作手段以大连话闹妖儿来形容是很恰当的。一些明星闹妖儿的手段越来越低俗，这种“妖”臭不可闻，当休矣！

咔刺，艮

在大连方言中，“咔刺”被更多地用来表示果敢决断，敢于在复杂艰险的形势下拍板定夺。魏巍《东方》第一部里有一句：“在一些小事情上，她是那么绵软，可是在大事情上，她却能做出果断的决定。”将“果断”换成“咔刺”一词，与“绵软”相对，表达效果更加生动。

“咔刺”又有爽朗、痛快的意思。“张三够哥们儿，找他办事，能办不能办，真咔刺。”

旧时，商行拍卖货物采用竞争买卖的方式，当双方讨价还价至适当价位时，由商行工作人员拍打木板表示成交。“拍板”由此引申为主事的人做出某种决定。一个领导对重大问题的拍板定夺，既要赢得上级的肯定，又要获取群众的赞许，那是需要一定水平的。影视剧中经常闪现领导“拍板”的镜头：在严肃紧张的会议室里，众目睽睽之下，一领导稍做沉思大手一拍，浑厚有力地说了一句“就这样干”！如果给“拍板”这一瞬间配上音效，就是咱大连话——“咔刺”。

大连人说话办事讲求一个“咔刺”的效果。大连人最无法忍受的是“研究研究再说”“不着急，等等看”——这些都是磨叽行为，是低效行为，含有优柔寡断、患得患失、徘徊观望等心态。大连男人走路带风，做事很“咔刺”，从胸腔里呼出的气都是滚烫的。“咔刺”是一种性格优势，却也需要把握尺度，否则就易脆易折，缺乏韧性，甚至变异为鲁莽武断。“咔刺”多用来形容男性，形容女性果断做派的大连话是“飒棱”。做事很“咔刺”的男人具有大将风度，他们大多白手起家，声誉和名望都很高，在关键时刻他们能够把握大局，高瞻远瞩，处事冷静果断，具有化险为夷、扭亏为赢的实力。做事很“咔刺”的男人既有血性风骨，又有仁厚之心。

一个大连小伙儿爱上了一个南方姑娘，这场马拉松式的恋爱花费了小伙子不少时间和金钱。正盼着这份感情瓜熟蒂落结成婚姻硕果，可姑娘家移情别恋提出了分手。大连小伙儿很“咔刺”，没有纠缠，没有摆账本，没有藕断丝连，表现出了一个大连男孩的高傲与大度。

一个东北姑娘爱上了一个南方小伙儿，南方小伙儿短小精悍，说话绵软，姑娘将他带回家后被七大姑八大姨七嘴八舌一顿恶评，“长得缺斤短两的，哪配得上咱家英子一米七五的大个，这样的男人领出去多掉价儿啊！”“说话像个娘儿们，将来能支家立摊吗？”这时候英子的闺密开始说话了：“这位南方帅哥做生意很‘咔刺’，几千万的摊子呢！看男人不能光看外表，而要看质地。”这一大家子人顿时噤声不语。有人开始回旋：“听说这南北结合生出的孩子，聪明得很，考清华、北大都没问题……”

“咔刺”绝非那一声凭空而来的滚雷。“咔刺”仰仗的是个人智慧与实战型阅历，没有这两种底气构成的个人实力，是“咔刺”不起来的。即使“咔刺”了，也只是响了一声动静罢了，并没有唤来一场解旱雨水。那声“咔刺”是制造现场效果的噱头，没有创造出一番新天地来。

从理论的角度分析，“咔刺”可以理解为意志的果断性。《数理情感学》认为，意志的果断性是指一种善于当机立断、毫不犹豫地做出行为决策的能力，它反映了意志的行为价值的效能性。效能性越高，人对行为方案的编制速度、决策速度和激发速度就越快，就越能在紧急状态下迅速做出有效的行为反应。如果意志的效能性过小，就会表现出拖拖拉拉、黏黏糊糊、优柔寡断等各种精神“绵软”。

在现代社会，不论是在生活中还是工作中，我们都要面临着诸多抉择。在抉择时刻，绝不能优柔寡断，该“咔刺”时要“咔刺”起来。“世上没有一个伟大的业绩是由事事都求稳操胜券的犹豫不决者创造的。”一个人瞻前顾后、犹豫不决固然可以少出错，却也失去了更多的成功机遇。精神上的“绵软”绝不可取，优柔寡断、裹足不前是逃避困难、意志薄弱的表现。

怎样培养自己“咔刺”的作风？职场专家给出了9条建议：做更少的决定；确定所有决定的唯一决策者；凭直觉做出决定；制定决策的原则；找出关键要素；将大多数决定当成不重要的，因为它们的确不重要；练习对不重要的琐事迅速做出决定；对复杂决定运用你的潜意识；为重要决定设一个最后期限。

“艮”“艮纠纠”，都是形容一个人头脑不灵光或动作迟缓笨拙，也可以形容某种食物的口感劲道，与脆生相反。在词典里，“艮”有两种释义：一是形容食物坚韧而不脆，如“艮萝卜不好吃”等；二是形容一个人性子直，说话生硬，如“这个人真艮”“话说得太艮”等。缀上“纠纠”二字，大连话“艮纠纠”就更加形象生动了。“纠”是缠绕、集合的意思，将“艮”的情态生动地刻画出来。不论是字的含义，还是发音上的劲道感，都令“艮纠纠”成为一条非同凡响的大连话。

话说20世纪80年代的相亲活动，男女青年不能私自见面，双方都带着各自的亲友团，相亲的主要安排是在某个亲友家吃顿饭，通过这顿家宴的前前后后，各自亲友团将相亲对象剔骨剥皮地分析了——“这姑娘有点嘚瑟”“这小伙子艮纠纠的”。通常，“艮纠纠”要比“嘚瑟”的下场好一些，“艮纠纠”有可能是因为初次见面放不开，熟了后才会显现出活跃与玲珑。“嘚瑟”也是大连话，是炫耀、显摆、招摇的意思。“嘚瑟”是全部打开，“艮纠纠”是向内缠绕纠结，二者互为反义。

以房子打个比喻，一处南北向的房子，既通透又敞亮，住起来十分舒服。而北向的房子，跑不了穿堂风，沉闷又阴暗。艮纠之人，就像这北向的房子。

一个人过于老派稳重，也会被说成“艮纠纠”。在计划经济时代，艮纠之人会给人留下善良老实、忠诚可靠的好印象。“躁疾者为厥速，迟重者为常存”，艮纠之人是谨慎稳重、不浮躁的表率。如今，一个人如果太艮纠，就会缺乏生气和情趣，缺乏执行力和领导力。艮纠之人使起坏来，被称为“蔫坏”；艮纠之人倔起来，被称为“倔驴”。艮纠之人，不能给领导当秘书，不能做营销工作，比较适合做一名计件工。

《野棕榈》里曾说：“是闲散造就了我们所有的品德，和我们最能持久的品质：沉思、安静、不干预他人，维持身心的正常代谢，注重肉体方面的智慧。”艮纠之人看上去很笨拙，笨拙之中又有着闲散之意，凡事不生气不上火，从来没有穿越火线的非常时刻，也从来不叩问苍天诘问灵魂，这很符合肉体的养生之道。艮纠之人往往充满了钝感，对是非恩怨不敏感，不计较。日本作家渡边淳一有一部小说名叫《钝感力》，很多人并没有读过这本小说，但“钝感力”这个词却深入人心。渡边淳一在小说里写道：“钝感力是必不可少的。与其有锐利的敏感度，不如对于大多数事物不要气馁，这股迟钝的顽强意志，就是得以生存在现代的力量，也是一种智慧。”以渡边淳一这段话解释大连话“艮纠纠”未尝不可。

再来说一说食物。当银杏树叶大面积凋零时，大连人便开始储秋菜、储苹果、储鱼。这鱼怎么储？当然是晒了。家家户户都会买上几十斤鱼，有偏口鱼、小嘴鱼、老板鱼、胖头鱼、鲇鱼、兔鱼，个头不要太大，在自家阳台上晒，嫌麻烦也可以花点钱交给鱼贩子打理。鱼贩子在自己的地盘上拉起了一根根绳子，被净身的鱼悬空而起，最气派的是老板鱼，一大张一大张在空中招摇着。被剖膛的鱼完全露出了内容，那灿烂耀眼的鱼子，那细腻丰美的肉身，已经令人垂涎。晒干的鱼，或油煎或清蒸，其口感就三个字：艮纠纠。

晒鱼是重头戏，晒萝卜是花边。切萝卜是个技术活，心灵手巧的女人能将萝卜切成各式花样，悬挂高处进行晾晒，远远看去像一件件精美的工艺品。萝卜条晾晒的过程类似茶叶的萎凋，水分逐渐减少，脆生生的萝卜条变得干瘪柔软，又被逐渐强劲的秋风揉捻成紧结的条索。晒干之后的萝卜条，被称作萝卜瓜子。凉拌萝卜瓜子是大连人一日三餐须臾不离的小菜。以开水将萝卜瓜子洗净，适度浸泡，切断、切丝或切丁，调入精盐、鸡精、白糖、花椒面、红油、香油，再加入酥花生米、熟芝麻、葱花等拌匀即可。萝卜晒干凉拌吃，就是为了追求那种“艮纠纠”的口感。

有闲情的大连人还要晒点地瓜干。一根大地瓜一剖两半，入高压锅压制，上气后，中火压10分钟左右。自然排气之后，取出来晾凉，切成片或条，平铺盖帘晾晒四至五天，中间要记得翻面，要搞好防蝇防尘，晾好后即可食用。地瓜干是非常原始的东北零食，绿色天然，低脂低热，是东北人常伴身边、物美价廉的零食。上学的孩子抓一把放书包里做间食，上班族带一包到办公室，喝下午茶时吃一点儿，很养生的。那曲折的艮纠劲里渗透出来的点滴甘醇，这就是地瓜干的独特风味。

干净　展扬

干 净

在《现代汉语词典》（第7版）中，“干净”有三种释义：一是没有尘土、杂质等；二是形容说话、动作不拖泥带水；三是形容一点儿不剩。大连方言中的“干净”除了用于词典中这三种传统情况外，其余则完全颠覆了本义。“干净”在大连话中是用来形容人或事物非常美好、非常漂亮，是一条极经典的大连方言。

大连方言就像一个泱泱大家族，儿女成群，每一个都有着自己的性格与气质。显然，“干净”是最能代表这个家族风格与特色的一个。可以说，仅“干净”一条，便将大连方言的风味表现得淋漓尽致。

“干净”令人想到形容程度的一些成语，比如滚瓜烂熟、炉火纯青、游刃有余、挥洒自如、得心应手、庖丁解牛、熟能生巧，等等。在大连人的语境里，将这些成语替换为“干净”也未尝不可，甚至更耐读。那些表情达意很出色的方言，其实都有着语尽意不尽的文学性。

有研究认为，大连方言以“干净”表示程度可能是从文学作品中流传下来的。《醒世恒言·徐老仆义愤成家》：“老奴托赖二位官人洪福，除了本钱盘费，干净趁得四五十两。”这里的“干净”在《汉语大词典》中的解释为“纯粹”。《西游记》中：“你若以言貌取人，干净差了。我虽丑便丑，却倒有些手段。”《金瓶梅词话》中：“既是素的，等老身吃，老身干净眼花了，只当作荤的来。”这两例中的“干净”在《汉语大词典》中解释为“完全”。释义中的“纯粹”“完全”均带有表示程度的色彩。因此，“干净”也具有表示程度的色彩。

血干净！真干净！特干净！外地人学大连话，首先从“干净”这个词入门。怎样说“干净”呢？这需要一点儿口技，“干”要读去声，拉成长腔，要狠要用力，甚至还要带点匪气、傲气；“净”是滑音，似儿化音，要读得轻飘隐逸，是一扫而过戛然而止的。

干净，奇俊性感，是一条真干净的大连方言。当大连人想表达内心涌动的激赏之情，却一时间词穷语亏表达难为时，就会想到“干净”这个词。如果一个外地人能将“干净”说得很地道，那么，他就深谙“海蛎子味”的精髓，真正地融入了大连的民间生活。

在20世纪八九十年代，女人与足球，常被大连人以“干净”来形容。比如，“小王的对象长得血干净。”“俺去年给张三家姑娘介绍了个对象，那小伙儿长得血干净。没想到，张三家姑娘不干，说小伙儿爱炮儿（指爱说大话，好吹牛）。今年人家小伙儿找了一个在机关上班的大姑娘，那大姑娘长得特干净，比张三家姑娘强百倍！”为人处世能力强也可用“干净”一词来形容，“上个月我在国外考察，老家三叔为宅基地跟人干了起来，被打得头破血流，我派秘书小李回去看看。小李将事办得真干净，他对农村的政策法规、风俗民情、人际关系都了如指掌，居然将宅基地纠纷给解决了，原来他到公司之前曾经当过几年村官……”

大连媒体盛赞球赛时也会使用“干净”一词，比如，《新商报》2007年7月17日有一篇球评文章《亚洲杯血干净》。有学者曾以《半岛晨报》为例，对大连报刊题目中的方言词汇专门进行分析研究。最终得出一个结论：大连人对本地的较强的归属意识及其群体认同感以及较高的语言忠诚度，使得大连方言在本地人心中有较强的潜在声望。

一场球赛的终场哨声吹响了，有的人一下子就癫了，像大黄蜂似的满场扑腾；有的人会一时失语产生语言休克，待缓过神之后，低沉地、梦呓般地吐出一个词：干净！是的，大连人看球时的高频词汇是“干净”。“干净”的球赛都是神似的，但“血臭”的球赛各有丑态。前些年，大连足球好的时候，大连人嘴里经常欢蹦着“这场球踢得血干净”这种话。一场干净的球风月无边，不必细说，尽在“干净”一词里。在外乡，一群人聚在广场上看球赛，你听到旁边有人说了句“干净”，或许是离乡多年，这句“干净”的发音已不太正宗，像掺水的海蛎子鲜味不足，水分很大。尽管如此，这依然是条好线索，没错，这是咱大连哥们儿。

“这活干得血干净！”这是对一个人业务能力与职业精神的高度肯定。一个人只有业务能力而没有职业精神，不太可能干出“血干净”的活；一个人成天计较工资待遇而没有理想情怀，也不太可能干出“血干净”的活。

2012年2月，中国语言资源有声数据库辽宁库建设专家培训班在大连开班，中国语言资源有声数据库建设项目由国家语言文字工作委员会发起，利用现代技术手段及时记录和保存地方方言，大连市作为辽宁省首个试点城市，开展大连话发音人征召和大连话调查采集活动。

为了确保大连方言的纯粹，征召大连方言“发言人”的条件十分严格，应征者要求是20世纪40年代至70年代出生，整个成长史都发生在大连城区，家庭语言环境单纯，也就是说，父母、兄弟姐妹、配偶必须是“大连银”，不曾在外地求学或工作，能说一口地道的“海蛎子味”的大连方言；老年发音人要有小学或中学文化；青年发音人语言表达能力强，还要求牙齿整齐，男性没有吸烟史。这些要求将保证大连话的原汁原味，方便日后进行科学整理和加工，长期保存，以便深入研究和有效开发利用。

大连方言有声采集主要集中在两个区域：市内四区和金州杏树屯，评委们以唠家常的方式考查选手方言发音，叔叔婶子、大爷大妈们一口纯正浓郁、富含幽默因子的“海蛎子味”让评委们乐得够呛。我想，评委们考查选拔“海蛎子味”，“干净”这个词条是绝对不可缺席的。

高大帅气的大连小伙子，若长篇累牍地说大连话，可能与国际化城市的风貌不搭，但在快意恩仇之际蹦出句“血干净”，更能彰显大连男儿本色。大连姑娘在鲜花着锦、烈火烹油的繁华时分，也可以来一句“血干净”，这并不削减我们女性的温柔库存。

“干净”一词与大连人的生活愿景同在。如今，不少方言在大连人的生活中渐行渐远，但“干净”依然被频密使用，因为我们的日子越来越好。我们渴望干净的人生、干净的活法、干净的人和事，这种生活愿景使得这条大连方言历久弥新，与大连人同在，与大连人建设富庶美丽文明家园的美好追求同在。

稀　碎

“稀碎”，即稀巴烂。在大连话里，“稀碎”基本维持这个意思，但表达领域却十分纵横恣肆。

一只玻璃杯子或一块豆腐摔在地上，其形态状貌都可以用“稀碎”来描述，这是“稀碎”的通常用法。而在大连人的生活中，“稀碎”是这样被运用于口头之中的：下午4点左右，出租车司机开始准备交班，赶往与夜班司机约定的地点交车。在交车途中，还是会顺道载客的。送客与交车赶在一起，司机就祈盼着千万别塞车，然而事与愿违，这一路不断遭逢菜鸟级私家车主，这一辆开着开着一头撞向了道牙子，那一辆甲壳虫的体量却不断地跟庞大的运载车抢道，运载车后屁股喷出的一股烟就令其晕头转向。出租车司机看着眼前这个场面，说了一句：“这些死彪子，车开得稀碎！”

某机关调来一位秘书，据说是一位颇有名气的作家，出过书、获过奖开过作品研讨会，领导甚喜，忍不住跟心腹私语：“咱局来了个大笔杆子，咱再也不愁‘干得好不如说得好’……”秘书上岗第二天就接到写材料的任务，在电脑上几番敲打很快交差，却令领导大失所望：“这么简单的一个材料，写得稀碎！这作家会写小说不会写材料？”

我们编辑部的孙老师曾给我讲了一个关于“玻璃鱼”的相声：由大连玻璃制品厂生产制造的“玻璃鱼”，是20世纪80年代比较讲究的工艺品，是馈赠领导、亲朋好友的高档礼品。一个业务员拎了一箱“玻璃鱼”坐火车去送礼，这箱“玻璃鱼”共36个，130多元。列车员维持秩序时有个用脚向里推了一下的动作，业务员不认可他这个“推”的动作，“你分明就是踢嘛，将俺一箱‘玻璃鱼’踢了个稀碎！”后来，一位热心的读者朋友也向我讲起了“玻璃鱼”的故事。原来这个相声名为《列车新风》，是孟繁山、范仲波于20世纪80年代创作的相声作品。在那个年代，人们的文化娱乐生活比较单调，一段相声、一部电影、一首歌曲，往往成为一代人共同的记忆。这些记忆，也许在岁月的长河中日渐模糊，但凭借一句方言俚语的呼唤，便像复活的精灵一样扑面而来。“将俺一箱‘玻璃鱼’踢了个稀碎！”这位热心的读者朋友反复学说这句大连话，仿佛贪恋一杯香茶，饮啜不止。

补缀一下，“稀碎”的“碎”要读成sei，两个字都要读成去声（四声）。

与“稀碎”经常互动的一条大连话是“作搓”。“作搓”，是捉弄、破坏的意思。被别人坑苦了、害惨了、埋汰毁了，都可以称为“作搓”。“我让他作搓毁了”“他给我作搓稀了”，“稀了”即“稀碎”。高中女生王小丫要出国留学了，父亲的朋友们隆重设宴为她饯行。王小丫在家捯饬了一天，于黄昏时分摇曳生姿地来到父亲的办公室。父亲不悦，说她衣着太暴露了，令其立即回家换装。王小丫坚决不从，惹火了父亲。王小丫也火了，小嘴儿噼里啪啦地响了起来：“我好好的心情，让你作搓个稀碎！”说完便拂袖而去，一副稀碎的样子。物品遭受破坏后的样貌，与心情严重受挫，确有几分神似。

去天津看古文化街，一条古意盎然、文图并茂的长廊，如一幅徐徐展开的画卷，生动地展现了津门的历史文化与风土人情。漫步其间，左顾右盼，中国味、天津味、文化味、古典味，每一味都令人津津乐道，回味无穷。行至长廊中央，一块铜匾赫然入目，上面记载：“俏皮话——天津卫的俏皮话具有鲜明的地方特色，是天津人特有的智慧与趣味语言，具有浓郁的生活气息，幽默风趣，耐人寻味。”这“俏皮话”就是指天津话。大多时候，“俏皮话”是方言的昵称。如果大连也设一条文化长廊，最应上墙展示的俏皮话应是“稀碎”，它的诙谐风趣，它的无厘头，绝对会产生娱人悦己的展示效果。在各地方言中，俏皮话包含了揶揄戏谑、吹牛拍马、瞎扯胡侃种种意思在内。“稀碎”，有一股子特别的腔调，说不出的韵味，着实道尽了大连话的真谛。当很多负面情绪难以表达时，道一句“稀碎”足矣！词穷意尽无语时，唯方言最为给力。

各地以方言创作的小品流行于网络，被年轻人遗忘的方言似乎重新回归他们的视野。不过，有学者认为这种方言热只是一种“片面繁荣”，是带有猎奇意味的“市井化调味品”，并不能真正地促进方言的复兴。但在大连，还有一个不容忽视的现象是，近几年，大连的话剧演出市场十分火热。话剧作品有两个资源渠道：一是引进名家作品；二是就地取材、以大连话为元素，打造带有地域特色的话剧，如《大话西游》《色·戒》《路人甲》《我爸爸是天使》《这里有情况》等，都深受大连人的喜爱。这些由大连人创作的大连话剧，毫不费力地分得大连文化演出市场的一杯羹。

近年来，保护、拯救方言的呼声越来越高，但有些地区的“刻意抢救”显得用力过猛。比如苏州将方言纳入高校必修课，编写苏州话教材，成立苏州方言培训中心等。南京大学董健教授曾说：“应该让方言顺其自然发展，保护方言与保护文化是两码事，地域文化完全可以用普通话来传播和传承，应该让方言去适应普通话，而不是相反。”见仁见智，争议持续不断。

方言不仅是信息的重要载体，也是历史文化的活化石。方言是一座城市的基因密码，一旦衰微消失，这座城市就像汪洋中的一条小船，忘了来路，不知归处。以恰当的方式去记录、保存方言，是一种历史责任。

脏样儿

在各地方言库中，骂人的话可谓层出不穷。对一方水土一方人的刻画描摹，贬义词似乎更胜一筹。骂人的话难登大雅之堂，但大连话中一些骂人的话不带脏字，比如“脑子有病”“潮乎乎”“脏样儿”等。

两个大连人在街头因刮碰吵起来。吵的前戏是辩驳，七分咬理，三分要泼。谁也不服谁，谁也不让谁，结果就彻底丢了斯文，开口叫骂起来。大连的文明指数在东北地区是令人称道的。在一场骂仗中，没人敢怒甩国骂，最激烈、最频繁的字眼也就是个“脏样儿”。“你看你个脏样儿，我都不稀跟你一般见识，我打你，都怕脏了我的手。”“你看你个脏样儿，你动我一下试试？”就这么两句话，你来我往，反反复复，直到看眼儿（大连方言，即看热闹、围观）的都撤了，两人互唾一口，也撤了。

从字面看，脏样儿，即肮脏的样子。但很多时候，对方的样子并不肮脏，男人衣冠楚楚，女人水光溜滑（大连方言，即整洁、精致），都是很上讲的扮相，却仍有可能被骂成“脏样儿”。所以，“脏样儿”与外表打扮无关，与道德品质有关。

由“脏样儿”联想到另一句大连话：干净。在普通话层面，

“干净”与“脏样儿”是一对反义词。在大连话里，它们仍为反义词，却有着另一番帅气漂亮的表达。“干净”是指人或事物特别完美、特别漂亮，这完全颠覆了这个词的本义。衣服穿得干净，话说得干净，事办得干净，人长得干净，等等，而这两个字与卫生状况无关。“脏样儿”亦如此，不是指外表的脏乱差，而是对一个人内在质地的批驳、否定和憎恶。比如，某人不孝敬父母，离婚后寄身父母家，不务正业，嗜酒如命，喝醉了就砸锅摔碗。有一天居然跟父母动起了粗，被一位邻居大哥撞见，上去踹了几脚将其按倒：“你看你个脏样儿，成天在家‘啃老’，居然敢动手打父母，我今天替你父母教训教训你……”

一包劲，钢钢的

“一包劲”，是形容一个人投身某项事业的精神品相。精神力量是看不见摸不着的，但大连人用“包”做量词，这形而上的东西就变得具体可感了。

多年前，我被借调到市政协参与编撰《十四个沿海城市开放纪实：大连卷》，这本书以“亲历、亲见、亲闻”的方式回顾和展示了作为全国首批十四个沿海开放城市——大连市30年来的改革发展步伐，用“起锚”“扬帆”“犁浪”“远航”四个篇章来阶段性地讲述大连的发展。在“起锚”篇中，我们看到了大连的建设者们在改革开放初期不畏艰难、乘势而上的“一包劲”的精气神。

来讲几个小故事吧，看看“一包劲”的精神力量是多么宝贵。

1984年9月25日，国务院批准建立大连经济技术开发区。这是继中国十四个沿海开放城市之后，国务院批准建立的第一个国家级经济技术开发区。那是一个激情燃烧的年代，是一个服从组织安排、听从党的召唤的年代。一夜之间，一支精干的建设队伍组建起来了，共98人，来自各行各业，既精通业务，又有丰富的实践经验。有人说，市房产局有一位工程师是一把好手，曾干过几项大工程，可惜就是年龄偏大。领导一拍桌，年龄大怕什么？只要不怕吃苦，有本事，肯奉献，我们就想办法把他挖来。和这位工程师一沟通，他很激动，年富力强的时候总是搞运动，耽误了许多时间，没有发挥好专长，现在赶上了这样的大项目，再苦再累也要去。就这样，这位工程师“一包劲”地来了。

有一位毕业于清华大学建筑系的高才生，阴差阳错分到了省盐务局下辖的制盐研究所，听说大连要建开发区了，主动请缨来搞规划设计工作，可制盐研究所不放人。制盐研究所是省直属单位，人事关系不归大连市管，最后市长出面，高才生才如愿以偿“一包劲”地赶到马桥子报到。还有一位从总参谋部退伍的干部，被安排在机关工作，他的专长是日语，听说建设开发区要招聘外语人才，就赶紧报名应考。结果考了个第一名，“一包劲”地来开发区上班了。

各路精兵强将会聚马桥子，大家都怀着这样一种信念：大连市里主要街区都是日本人、俄国人建的，如今我们有机会用自己的力量和智慧建设一个新城区，一定要超越他们！

这支队伍是如何“一包劲”地干工作呢？有人常回大连市内开会，却车过家门而不入，会议结束就奔回马桥子。那时只有两台办公车，其中一台是美式吉普，不久就在那片群情激昂的热土上跑散架了，这从中也折射出大家“一包劲”地劈山开路、投石填海的建设激情。设在乡政府的指挥部经常空无一人，没有人在这里喝茶看报，大家都在火热的工地上奋斗着。没有车，每逢部署工作或召开会议，只能派通讯员四处送信。通讯员骑着自行车“一包劲”地在各工区间穿梭，大家都说他送的是“鸡毛信”。美式吉普都跑散架了，何况两个轮子的，自行车废了一辆又一辆。那时的冬天很难熬，晚上住在阴暗潮湿的农舍里，房前屋后都是一眼望不到头的苍茫大地。屋子里燃一个火炉子，烟熏火燎中勉强入睡，第二天清晨火炉子早灭了，屋子里寒气砭骨，被头一层白霜。可到了开工时间，没人畏缩磨蹭，大步流星“一包劲”地走向工地。咱到马桥子是来创业的，不是来享受的。

为一项值得的、喜爱的、能力相匹配的事业而奋斗，其过程流汗流血不足挂齿，沸水敢蹚，烈火敢踏，出生入死，死而无憾。这个过程平实地说，用大连话“一包劲”足矣。

一个心中有信念、有理想的人，整个人生机勃勃，通体散发着光芒，心脏里澎湃着沸腾的血液，骨子里燃烧着湛蓝的火苗，那是激情充分燃烧才会有的颜色。光芒、血液、火苗，这些用来形容一个人精神品相的词语都是只可意会不可触摸的，

而大连方言“一包劲”，真实可感，可称可量，朴实生动，将一个人投身事业的高亢明亮、喜乐自信的姿态非常传神地描摹出来。

“一包劲”也常用来形容失当的行为。比如，男人爱看球，下班回家沏茶备烟美滋滋地坐下来，幼子哭闹鸡飞狗跳，夫人一边洒扫庭除、煎炒烹炸，一边哄孩子，休闲时跟姐妹们在一起难免倾诉抱怨：“他懒透了，回家什么也不干，看球却看得一包劲！”那女人呢？女人爱逛街、爱购物，平时手无缚鸡之力，逛起街来披头散发“一包劲”，手拎肩扛，将大半个城逛下来也不觉得累，直到花空了为止，也令男人头痛不已啊。

在大连话的语境里，“钢钢的”有两种含义，一是形容人与人之间的关系十分密切，二是形容身体健壮。不论哪一种，所蕴含的褒义色彩都极为强烈。

方言大多是口耳相传，流传下来的只是个发音，很难用确切的汉字来表达。写大连话，我常为无法找到相对准确的汉字而苦恼，只得以同音字、近音字来代替。学者石汝杰不赞成方言的“规范化”，因为这是极其困难的，几乎是无法实现的。石汝杰研究了大量的吴语文献，发现各种写法洋洋大观，应有尽有，历来没有人企图建立一种方言的“共同书面语”。他认为“在当今的时代，方言的书面语是不必要的，也无法真正‘升格’，进入实用阶段”。

“钢钢的”，网上的写法是“杠杠的”，如果循语义去推敲，则“刚刚的”比较接近，“刚”作为形容词，是硬、坚强的意思，与“柔”相对。比如，这个人的性情太刚了。但是，“刚刚的”不如“钢钢的”效果来得快，感染力、冲击力更炽烈。

桑榆暮景，老伙伴们相聚谈论人生，高频话题是彼此的身体状况与养生心得，身体没病没痛，眼神明亮，步子轻快，被人背后点赞：“那老家伙，体格钢钢的……”

体格钢钢的老汉，一旦老伴先撒手人寰，他的情感生活就会令儿女很操心。

在钢筋水泥丛林中，人与人之间的关系疏离克制，偏重理性趋于冷漠。茫茫人海，谁是你的知己？你有几个与你关系钢钢的心灵密友？从心里为你点赞，为你祈福，给你一份有意义的陪伴。

从现代社会寻找关系钢钢的人际典范，仿佛有些吃力。有人说，这个世界只有永远的利益，没有永远的朋友。对利益的追逐，是人类生存的本能，也是人类最热衷的嗜好之一。奔赴共同的利益目标，有些人可以不计较对方在信仰、追求、喜好等方面与自己有出入。或者说，在利益诱惑面前，彼此的面目与气息都趋同了。为谋求利益最大化而缔结的钢钢的关系，所藏风险是显而易见的。

在都市的灯火中，你看到男人们在一块儿吃喝玩乐，在这个竞争激烈的社会，男人的吃喝玩乐可不简单，每一杯酒里都有诉求和故事。在吃喝玩乐中缔结了钢钢的关系，可抵达世俗意义上的成功之路。在新华书店，两类书占据半壁，一类是"心灵鸡汤"之类的哲理书，一类是成功学、官场学教程。前者教导你不争不抢，晴耕雨读，不问世事；后者教导你怎样跟上司处关系，唯有跟上司处得钢钢的，才有机会升官发财。

北方人的人际交往，所要的效果就是钢钢的。男人之间关系好，也唯有"钢钢的"这个方言词可以形容到位。有人说，北方男人间钢钢的关系，比较世俗功利，酒色财气，江湖做派，缺少精神层面的缔结。

以钢钢的形容女人之间的关联度，似乎过于粗放，但细观女性生活，以钢钢的形容她们生活上的深度交集又极恰当。女人单身或婚前时光，几乎所有闲暇是与闺密缠在一起，除牙刷和男人，其余皆可共享。至于防闺密一说，那也是女人之间关系钢钢的一个旁证。

在方言里，所有的奔波都停下了，所有的慌张都消失了，所有的思念都抵达了。

方言就像一杯老茶，经过时光的沉淀，那陈酽暖润的滋味带来的不仅是物质层面的享受，更是精神层面的滋养。马来西亚是老茶的宝库，对于马来西亚华人来说，老茶既是生意，又是乡愁。马来西亚华人喝老茶，讲究用老壶、老杯子，因为老旧的茶器对茶性的干扰度最低，这是马来西亚华人最深切的感受。由此联想到那些用方言写作的作家们，比如上海作家金宇澄用上海方言写《繁花》，大概就像用老壶老杯子喝茶一样，那种得心应手、左右逢源，非常私密，非常享受，简直不想让别人知晓。

方言是生活中的老物件，历经人间烟火的打磨润泽，散发着安神静心的光亮。将方言掰开了揉碎了品读，非常有意思，与赏玩古物别无二致。

哑巴狠

哑巴不能说话，内心所有情感、情绪都是通过肢体语言表达出来的。哑巴的肢体语言与健康人的肢体语言不同，后者的肢体语言是锦上添花，是意义不详的无厘头；前者的肢体语言是活生生的注释，是与外界沟通的唯一渠道或手段，所以就格外用力。

大连话“哑巴狠”并非指一个人动作过度用力，而是指一个人在为人处世，或者说在情感处置方面不按常理出牌，过于冷酷无情，令人寒心失望。一个人表面上一副不动声色、云淡风轻的样子，暗地里却使劲下功夫或做手脚，这也是“哑巴狠”的意思。所以，“哑巴狠”是个中性词。

作家迟子建有一篇散文《哑巴与春天》，人间残缺的生命大多没有名字，人们唤他“老哑巴”。“老哑巴”在生产队喂牲口，每天早晚要铡草，“本来这草是没有生气的，但因为有一扇铡刀横在那儿，就觉得这草是活物，而老哑巴成了刽子手，他的那双手令人胆寒”。孩子们喜欢在草垛躲猫猫，有时候将草垛拱倒了，撒腿就跑。为了表示不反对孩子们玩耍，“老哑巴”用力地挥舞着双臂，摇晃着脑袋，他是想告诉孩子们无所谓的，欢迎他们继续在这里玩。孩子们却惊慌失措不敢靠前，“老哑巴”就大张着嘴巴奔向他们，喉结激烈蠕动，发出被面食噎住的声音，他是想通过呼喊挽留他们。他浑身使劲，张牙舞爪的，想告诉孩子们他内心的柔情，孩子们却骇然失色遁了。不能诉说的心灵，所有的情感都奔腾在动作之中，这大概就是从浅表处理解“哑巴狠”的含义所在吧。

女儿小时候，我从家门口请了一位下岗大姐照看她，大姐热情开朗，与我们小区的老人和保姆们相处甚好。那一年，我们小区猴年宝宝达20多个，少数是由自家老人看护，多数是外请保姆。天气晴好，上午10点半左右，老人和保姆都带孩子到花园晒太阳，当铁蛋被他奶奶耀武扬威地牵出来时，人们都将自己的孩子揽进怀里并散去。铁蛋那时不过两岁多，却是一个攻击性极强的孩子。我曾嘱咐保姆，尽量远离铁蛋，保姆不以为然。有一次两个孩子在一起玩雪，铁蛋拿着铲子朝我女儿脑门劈了一下，保姆惊呆了，回过神来就踹了铁蛋一脚，“这孩子真是哑巴狠，玩得好好的，怎么就劈头盖脸地劈我们一铲子呢？我怎么跟人家家长交代啊？”幸好，那是一柄塑料铲，但双方看护人还是吵了起来。从此，保姆对这个“哑巴狠”的孩子有了提防之心。据说，小区里大部分孩子都被他的“哑巴狠”伤害过。一个小孩子，看似不够活泼慢腾腾的，一张小脸始终沉郁着，说不清藏的是心事还是心机。在非常时刻，他果断出手，不论是攻击，还是自卫，反正他狠狠地出手了。大人们会说他“哑巴狠”，褒贬不清。这些小“哑巴狠”的家长倒是一片心安，这样的孩子走进社会，谁敢欺负？

在过去的年代，为了一家老小的温饱整日忙碌奔波，家长们对孩子的早期教育不是很用心。如今不同了，家长们都怕输在起跑线上，一岁左右的孩子就被送到早教机构学习，一节课学费高达二三百元。那些寓教于乐的游戏不过是我们小时候尿尿和泥玩的“室内版”。上幼儿园之前，三四万早教费花出去了。年轻家长忙于事业，忙于应酬，是老人或保姆带孩子上早教课，一些老人就是在早教机构里豁然开朗的，“噢，那个孩子好打人、破坏东西，这种‘哑巴狠’原来叫攻击性行为……”在孩子的世界里，“哑巴狠”表现为对他人有意挑衅、侵犯或对物品有意进行损毁、破坏；在成人的世界里，“哑巴狠”就没有这样简单了。

亲情、爱情中的“冷暴力”，就是“哑巴狠”啊。我们不会对路人甲发出“哑巴狠”的指责，对大千世界见死不救的冷漠者，站在道德的制高点谴责一下就完事了。在人性的大观园里，伤你最深最狠的，往往是身边人，他与你有着千丝万缕的关系，曾山一程水一程地走过。直面人性幽微处的“哑巴狠”，痛心之余，心尖也增了一层寒光。

我迷恋木心的句子，作家一辈子摆弄文字，码字不休，若能写出几个流传红尘的句子，也是成功的。木心就有这样的句子：“我是一个在黑暗中大雪纷飞的人哪。”“你再不来，我要下雪了。”不知出自他的哪篇文章，像不像是对一个“哑巴狠”的人的呼唤？

“哑巴狠”有强烈的儿化音。方言儿化音最突出的代表是北京话，其次是天津话和开封话。大连话的儿化音不算太标准，发出来的效果粗犷散漫，不够精细集约。像“泡崖儿”的儿化音，简直是浮皮潦草。儿化音在别处方言中可能会增加“软”的效果，在大连话中却突出了大连话发音“狠”的特点。如果说儿化音是小鲜肉，那么，大连话就是大叔了。缀着小鲜肉，大连话依然本色不改，大步流星，铿锵有力，是江湖的节奏。

我经常打量着这个时代，时代如此壮阔宏大，怎能打量得起呢？从蒸汽时代到电力时代，再到眼下的信息时代，身在各种传统行业的你我，被冲击被颠覆，那种断崖式的跌落感，既是不能承受之轻，又是不能承受之重。我经常打量着女儿，她10岁，读小学四年级。家里有两样东西停用了，一样是电视机，一样是电话。一个iPad，一个小米手机，是女儿学习、交流和娱乐的工具。我很矛盾，让她与信息时代隔绝是不现实的，可如何把握其中的尺度又是一个不小的问题。她在网上追逐小鲜肉哥哥，下载他的各种精彩迷人的瞬间。我紧跟着她，打着与女儿做知心朋友的幌子与她共同欣赏，实则是做杀毒软件行监督之责。她喜欢小鲜肉哥哥吐小舌头、眨眼睛的迷人模样，我夺过iPad搜索了几位具有阳刚之气的男明星，告诉她要欣赏这样的男子汉……她学习之余唯一的娱乐就是上网搜索小鲜肉哥哥的信息。她有自己的微博、微信、QQ群等各种社交软件，令人惊讶的是，我在她的一个社交软件里看到她的互粉好友居然是我过去单位的一位50多岁的女同事……我开始限制她遨游移动端的时间。有一天她玩游戏过久，我几次警告，声调一次比一次高，她居然不理会。当我终于火了夺下iPad，发现她在一个“00后”群里辅导低年级小伙伴，赚取一种网上花的钱币。我在心里破涕为笑，这让人欢喜让人忧的网络啊。

一次，我陪女儿去星海湾散步，在一面大玻璃跟前，我打量了自己几眼，女儿说：“妈妈，你的素颜值弱爆了。”我很惊讶，她将网络流行语组织得如此娴熟。三年级以前，她的班主任是大连土著，能说会道，说的是一口大连话。女儿也学会了一些，比如“老对儿”“哎麦”“血待人恨”。四年级时换了班主任，年轻的班主任是陕西人，我再也听不到女儿带大连话回家了。

节假日，女儿与表姐妹们相聚玩耍，最开心的是互相交流校园段子，这些段子都是由网络流行语组成的。早晨女儿赖床，怎么呼唤也不管用，那次我无意地念了一个段子，她居然发出一阵非常清醒的笑声。还好，她现在所说的段子、流行语我都懂。我很担心有一天，我需要她做出一番解释。而那时，我们的方言呢？

保护或拯救方言，是我们这一代文化人的责任。苏州在保护方言方面采取了很多具有标杆意义的举措，比如，公交车上采取“双语”报站，苏州话进入试点幼儿园、中小学课堂，当地高校将苏州话纳入必修课，成立苏州方言培训中心，建立山歌、昆曲、渔歌等苏州口头文化语料库。

方言是城市文化财富中的私房钱，是漂泊在外可随身携带的细软。最是乡音解乡愁。有多少人一辈子乡音不改，也难以更改。走了那么远的路，到头来，我们还要叶落归根。我看到，很多功成名就的“60后”都在掂量一件事，有没有可能回家乡安度晚年？有的已经行动了，有的还在思量……

展扬，嘚瑟

在大连话中，用来表明心态和情绪的词，其色、香、味俱全，越品越有味道，具有独一无二的不可替代性。“展扬”便是其中一例，它是最有气质的一条大连话，具有被收入词典的潜质。

“展扬”在当下大连人生活中仍是热门词。公司年终搞全年绩效考核，张三的业绩名列前茅拿到了高额奖金，他很“展扬”啊；李四的孩子被保送清华大学，李四全家人那个“展扬”啊；王二麻在高档小区买了新房子，没有一分贷款，不用做现代版的包身工，多么“展扬”啊！

“展扬”就是露脸的意思。“展扬”与“显摆”不同。“显摆”也是大连话，是显示并夸耀的意思。“你别在这儿臭显摆了，哪儿凉快哪儿待着去！”一个“显”，一个“摆”，很生动地将一个人自我夸耀、自我吹捧的嘴脸刻画出来。“展扬”也有“显摆”的成分，有美滋滋的心情，但“展扬”拿捏得当，有节制，不会令人生厌烦感。

路遥《平凡的世界》中：“秀莲一见少安的面，就惊喜得心嘣嘣乱跳，天啊，这就是她要找的那个人嘛。他长得多帅！本地她还没见过这么展扬的后生！”此处的“展扬”不仅是说帅气，更多是指男性的强悍之气令人心生安全感。“展扬”是大连方言，怎么会跑到陕西作家笔下呢？

据史料记载，广袤富饶的关中平原，东起大荔、西至眉县的渭河南北两岸200多公里的范围内，分布着400多个以山东人为主体、完全保持着齐鲁习俗、沿用山东纯正方言的山东村落（当地人称之为“山东庄”），总人口达到30万，尤以关中腹地的三原、泾阳、高陵、临潼、阎良、临渭、富平、蒲城、大荔九县区最为密集，在这些县区内形成了“山东庄”与本地村落交织相间、和谐共处的格局。关中大地为何有这么多“山东庄”？其实，这一切都源于清末民初那场旷日持久、规模浩大而又鲜为人知的山东人迁徙关中的移民风潮。

由于战乱不休、天灾频生，关中平原赤地千里，饿殍载道，十室九空，人口锐减。仅同治年间回民起义和光绪初年大旱就使陕西人口损失约710万。而山东自清代以来人口剧增，人众地狭的矛盾十分突出。到清末民初，山东现有耕地根本无法满足人们最基本的生存需求，迁徙宽乡逃荒谋生便成为不二之选。山东民众抵达关中后大多集中定居，形成了为数众多的“山东庄”，他们通过联姻传承血脉，并且与原籍保持紧密联系。就这样，他们在关中平原非常强势地将自己的生活风俗和语言习惯保留下来。

除了路遥，另两位陕西作家贾平凹、陈忠实也在创作中大量使用关中方言，郄远春《〈白鹿原〉方言词运用探微》分析了《白鹿原》中涉及的关中方言地名、称谓语、动作行为和日常生活等词汇，追本溯源，可发现很多关中方言与齐鲁方言有说不尽的瓜葛。

文学创作应该怎样使用方言才能避免理解上的障碍？赵树理认为，选用地方独有或具有一定表现力的方言词；积极避开冷僻的方言词，选用与普通话有相同语素的方言词；巧用“异词同义词”；选用兼有普通话、方言词用法和意义的方言词。陈忠实在选取方言词时遵循了易懂、典型、贴近人物形象的准则。用这些标准来考量“展扬”，是不是悟出一种别样的意味？

先来欣赏一段大连球迷制作的网络视频《你来我们主场嘚瑟干什么》，歌词如下：

金州体育场是属于蓝色的
你来我们主场嘚瑟干什么
我们大连队是不可战胜的
你来我们主场嘚瑟干什么
再强再狠的都已经被灭了
你来我们主场嘚瑟干什么
还挣扎什么快举手投降吧
你来我们主场嘚瑟干什么
（音：喃来俺们主场嘚瑟干横末！）

“嘚瑟”主要有两个意思：一是过度地张扬自己，炫耀自己，获得不值一提的成绩或做成一件芝麻大的事就得意忘形、忘乎所以；二是举止轻浮不稳重，比较张扬、活跃，这也是一种“嘚瑟”。在不同的语境里有不同的感情色彩，一般带有贬义或调侃之意。

“嘚瑟”大概源于“得色”。古书里常说的“面有得色”，就是指一个人得意扬扬的神态，也是指爱显摆爱炫耀的性格。刘禹锡的《和董庶中古散调词赠尹果毅》里有一句“迟回顾徒御，得色悬双眉”，这里的“得色”与今义相同。“嘚瑟”是赵本山小品里的高频词，但实际上，“嘚瑟”并非只存在于北方语系，在长沙、陕西、广东等地的方言中也出现了“嘚瑟”一词，均有“显摆炫耀、得意忘形”的意思。譬如，在湖南长沙话里，“嘚瑟”是“自以为很了不起”的意思，属贬义词。“有点钱你就臭嘚瑟啊？”这与大连话“嘚瑟”是一个意思。

盛夏浓荫匝地的洋槐树下，几位大连女人聊天，其中一位讲起了儿子找对象，“俺儿就喜欢嘚嘚瑟瑟的，最近找了个小姑娘会唱歌跳舞会弹钢琴，还会说四国语言。去年老李大嫂给介绍的一位大学女老师，那么稳重文静的一个大姑娘，俺儿偏看不上，就喜欢嘚瑟型的。”

《三联生活周刊》记者采访铁岭民间艺术团原副团长乔杰，曾问过这样一个问题：东北为什么能出来那么多明星？答曰：东北人爱嘚瑟。还真是这么回事，这人一爱嘚瑟，表现欲就强了，表现欲一强可不就想去当演员当明星了嘛。

大连人性格豪爽，豪爽的近亲性格就是“嘚瑟”。在过去年代，一个爱嘚瑟的人肯定不受人待见。在单位，领导会提拔那些性格稳重、处事谨慎、为人踏实的人；找对象，男方及男方家人都喜欢性格成熟、举止稳重的姑娘。一个姑娘爱嘚瑟蕴藏着情感出轨的风险，男人娶这样的姑娘常心有顾虑。爱嘚瑟甚至是作风不好的委婉说法。一个女人生活作风不好，人们会闪烁其词地评一句“她嘚瑟得不轻”。

张三就职于某外企，月薪不过三十张粉钞，却名牌傍身。勒紧腰带买个名牌包，信用卡刷来名牌皮带，这种消费行为在父母眼里是“穷嘚瑟”。但张三说，这是一种职业精神，谁会将一个大单子交给一身寒酸的职业人？今天的“穷嘚瑟”是为了明天的飞黄发达。

嘚瑟就是张扬的意思。如今人们常说：做事要高调，做人要低调。这里的高调就是张扬的意思，那么是否可以说“做事要嘚瑟，做人要低调”呢？

大连人用“嘚瑟”来组词，会有“穷嘚瑟”“嘚瑟腚”“嘚瑟疯”等。在身体各部位中，屁股应当是最沉实最稳重的，一个人唯有坐得住，才能出成果。比如作家这个职业，必须安如磐石稳坐春夏秋冬、白昼黑夜，才能出来创作成果，如果是个“嘚瑟腚”，今天应邀去剪个彩，明天应邀去跳个舞，屁股成天“嘚瑟”着，肯定无法静下心写出好作品。

休年假了，压力巨大的人们要找个地方“嘚瑟”一下，就是说找一个地方旅旅游，放松放松身心。一大连姑娘要模样有模样，要才气有才气，要人品有人品，这样的姑娘非要嫁给一个穷小子。姑娘的父母强烈反对，姑娘要随穷小子去外地闯荡，父母含泪痛斥：“走吧，走了就别回来，看你们能嘚瑟到哪儿去！”在父母看来，骑辆自行车是嘚瑟不起来的。与某些物质女相比，该姑娘嘚瑟的是爱情啊！

嘚瑟是一种勇气，更需要资本。年轻人往往有勇气有资本嘚瑟，稍染岁月风霜的人，心有负担和惰性，大多数按部就班、缺乏新意地生活着。年轻，没有什么不可以，我的地盘我做主，敢于突破禁忌，敢于创新，敢于张扬，就能嘚瑟出一派小风光。我嘚瑟，我快乐！在年轻人身上，嘚瑟是一种活力，是一种积极向上的精神风貌，是酷，是拉风，总之是好看的。

还有两句大连话与“嘚瑟”近义。一是“轻腚子”，二是“浪摆”。“轻腚子”乃“嘚瑟腚”，是轻浮不稳当的意思。例句：你看那个轻腚子，一天到晚穷嘚瑟。“浪摆”是轻浮、招摇的意思，常见大连人这样调侃或训斥别人：“你败浪摆败嘚瑟了！”

在现实中，一个人还是应该低调谦卑一些，不要恃才傲物，不要锋芒毕露，谦逊平和才是令人终身受益的美德。即使有水平，也不可过度张扬卖弄；没水平，就更不该嘚瑟了。人们真正发自内心尊敬的是那些有智慧、有美德、有修养的人，他们平和低调从不浮夸，话语不多，说出来的却被人记在心上。

隔 路

一个不合群、不入流的人，追求与众不同的另类感，就是“隔路”。客观地说，“隔路”应是中性词，但多数时候被作为贬义词使用。

隔路，顾名思义就是隔了一条道路，走另外一条道路。在过去年代，那些搞艺术的人通常会让我们觉得很“隔路”，首先他们的扮相就很“隔路”，男士梳一条马尾辫，女士剃一个板寸，服装是凌乱、破碎甚至肮脏的乞丐风格；其次是他们的做派很“隔路”，大致表现是不食人间烟火，不解人情世故，一副我行我素、天马行空的样子。

大连人常常将一个人不善于处理人际关系、没有多少人缘称为“隔路”。人们都不大愿意跟这样的人打交道，或敬而远之，或厌而远之。大连人还会将“隔路”说成“两路”，这就更加通俗易懂了。“那个人真两路，跟他打交道都会折寿！”“这个人真隔路，跟谁都处不到一块儿。”“隔路”者性格孤僻或古怪，为人处世不按常理出牌，虽然不违反道德，却令人心生反感。

“隔路”与天津方言“格涩”的意思相同。格涩，也写作“格色”或“个色”，《现代汉语词典》里写作“各色”。“个色”的“个”，就是个别、极少数、少有的意思。曹禺《日出》第三幕：“你这孩子也‘格涩’，放着生意不做，一天就懂得哭。”刘心武《我爱每一片绿叶》：“也难怪小余对魏锦星这号难以就范的格涩人物不予谅解。”侯宝林《姓名学》：“甲：‘苹果都是红的、黄的，她偏要蓝的。’乙：‘格色！’”天津作家林希曾写过一篇《格涩》的小说，主角是某洋行经理格赛。在社交场合，中国人习惯与人分享香烟，这是一种礼节。可是格赛经理无论和谁在一起，吸烟时，他只往外掏一支烟，明明知道对方也会吸烟，可是他点着了自己的一支烟，立刻将烟盒放回口袋里，从来就不懂得让一让。格赛经理和一位中国客户一起吃西餐，一人要了一盘牛排。吃完后，格赛经理抢着付账，急得那位中国客户和他争了半天。待格赛经理付账之后，两人一起往外走，那位中国客户被伙计拦住了，原来格赛经理只付了自己的那份牛排钱。“这是什么人性？”天津人都说这位格赛经理“格涩”。

“隔路”与“格涩”，其实与人性、与道德没有多少干系，而是生活经历和生活理念的不同。

在如今这个多元化的时代，大连人使用“隔路”一词的机会少了。再另类、再稀奇古怪、再冷门的人，我们也见怪不怪了，也能以一颗理解包容之心去看待。这是一种思想解放，也是人类求同存异的生存智慧，是在不违背法律和道德的前提下于生存状态上的“百花齐放”。过去我们认为“隔路”者都有怪癖，但如今却发现所谓的怪癖其实是大有说道的，那可能是一种来源独特的思想与见识，也可能是不能言说的往事背影倒映在眼下的生活池子里。再“隔路”的人，也会有人喜欢。同样，再好的人，也会有人说坏话。好与坏是相对而言的，讨厌你的，优点也是缺点；欣赏你的，缺点却是优点。“隔路”者可能是一块璞玉，为慧眼识珠者特别欣赏，经过一番打磨与调教，也会成为良才。

其实，我们每个人内心都有一些“隔路”的想法，只不过我们更易于与现实讲和，向制度妥协。对于“隔路”者，我们不要习惯性地去批判，去反驳。像读一本书，静下心来认真地读上几页，你会发现“隔路”者的内心也有着好看的内容。

台湾作家李敖的女儿李文女士，一年四季到处投诉，被她投诉过的人群里，有中国人、美国人，有美容店、航空公司、面包店、出版社、街道办事处，有出租车司机、交警、摄影师，甚至连美国总统也被她投诉过。李文说，投诉，这是我的一种美容方式！你说这个女人“隔路”不“隔路”？但细看李文所投诉的那些人那些事，你会发觉，人家李文的“隔路”代表着一种正义。作家王朔曾经在新书《我的千岁寒》发布会上口出狂言也显得很“隔路”，他说“我写的东西，你们看不懂就别看，我根本不会向你们妥协。我不介意批评，更严禁相互吹捧。我就是一个文坛钉子户”。确实，“隔路”者疑似钉子户，但大多数钉子户都是值得原谅的。

在一个单位或团体里，“隔路”者比老奸巨猾者、滚刀肉者要好得多。

“隔路”者大多是个性所致，没有损人利己的坏思想，本质上不属于“公害”，与“搅牙”“掉歪”的人大不相同。

“隔路”有时还会华丽转身成为褒义词。比如说，一个执法者铁面无私不徇私情，别人会说他：“真隔路，找他办点事真难！”一位企业管理者，为残疾人、烈士遗孤、下岗工人等提供就业岗位，却决不肯向家族里的无业者敞开大门，这位企业管理者会被家族人评价为“真隔路”。

最后再说一说“隔路”与“闹妖儿”的异同。“隔路”与“闹妖儿”都是形容逆情悖理的行为，虽然都属于贬义词，但二者程度有别。“隔路”是指走不同的路、不随大流、不人云亦云的一种生活态度；“闹妖儿”是指绞尽脑汁出鬼点子、坏主意戏弄人、算计人。二者本质区别在于，“隔路”者虽利己却不损人（也只是让自我心理舒适度得到了满足），而“闹妖儿”者，其动机与结果皆直接损人。

够你喘的

“够你喘的”，就是够你受的意思。

“80后”张三立志要买房，父母身为普通工人，没有能力赞助他首付款。张三挣死扒命地赚钱，生活上参照“抠抠族”，能省则省，几年后终于攒足首付如愿购得蜗居一栋。朋友们都羡慕张三跻身“有房族”，可父母清楚儿子的生存真相，“扎脖颈儿里买个房儿，每月要还银行四五千，要还整整30年啊，够他喘的！”长叹一声，又说，“每月还了银行剩下的钱都不够饭钱，比家门口支小摊烤鸡脖的南蛮子强不到哪儿去！”

大连话有两个特点：一是准确，二是生动。“够你喘的”最具代表性。“扎脖颈儿里”也是一句大连话，是说一个人为了省钱扎进脖子里，扎进脖子里干吗？不吃饭呗。这曲里拐弯的表达需要费点脑力才能品出意思。

大连女人爽快大方，不喜欢南方男人的精细，斥之为“小家乱气”。尤其不能接受将“精算主义”美化成懂得生活。大连女人喜欢“越野男”，大连男人很多都是“越野男”。喜欢“越野男”，就不能抱怨他不省油。“越野男”是如何不省油的呢？他呼朋引伴四处撒欢，吃喝玩乐行娱购，哪一样不需要花钱？在女人能干的家庭里，男人受宠，可以不上缴薪水，他的薪水是他的零用钱，基本与朋友共享了。多数女人还要靠男人养家糊口，所以支门过日子没几天，便灭了他的“越野气”。这些年工资卡长什么样他都淡忘了。话说某日，一江湖哥们儿急需一笔款子，哥们儿之间该拎刀时不能拎剪子，该拎钱时不能开空头支票。男人翻箱倒柜偷出家底借给了兄弟，结果兄弟跑路了。“这下子可够你喘的，看你怎么跟老婆交代！”老婆大人发作了，“越野男”蔫头耷脑奄奄一息着。有亲朋好友安抚老婆大人，“越野男”这才喘出了一口活气，开始忏悔，掌脸，并拿出讨债方案，以慰芳心。

但追债之路啊，也真“够你喘的”！

以大连话“够你喘的”来形容“北上广”的生存状态最准确，最生动。

“北上广”是三座城市的名字，这三个字看上去就令人产生“够你喘的”的心理压力。“北上广”是中国综合实力最强的三大城市，其中北京定位为世界城市，上海、广州定位为国际大都市。与城市名相匹配的是高昂的生存成本。高收入只属于个别少数人，“乐活”也是由他们发明的词。更多的人是“蜗居族”、是“蚁族”，根本买不起房子，青春没有安全感和幸福感。工作的压力，人际关系的压力，生存环境的压力，各种压力都集中火力在进攻，实在是够你喘的。有些人勉强在城市里站稳了脚跟，有了“蜗居”开始繁衍生息，却发现孩子入托、上学都得排队、找关系，“够你喘的”的人生继续上演着……大城小命，每一条小命都在奔波。熬不住的年轻人开始逃离“北上广”，到二三线城市安营扎寨，想过有尊严的生活。然而却发现，“城市病”正在中小城市迅速蔓延……

人的肉体在空间里遭受挤压，最直接的生理反应是喘不过气来。人置身于困境之中所承受的精神压力，若以生理感受来形容，也是“够你喘的”。疲于奔波的都市人，既逮不住“洪福”，也捏不住“清福”。女人当作男人用，男人当作牲口用，亚健康了，华发早生了，抑郁成灾了，以大连话“够你喘的”来形容身心所经受的滋味，再生动不过了。

如果你感到“喘”了，着实应该关注自己的精神世界。职场人的生存压力大体相同，升职加薪一波三折，新人们突飞猛进，曾经老辣的实力派陷入“廉颇老矣”的颓境，此处是“喘”，彼处是“喘”，处处皆是“喘”。很多职场悲剧表明，当压力洪峰排山倒海让人“喘”不过气来时，压垮人的其实是一根稻草。

“喘”了，就停下来歇一歇，缓一缓，身体才是最重要的资本，要爱惜，要保养；“喘”了，请将欲望砍一砍，删一删，为名利奔波没有尽头，得不偿失。见素抱朴，少私寡欲，可能会活得更自如，更快乐。

在职场高压氛围之下，除了期待企业的人文关怀更到位，我们还得建立自己的减压体系。通俗地说，这个减压体系的内容，就是学会玩，学会休闲。《于丹趣品人生》一书中讲述了古代名士们富有情趣的生活方式，于丹用各种事例告诉我们：高品质的生活并不是有钱人的专属，只要有一张琴、一壶酒、一杯茶，每个人都可以拥有古代名士那种悠闲舒适的生活。人在忙碌、在工作的时候创造的是意义，在休闲、在玩的时候创造的是意思，当意义与意思能平衡的时候，就是人生比较完美的状态。

去寻找属于我们的那张琴、那壶酒、那杯茶吧！

秃噜翻张，疵毛撅腚

“秃噜翻张”，是指事情没办好或说话语无伦次。

杀鸡宰猪有一个特别麻烦的环节就是去毛褪皮，乡下人称其为“秃噜”。“你把这只鸡拿去秃噜秃噜”，意思是将这只鸡的皮毛去净，处理成白条鸡。“翻张”是指动物皮毛凌乱、张扬的状态。在乡下，宰杀通常由男人来操作，而“秃噜”则由女人来张罗。这个活干得不利索或不得要领，就会“秃噜翻张”的。

新鲜的地瓜、土豆如果不慎弄破了皮，就叫“秃噜皮”；在澡堂里被搓重了，会说“你把我搓秃噜皮了”。“秃噜翻张”的事物都是缺乏美感的；“秃噜翻张”的产品都属于劣质品。

宰杀家禽是个技术活，手起刀落之间讲究个“快、狠、准”，但“秃噜”却是一个工夫活、细节活，像泡工夫茶似的，需要一定的耐性和精细。

大连话“干净”是“秃噜翻张”的反义词。“秃噜翻张”就是“不干净”。“干净”是指人或事物的完美程度，比如人长得干净、衣服穿得干净、话说得干净、事办得干净、球踢得干净等。大连话“干净”大多时候与卫生状况毫不相干。“秃噜翻张”亦如此，基本不用来形容杀鸡宰猪，而是用来说人论事的。一个人说话颠三倒四不知所云，会被人批评“你说话怎么秃噜翻张让人听不懂啊”；一个人做事有头无尾或杂乱无章，会被人指责“你看他这活干得秃噜翻张的”。

“秃噜翻张”另一反义词是“喊里喀喳”。一个人做事干净漂亮，绝不拖泥带水，就是“喊里喀喳”。

一个人说话做事“秃噜翻张”，与个人习惯、智商和情商都有关联。前些年，一本名为《细节决定成败》的管理学书很畅销。该书作者汪中求以大量案例论述了“细节”在管理中的重要性。中国人不缺勤劳不缺智慧，最缺的是做细节的精神。我们的快餐拼不过麦当劳、肯德基，就是因为我们做不好“细小事”。作者汪中求在管理界被称为“细节专家”，在他看来，任何一项工程都可以分解成无数个细节，小到一碗面条的盐、油、水、温度，秘书配备一支签字笔能用多长时间；大到战略决策的可靠性分析及实施调整。在他的设计和管理下，企业既出不了英雄，也出不了重大事故责任者，“平平淡淡才是真”“落实细节才是真”。

“细节决定成败”如今已成为职场箴言。其实早在春秋战国时代，老子就曾说过“天下难事，必做于易；天下大事，必做于细”。海尔集团的张瑞敏也曾说过，将每一件简单的事情做好就是不简单，将每一件平凡的事情做好就是不平凡。精细化管理时代已经到来，每个企业都需要细节管理专家。职场上并不缺少雄韬伟略的战略家，缺少的是精益求精的执行者。对于职业者来说，“秃噜翻张”不再是可以忽略不计的缺点，而是一种丧失竞争力的致命缺陷。

细节决定成败！“秃噜翻张”不可取啊。

“疵毛撅腚”，乃吹毛求疵、桀骜不驯之意。

疵毛，是挑毛拣刺的意思。周立波《暴风骤雨》第二部有一段：“这么一比，就分出上下，解决问题。但也有弊病，疵毛的家伙，叽叽嘈嘈，争个不休，问题难解决。”撅腚，就是撅屁股嘛，一个人不肯“面对面”，分明就是不肯合作、不易驯服的表现。

据记载，“疵毛”是山东方言，具有三种意思。一是指做事做得很差劲。例句：这事你做得咋这么疵毛呢？二是形容一个人品性不端，素质低劣。例句：这人太疵毛，少跟他打交道为妙！三是形容物品质量差。例句：小杜要买一款电脑，我说你别买那款，很疵毛，老出问题。

山东方言是大连话的主要基因。早在公元109年，由于中原战乱，一些淡泊仕途的齐鲁名士纷纷逃亡辽东避难。他们在这里开坛讲学，传播中原文化薪火。因此有了“大连曾是中原文化的退守之地”之说。19世纪中叶，当虚掩的山海关大门敞开，苦难的山东人和河北人如滔天浊浪般汹涌而入。人是文化和信息的载体，人的流动必然带来文化的流动。当山东村在东北地区密集地复制，中原文化已呈大面积移植的态势，以燎原之火汹涌执着地四处蔓延，扎下了根并喧宾夺主。人数占绝对优势，使“海南丢子”具有强大的理由保持着中原文化的特征，而不必削足适履改变自己，正所谓“聚族而居，其语言风俗一如旧贯”。

大连人在“疵毛”后面缀上“撅腚”二字，首尾呼应，将一个不服管、不服输的“歪瓜裂枣”鲜活地刻画出来。

话说德州有一种小吃叫“撅腚豆腐”，将熟豆腐担子挑至十字街头，一不带碗碟，二不带筷子，只带许多十厘米宽的小木板，卖豆腐的人用刀将一片片豆腐移到小木板上，吃豆腐的人端着木板上的豆腐，怕弄脏了衣服，低头撅腚吃热豆腐，因此得名“撅腚豆腐”。撅腚吃豆腐显然不雅，大连话“疵毛撅腚”也是用来形容一个人的仪容仪表。大连人爱浪，男女老少在穿戴方面都讲究个体面和光鲜，最经典的说法是“苞米面肚子，料子裤子”。一个人衣冠不整，不修边幅，尤其是对头发缺少打理，就会被说成“疵毛撅腚”。“疵毛撅腚”的反义大连话是“水光溜滑”，是说一个人爱面子，精于扮靓，将头发梳理得一丝不苟，某些时候稍有油头粉面之意。比如，“你看张三媳妇整天把自己打扮得水光溜滑，在家什么活也不干。”

20世纪80年代的中国校园里，几乎每一所都会涌现出几个潮人。如今叫时尚达人，达人是指某一领域的高手；而潮人，带着些许潮气与萌劲。当年的潮人的审美观在今天看来是惨不忍睹的。首先是大做头型文章，潮男留一肩油渍长发或刺猬短发；潮女纷纷烫发，追求高庄头或爆炸效果。然后是潮裤妖衫，均以春光乍泄为美。他们大摇大摆地穿越校园，若被教导主任逮住了免不了挨斥：“你们打扮成疵毛撅腚的熊样，哪里还像个学生？你就像个小瘪三，还以为自己是黑社会老大啊？还有你，一个女生穿得像上海滩里那些女的一样，你们互相看一看，就是感觉美吗？”这些在仪容仪表方面“疵毛撅腚”者，也大都有着“疵毛撅腚”的性格。到后来，他们如何穿衣戴帽那都是小事，打架斗殴和早恋才最令校方头痛。

当我们回忆20世纪80年代的校园生活，这些“疵毛撅腚”者虽然不够光彩，却总是活跃在记忆深处。

时尚风水轮流转，如今“疵毛”也能登大雅之堂成为真正的时尚之美。如今，“疵毛撅腚”只是用来形容一个人桀骜不驯的性格。每个单位都有一个或几个“疵毛撅腚”者，“疵毛撅腚”者貌似具有梁山精神，爱打抱不平，实则常被人利用。此类人大多智商不高，情商更低，以与领导对抗，挑战制度而获得精神快感。将单位当成自家菜园子，长什么摘什么，一旦个人利益得不到满足，便“疵毛撅腚”起来，整个一泼皮无赖。对蝇头小利永远是那么兴致勃勃，那么寝食难安。

偶有例外，上层眼中的“疵毛撅腚”者，也可能是正义的化身。他们大都是疾恶如仇、诙谐疯癫的技术权威。因为技术权威不可或缺，他们敢于嬉笑怒骂，敢于藐视清规，更敢于与邪恶斗争，看似离经叛道，其实内心装满了慈悲与厚德。虽于市井沉浮，却有着“在最坏的时代，做最好的自己”的清醒与冷峻，因此在民间有着广泛的影响力。

东北人身上有股“虎”劲，在过去这片黑土地上，“虎”的本义是“勇敢”，“虎”是个地道的褒义词。而今天，人们的处世哲学讲究圆滑与柔韧，“虎”沦为贬义词，二虎吧唧、虎拉吧嚓、虎惺惺，都是对不识时务却敢四处拉风之徒的描绘。“虎”也是冲动的代名词，与“疵毛撅腚”是近亲关系。

话说咱东北，由于地处关外，气候寒冷，土地辽阔，形成了独特的东北文化。受艰苦的自然环境的磨炼，生长在这里的人形成了性格粗犷豪放、热情坦荡、真诚无私、不计较小节的特征。然而在本山大叔的剧中，基本看不到东北人的正面形象特征。若用一个词概括本山大叔剧中人物的形象特征，就会想到大连话——“疵毛撅腚”。

捞干的　拉饥荒

捞干的

“捞干的”，从字面上看，就是捞干货的意思。

何为“干货”？以风干、晾晒之法去掉了水分的食品，保留了原始风味和大部分营养成分，便于长久储藏、长期食用。“干货”是比喻实在的、有价值的内容，“这篇文章干货不少，值得细读”。

如此看来，“捞干的”可以理解为纯粹、真实，不含任何虚假、造作、吹嘘的成分。干货最实用也最有价值。一些活动常在宣传时郑重声明是“干货分享”。《现代汉语词典》后来收录了“干货”一词，而之前它应该活跃在网络上，“来点干货”“求干货”“全干货”是风靡网络的流行语。网络热词能跻身词典，只有一个理由，那就是它的表现力太出众了。

星霜荏苒，秋气肃杀，大连人开始忙活着制作各种干货，确切地说，是家中的长辈热衷于晒干货。如今生活富足，晒干货的意义与往日大不相同，过去晒干货是为了“熬冬”。冬季漫长，缺少新鲜蔬菜，在秋收时节将各类蔬菜晒干待用，既是一种生活窍门，也有不尽的生活趣味。如今晒干货只是一种生活仪式感，借此怀念过往一饮一啜、一草一木的温馨，感召子孙后代要心存敬畏，且行且珍惜。

“捞干的”是一条“海蛎子味”浓郁的大连话。众所周知，大连话有一股“海蛎子味”，那么，“海蛎子味”是什么味？总结归纳起来是三个字：土、冲、野。据说，20世纪80年代钓鱼台国宾馆曾多次在大连招聘服务人员，大连人形象好、气质佳，但一开口说话就露馅了，不但语速快，语调还生硬，给人感觉很冲，有一股子咋咋呼呼的野气，从事服务业显然缺乏亲和力。相比之下，语调温柔、语速适中、抑扬有度的江浙口音更易胜出。

“捞干的”是过去年代的生活细节。20世纪六七十年代，城市人过着凭票限量供应的生活，按月领粮票，粮票分为大米票、面粉票、粗粮票等，大米白面的供应量通常不高，粗粮可管够吃。粮食定量除了看年龄，还要看身份，机关干部、大中专学生、特殊工种会高一些。那个年代，老百姓信服所有的规章制度，量入为出，安居乐业，内心一派祥和。除了粮油，糕点、茶叶、白酒这类“轻奢品”，以及自行车、手表、缝纫机这类显赫的“大件”都是凭票购买。各地的商品票证分为“吃、穿、用”三大类，所有正经入口的东西都有票证。在穿的方面，除了布票，还有化纤票、棉花票、棉胎票、汗衫票、背心票、布鞋票等；在用的方面，有肥皂票、手纸票、洗衣粉票、火柴票、抹布票、灯泡票、煤油票，甚至月经带、洗脚盆、洗澡、理发都有票证，结婚、生孩子、丧葬这类大喜大悲之事也要凭票操办。这种“限量式”的生活是今天的“淘宝族”不可想象的，量贩式的购买、占有、消耗终有厌倦之时，极简主义日益兴起，践行“断舍离”生活理念的人群逐渐壮大。

在老辈人的记忆里，只有过年时才会焖一锅白灿灿、香喷喷的大米干饭。平日里，只有粗粮可以实实在在地吃，细粮要细水长流“稀”着吃。倒半锅清水，撒一小把白米，煮的是“稀饭”。先旺火滚开，再文火细熬慢煨，米量实在太少，无法熬出稠浓感，这锅一清二白通透见底的米汤，给谁捞干的？给谁舀稀的？老人孩子是家中弱势群体，男人是当家人、养家人，唉，过去的日子是一场纠结跟着一场纠结……

过去是冷清寡淡的稀饭，今天是内容丰富的粥。粥的花样太多了，肉粥、面粥、菜粥、鱼粥、麦粥、乳粥、果粥、花卉粥、豆粥、八宝粥，等等，粥已跻身富有人文色彩、滋补力强劲的养生层次，小康生活必有一碗养生层次的粥，幸福家庭皆有一碗养生层次的粥……

“闲时与你立黄昏，灶前笑问粥可温。”粥是稠黏绵密的，是长情陪伴相濡以沫的。而稀饭零七八碎一清如水，干的并不多。佛经告诉世人，粥有资色、增力、益寿、安乐、辩说、除风、消宿食、辞清、除饥、消渴十利。腊八节喝粥，不为果腹，只为祈福。

大连人夏天爱吃凉拌面，将面条煮好之后，滤汤水捞干的，佐以蔬菜沙拉或肉酱。冬季里到饭馆吃饭，大连人爱点砂锅，砂锅主料有牛肉、猪排、羊蝎子、鸡块、鸭血、鱼头等，配料也丰富，大白菜、豆腐、萝卜、海带、香菜、腐竹、山药、笋片等。吃砂锅先喝一小碗汤，之后要捞干的吃。在物资匮乏的年代，有干的可捞那是好生活。而如今，我们将餐后一盘盘“干的”都倒掉了……

“捞干的”在大连又被引申为实实在在的意思。在裁员动员大会上，老板讲完国际经济如何衰退，又讲国内经济如何低迷，有人站起来喊了一嗓子：“败（别）说那些没用的，你就捞干的讲吧，把裁员方案亮出来，谁去谁留，怎么个补偿法……”多年未见的老友突然造访，一番寒暄叙旧之后，老友拐弯抹角地说起了生存窘境，你不落忍，将话挑开，“你就捞干的说，现在有何难处？需要我做什么？”省略开场白，开门见山，直奔主题，这就是“捞干的”。

大连人说话有一股冲劲，每一句大连话都蘸着点辣根说出口。一句“捞干的”，既简洁直白，又有一股土气味和冲劲，生动地体现了大连人的真实性格，反映了“海南丢子”的命运背景。当年，我们祖辈的“山东家”满目疮痍，战乱、大旱、水灾、蝗灾在那片土地轮番上演，饔飧不继，卖妻鬻子，极其悲惨。祖辈们决定迁徙他乡找条活路，其实这也是一种“捞干的”的精神——我就是要活着，活着是硬道理，活着是最后的胜利。“闯关东”成为祖辈们纾困求生的唯一途径。他们来到了大连，码头是落脚地，也是生存地，落地即生存。他们穿起了粗劣的短褂，扛起了麻袋包，成为大连港第一代码头工人。在命运深处，他们孜孜矻矻，甘做牛马，凭着一股子“捞干的”的打拼精神在异乡扎下了根基，燃起了生的灯火……

《中国城市性格》一书对大连的定义是“最清新的城市”。与南方人相比，大连人少婉约多豪放；可在东北的阵营里，大连人又是婉约派。大连以浪漫时尚而著称，受这种城市格调的浸润与涵养，大连人多了清新与灵动的婉约气质。如今新一代的大连人，骨子里的实诚劲似乎不够突显，“捞干的”已成为老大连人的脾性，定格在遥远的回忆之中。

与“捞干的”意思相反的是“虚里冒套”。大连人不喜欢与虚里冒套之流打交道。那么，什么是“虚里冒套”呢？“虚里冒套”也是大连话，是大连人自己发明的成语，与“虚情假意”语义相同。大连人在人际交往中讲究一个实在，如今这“实在”被说成了“靠谱”，不靠谱的人，就是虚里冒套的人。这种人喜欢玩虚的，绝不会跟你“捞干的”。

不刮堆儿，烧包

“不刮堆儿”，是形容东西少，不够数。通常是形容食物，也可以形容金钱或其他生活物资。

“不刮堆儿”的“刮”，大连人不念guā，念kuǎ，意思是将少量东西聚拢、凑集一处，与“攒”同义。如农村秋季打谷晒场，收尾的时候，将残余的粮食“刮一堆儿”，别浪费。“刮一堆儿”即为一餐。显然，不刮堆儿，就是不够一餐的意思。家里突然来了几位客人，主妇忙活了一桌子菜，却不怎么刮堆儿，不怎么够吃。

“不刮堆儿”这个词条是编辑部曲老师向我推荐的，当时品读一番，没有太多滋味，总觉得它不够典型。后来与几位老辈大连人交流，确认“不刮堆儿”是一条非常典型的大连话，绝不容忽视。为何对“不刮堆儿”没感觉呢？原因很简单，我没有经历过那个“不刮堆儿”的年代。

“不刮堆儿”的年代是指三年困难时期。家族一位70多岁的长辈回顾：1959年9月，他升入初中成为一名寄宿生，学校的伙食比家里的好，定量又充足，女生是31斤，男生是32斤，敞开肚皮造也“歹”不完。学校没有餐厅和饭桌，天晴学生就在操场上吃，刮风下雨就进礼堂里吃。开饭时，每个班的值日生负责到食堂抬馒头，稀饭和菜得自己排队去打。打回了稀饭和菜，围着自己班的那筐馒头吃，一般是就地蹲下吃。采取蹲着的方式吃饭是很多人私底下的嗜好。然而好景不长，不论是站着还是蹲着，都没有东西可吃了。严重的自然灾害降临，粮食的定量不断削减，从30来斤降到27斤；食油的定量也由每月1斤降到4两；肉类，每人每月仅2两。紧接着，蔬菜及副食品也骤然锐减，白面馒头没了，高粱、玉米、红薯面窝窝头出来了。后来，这些正经食物也少了，也不够了，也“不刮堆儿”了。有一天班主任老师说："放学后大家都不要走，咱们去挖野菜，灰灰菜、野苋菜、马齿苋、杨树叶、柳树叶、榆树叶……凡是能入口的，都弄回来吧！"以瓜菜代口粮，这就是著名的"瓜菜代"一词的来历。十几年前，《南方都市报》开辟《旧年旧词》栏目，对"瓜菜代"的记载是：低指标，瓜菜代，少吃粮食多吃菜。当时城市职工编了一句顺口溜："南瓜北瓜，天天吃它，无油少盐，味道不佳，和饭一煮，还挺呱呱！"城市还有瓜可吃，农村可就惨了，漫山遍岭的野菜被撸尽了，就开始扒树皮。农村人也编了一段民谣："低指标，瓜菜代，吃得饱，饿得快。肿了大腿肿脑袋。当天死了当天埋，穿上杠子往外抬。"到最后，白茫茫的大地上什么也没有，人们开始吃土……这已经超出"不刮堆儿"的叙事范畴。

某文学网站上有一篇名为《水国》的长篇小说，在叙述中使用了"不刮堆儿"这个词："二姐芦缨是在腊月里出嫁的……说起嫁妆，父亲说钱不刮堆儿，可也不能太不给亲家面子，按富屯溪嫁女儿的习俗，至少要有橱子、桌椅和柜子三大件。"

单位附近有一间老张擦鞋店，我在这里擦鞋有四五个年头了。去年冬天，老张擦鞋店改造升级成高档皮具养护中心，老张聘了一位60多岁的老汉做店员。他对老汉很不满意，觉得老汉技术不行，修鞋是个灵巧活，老汉手脚太笨。老汉的服务态度也不好，不会迎来送往地寒暄应酬，经常捧着一只女鞋破口大骂（因为过于时尚的设计导致细节难修）。有一次恰好被鞋主听到，结果丢了客，丢了鞋之外的皮衣皮具养护的大生意。老张一直叫嚣着要炒了他。年关临近了，老张托我帮他买火车票，由火车票讲到他位于松花

江畔的富饶老家，老张问我："你老家哪儿？""城子坦！俺老家是辽宁省历史文化名镇。"在角落里修鞋的老汉突然直起腰身，爽朗地笑着说："你城坦的？俺也城坦的！"老张不满地瞅了老汉一眼："你怎么是城坦的？你不是大连人吗？"老汉也不满地瞅了老张一眼："谁告你俺是大连

银（人），俺是城坦的！”将“城子坦”说成“城坦”，这确实是我们城子坦人的口头习惯。私下里，我跟老张说：“你可不能炒我城坦老乡的鱿鱼啊，这么大年纪不容易啊！”老张承诺我一句“不会的”。

有一次去擦鞋，老张不在，城子坦老乡热情地与我聊天，他可是从来不招呼客人的。老乡说着一口的狭义大连话，这里的差别与特色只有我这个老乡听得出。我问他：“在这儿干得舒心吗？”老乡说：“还行吧，出来给人打工，还能不看人家脸色？工钱还行，就是中午饭‘不刮堆儿’，就管一个盒饭，没什么东西，吃不饱！”

后来，我跟老张说：“中午这顿饭，就不能给我老乡加两个不二心家的肉包子？他吃不饱，不刮堆儿！”老张惊讶地说：“领导啊，一个不二心家的包子3.5块，两个就7块钱，加上那个8块钱的盒饭，他一顿饭就造了15块钱，比我一天的伙食费还高！领导啊，就他干的这个奶奶活，就他这个水平，我不开他，就相当够意思了！再说了，我这儿也不是体力活，8块钱盒饭怎么就不刮堆儿呢？”“员工吃饱饭，才能跟你不二心啊。”老张将他的顾客，不论男女老少，一律称为“领导”。“你们城坦人说话真蹊跷，不刮堆儿，不刮堆儿，像说暗号似的。”

可不是嘛，乡音俚语就是我们在人世间辨认彼此的暗号。

“烧包”，是指兜里有点钱就想花出去。它是北方方言，见于北京话、山东话、天津话等。

《北京方言词典》对“烧包”如此记载：“这几天他正烧包哪！午饭刚吃了烤鸭，晚饭又要吃涮羊肉。”《北京土语辞典》记载：“北京话的‘烧包’也可以说成‘烧’，讽刺人因有钱而不知所措，含贬义。”

北京话的“烧包”与我们大连话的“烧包”都是一个意思。“烧包”还有得意、炫耀的意思。例句：真受不了你那副烧包样。

年轻茶友小翟跟我讲他的喝茶经历，两年前，他跟一位资深茶人学着喝茶。从此，每个月最重要、最大宗的消费便是买茶叶。为了喝茶，他果断地戒掉了烟酒，父母说这是好事。可时间久了，父母发现喝茶也是个高消费，年轻人赚钱不多，喝点铁观音就行了，若喝普洱茶，喝点在市场上广为流通的品种就行了，喝什么老茶呢？那老茶，不知经过几番几轮的炒作，一个茶饼低则三四千，高则五六万，哪是工薪阶层喝得起的啊！父母常叹息：“还有你这样喝茶的吗？柴米油盐酱醋茶，不就是开门七件事吗？这么上瘾，简直像吸鸦片似的，败家啊。”鸦片战争确实因茶而起，喝茶确实是戒不了的嗜好。老舍先生说：“我不知道戒了茶还怎样活着，和干吗活着。”鲁迅先生说：“有好茶喝，会喝好茶，是一种‘清福’。”至于周作人先生，那更是与茶痴缠不清，一生宅在茶里不能自拔。他在《喝茶》一文中写道：“喝茶当于瓦屋纸窗之下，清泉绿茶，用素雅的陶瓷茶具，同二三人共饮，得半日之闲，可抵十年尘梦。喝茶之后，再去继续修各人的胜业，无论为名为利，都无不可，但偶然的片刻优游乃正亦断不可少。”由此可见，茶带给人的深远意义其实不在喝茶中，而在喝茶之后。可是小翟喝茶之后，依然是优哉游哉、不思进取的状态。去年年底公司发奖金，按绩效考核，小翟拿到14000元。他果断地花12000元买了几饼垂涎、思慕已久的老茶，只留2000元过年。老妈很生气：“你个烧包！发了钱还不赶紧还信用卡，哪天银行来拍咱家房子，看我不敲断你腿！”

烧包，有挥霍一空的意思，但显然又不是那种穷奢极欲的挥霍，是为了满足自己的那点亦正亦偏的嗜好，下手稍微狠了点。

新的一年，小翟依然和一些有钱有闲的中年人士徜徉滨城大小茶庄。人家中年人士经过半生打拼已拥有坚实的资本，喝茶一派理直气壮、云淡风轻。而小翟，年纪轻轻不干事业成天泡在茶里，豪情泯灭，斗志削减。一个月4000多元钱，也就吃个便饭，还喝什么茶？烧包！

颠倒，倒板

“颠倒”在《现代汉语词典》里有以下三种释义：上下、前后跟原有的或应有的位置相反；使颠倒；错乱。

大连话“颠倒”的含义很丰富。其一是筹集的意思。如今在辽南农村一带，人们还经常使用这个词。子女要去外地打工，临行之际，父母要颠倒俩钱儿让孩子带着。有时候，自家经济条件很紧张，实在颠倒不出钱来，就要去别人家颠倒。去别人家颠倒俩钱儿，就是借钱的意思。一般是在黄昏时分，晚餐结束了，家家户户收拾了杯盘狼藉的饭桌子，一家人不挪屁股剔牙唠嗑儿，话题散淡随便扯，这是一天当中最放松、最柔软的时刻。有客推门而入，来客可能是相交和睦的邻居，可能是亲戚，女主人赶紧拾掇桌子沏茶倒水热情待客。来客只将半个屁股挂在炕沿上，如坐针毡难以启齿的样子。精明主人窥出来客心中有难，便主动相问：“老张，你是不是有事？有事你就说话。”老张嗫嚅着说：“大兄弟，你能不能颠倒俩钱儿给我用用？这不，我家张三看上了西泡一个姑娘，这几天正准备定亲，孩子他妈去年得场病花得净空……”

如今，都市工薪族的生存境况如《蜗居》所写：“每天一睁开眼，就有一串数字蹦出脑海，房贷六千，吃穿用度两千五，孩子上幼儿园一千五，人情往来六百，交通费五百八，物业管理三四百，手机电话费两百五，还有煤气水电费两百，也就是说，从我苏醒的第一个呼吸起，我每天要至少进账四百，至少……这就是我活在这个城市的成本。”生活成本名目繁多，而薪水如此微薄，钱在手里颠来倒去，就是颠倒不开。这些生活开支项目排名不分先后，哪一个都很重要，都不能精减。在过去的年代，父辈们饱尝在金钱上颠来倒去的窘境，但那是一个贫富差异并不巨大的年代，人们在心理上并未经受贫穷所带来的羞耻感。而如今，多少“蜗居族”“蚁族”是以颠倒信用卡勉强度日。经济上的极度窘迫，是他们无法感受幸福的主要原因。

大连话“颠倒”的另一层意思是策划、思忖和掂量。在办公室政治中，经常有人颠倒话儿给你听，也叫“扔话儿”。这种“话儿”是弦外之音，其指向性与目的性很强。还有“颠倒词儿”一说，写文章遣词造句，就可以称为“颠倒词儿”。张三与西泡大姑娘要结婚啦，作为新郎官，张三要在婚礼上发表新婚感言，可张三不会“颠倒词儿”，他找记者朋友帮他写了一篇文采熠熠、情思飞扬的新婚感言，将新娘和来宾们感动得像看了场韩剧。

在中午时家里突然来了客人，男主人让女主人赶紧去颠倒几个菜。“颠倒几个菜”，就是做几个菜的意思。女主人接到指令赶紧下厨房，根据现有材料在心里拉出一张菜单。这个过程就是“颠倒”，也就是思忖、掂量的意思。

张三托同学办事，并交给同学一笔公关费。“这事全拜托你了！你就颠倒着办，钱不够，你就放一声。你办事，我放心！”需要“颠倒着办”的事情，并不是在“窗口”光明正大地办，而是在“桌下”策划操作。“桌下”藏着太多的潜规则，太多的“颠倒”。

“倒板”，即走样。当形容某人头脑清晰，思维敏捷，在关键场合仍能出口成章，侃侃而谈时，大连人常说“不倒板”。

“倒板”一词令人联想到服装设计，服装设计中有一环节叫服装制版或打版，这个环节技术性很强，如果在这个环节“倒版”，整个服装设计就会走样。

大连人性格粗犷，感情直露，胸无城府，如光风霁月，令人舒畅。大连人做事干净利索，绝不拖泥带水，讲究一个嘁里喀喳的办事效率。但是，大连人也最容易神经大条，做事缺乏深度思考，或者不走大脑，在这种情形下就很容易干“倒板”活。

做事倒板，可能与业务水平低有关，也可能与工作方法或工作态度不当有关。能力差自然不必多说，肯定干不好工作。这里说一说工作方法的问题。北方人做事如狂草风格，陶醉于一气呵成大气磅礴的挥洒感中；南方人做事就像写小楷，屏息凝气用情至深地运笔，写出了圆润娟秀、挺拔整齐的气象。北方人看不惯南方人的做事风格，嗤之为婆妈习气；南方人瞧不起北方人的粗枝大叶，在合作中，北方人凡事“大约莫”令南方人大吃苦头。

在写字间里，头脑与头脑之间未必有太大差距，彼此较量的其实就是一种工作风格。而工作风格是职业精神的外在表现。一个做事缺乏条理、思路不清的人，肯定与成功无缘。做事有激情，又有头脑，善于自我管理，这是一个职业人谋求发展最基本的素养。

富有条理、讲求效率的工作者，心有格局，脑有思路，气定神闲成效斐然地工作着，是团队里最具战斗力的一分子。他们在时间上总是很充沛，既漂亮地完成了工作，又拥有自己的休闲生活。而粗线条的工作者，整天处于杂乱无章的瞎忙状态，总是一副精疲力竭神志不清的样子，最容易犯的错误就是干倒板活。

倒板，除了走样一说，还有一说是颠倒。老板批评员工干倒板活，命令返工重新来做。什么是倒板活呢？简单地说，就是工作流程、生产工序发生了问题，把不该先干的工作干完了，这其实也归咎于工作方法不当。

在大连坊间，有些老人虽然已年近耄耋，却仍然精神矍铄，腰板硬朗，真可谓宝刀不老，老而弥坚。大连人评价这样的老人会说：“这老爷子说话一点儿也不倒板！”与老人私交甚好的同龄人，会戏称其为“老小子”。

在凤凰卫视谈话节目《锵锵三人行》里看到了王蒙。在中国文坛，年过八旬的王蒙被称为“老小子”，人们甚至善意地用网络流行语“萌”来形容他。正是心怀这股“萌”劲，王蒙才能走出书斋，来到台前“锵锵”。王蒙的文学影响力无须赘述，最令人感慨的是，他曾经官至文化部部长，却没落下官吏习气，骨子里依然是一枚耿介书生，既清醒冷峻又开放包容。在《锵锵三人行》里，只见“老小子”言谈从容，观点犀利，思想上不见丝毫老态。他的深刻和风趣建立在他所经历的历史及对当下生活的熟稔，丰富生动的历史细节信手拈来，口语化表达平易近人，听他“锵锵”确实是一种精神享受。王蒙的这种言说魅力，若用大连话来表述是这样的：“老小子”说话一点儿也不倒板，真爱听他跟人“戗戗”。大连话中的“戗戗”一词，是指多人在一起讨论。

在谈论历史问题的时候，王蒙坚持面对历史也如面对现实的观点，要能战栗，能不战栗。所谓战栗，是要敢于接受严峻的或刺心的历史经验；所谓不战栗，是面对历史过往不能意气用事，不能感情用事。这种态度使得王蒙在谈论历史时，丝毫不倒板，不走样，令人信服。

婢养的，鳖羔子，鸡蹬子

天下脏话是一家！

这是北京大学中文系教授李零一篇读书笔记的题目，他在文中洋洋洒洒列举了多地方言中的詈辞，如果用汉字来表述实在粗俗肮脏不堪入目，所以李教授声明："凡临文不讳，儿童不宜，均用拼音表示，请读者原谅。"

各地方言詈辞大多与性器官、性事、身体和厕所有关，它们真真切切地来源于生活，结结实实地扎根于生活。"他们对脏话的运用太熟练，人人都是张口即来，而且自然天成，行云流水一般""脏话不可常说，常说则会上瘾"。李教授还在文中讲到西方一位语言学家的观点：全世界的语言，论表达能力，水平颇为参差，有些发达，有些落后，脏话的活跃与否，是判断其水平高低的指标之一。

美国教授伊丽莎白·克莱尔把脏话当学问研究，还为脏话写了一本书，并搬到课堂上讲授。李零教授调皮地说，脏话最好是由从来不讲脏话的人来讲。伊丽莎白·克莱尔是一位"和蔼可亲的老奶奶"，她教成人学说脏话，多数脏话与性有染，少量涉及种族、宗教和文化的禁忌。在美国人的语言中，脏话是"最必要、最有用、最有趣"的部分，想要入乡随俗，深入美国文化，不懂脏话不行。

中国的骂人话也潜藏在方言俗语里。对人性的剖析，对世相的描摹，非詈辞秽语所不能及。所以，李教授认为，这些不雅之辞肯定有人类最原始最古老也最基本的东西在其下铺垫，以时髦的说法，是有深厚的底蕴和长久的积淀。

20世纪六七十年代，全国各地掀起编汇方言的大潮，编汇方言有四点要求：一是宣扬封建道德的语汇或从封建制度得来的语汇不能入编；二是渗入迷信思想宿命论的语汇不能入编；三是攻击人身缺陷的语汇，如对聋哑人、麻脸、肢残人的讽刺，这类语汇极多，一概不能入编；四是下流骂人的语汇不能入编。

各地方言中都有大量的骂人话，大连话也不例外。从“海蛎子味”里发酵出的骂人话，气味冲天，非常传神。将网上流传的大连话小品中的骂人话、损人话做了记录，发现这些难登大雅之堂的俗语都是来赚取笑声的。翻检记录在案的骂人话，发现最难听的“婢养的”绝非人们想象得那样龌龊，居然大有来历。

在古代，奴婢被视为贱民，奴是男性贱民，婢是女性贱民。唐代奴婢分为官属、私属两类。官属奴婢多为犯罪被斩的官宦人家的子女，没有财产和自由，但生病会得到救治；私属奴婢多是贫苦农家的孩子，或被掠卖的底层人家的子女。只要沦为奴婢，便是贱民，与畜无异。《唐律疏议》中多处明确规定：“奴婢畜产，类同资财”“奴婢贱人，律比畜产”“生产蕃息者，谓婢产子、马生驹之类”。

唐代将奴婢列为贱民中的最低等级，并规定了他们在政治、经济、法律和生活等方面的待遇。在婚姻方面，贱民的女子不能嫁给良民以上等级的男子为妻，如果奴婢擅自将女儿嫁给良民，就是盗取主人的财产，要判重罪。男主人占有婢女是自然合理的事情，婢女为男主人提供性服务是一种义务。婢女生养的孩子就是“婢养的”，“婢养的”的孩子仍难摆脱贱民的命运。

“婢养的”是一些大连人情绪不佳时的口头禅，也是嬉笑怒骂间的高频词，似乎没什么指向，也没什么杀伤力。

“鳖羔子”是20世纪七八十年代大连人教训孩子时频繁操持的骂词。鳖，俗称王八；羔，是指小羊，也泛指其他动物的小崽子。“鳖羔子”就是“王八崽子”，隐含杂种、野种的意思，是一个侮辱性极强的俗语。

鳖为何物？鳖是卵生爬行动物，水陆两栖生活。在过去物质贫乏的年代，滋补品种类不多，鳖算是比较高档的营养品。《随息居饮食谱》记载：鳖甘平，滋肝肾之阴，清虚劳之热，宜蒸煮食之。

鳖，俗称甲鱼、团鱼、王八等，大连人习惯称其为“甲鱼”。去探望病号，大连人习惯到大商（大商集团的简称，通常指大商集团旗下的百货商店）买只“晓芹”甲鱼，没人说去买只鳖，或买只王八。在大连民间，鳖和王八都是骂人话，比如“鳖头”和“王八蛋”。“鳖头”是形容男人胆小怕事，懦弱无能，稍有动静就像鳖一样缩进壳里。与“鳖头”对应的是“鳌头”，有一个成语叫“独占鳌头”，出自元代无名氏《陈州粜米》，泛指占首位或取得第一名。

鳌头，是指皇宫大殿前台阶上刻的鳌的头，考上状元的人可以踏上。而鳌里夺尊，是指杰出人物中的佼佼者。传说，鳌是海里的大龟或大鳖，女娲补天时曾经“断鳌足以立四极”。又说，一龙生九子，九子各不同，鳌是龙头龟背麒麟尾的合体鱼龙。这条龟身龙头的龙是九子之中唯一的真命天子。“鳖头”是耻辱，“鳌头”是荣光，两者的释义差别很大。

《新五代史》中：“王建……少无赖，以屠牛盗驴贩私盐为事，里人谓之贼王八。”于是演化出了“王八蛋”“王八羔子”“王八崽子”等骂人话。

民间对“王八蛋”的理解很简单浅显，意思是“王八下的蛋”，也就是“乌龟下的蛋”。乌龟为何被称作“王八”呢？原来，乌龟腹甲的纹理酷似“王八”二字，便得此诨名。同时，古人误以为雄龟没有交配能力，雌龟只有跟蛇交配才能下蛋，“王八蛋”显然不是雌龟与雄龟交配的成果。明清时期的小市民将与妻子通奸的男子称为“王八”，称他的孩子为“王八蛋”“王八崽子”“鳖羔子”，这些诨称都含有杂种、野种的意思。在明清时期，靠妓女为生的男人也被称作“王八”。在《白眉大侠》中，主角徐良的口头禅就是“王八绿球球的”。由此可见，“王八”是一个杀伤力极强的俗语。

过去常听街坊邻居骂自家孩子“鳖羔子”，孩子独占鳌头时，那是自家产的，孩子不着调时，便是来路不明的“鳖羔子”。有时也骂鳖崽子、小鳖崽子，这就有些难听了。

作为普洱茶爱好者，每逢年终岁尾之际，我都会买上一提生肖饼犒劳自己。鸡年时，打量各家推出的生肖饼，简直是“鸡年不见鸡，凤凰满天飞”，大益的生肖饼名为“凰后”，润元昌的叫“雏凤”，七彩云南的叫“凤鸣”……人们对熟悉的事物似乎缺少想象和敬畏，中药“凤凰衣”不就是鸡蛋壳内那层卵膜？“凤爪”不就是鸡爪子？鸡是平庸之辈吗？

古人眼里，鸡有“五德”：“君独不见夫鸡乎？头戴冠者，文也；足傅距者，武也；敌在前敢斗者，勇也；见食相呼者，仁也；守夜不失时者，信也。”

鸡虽是“德禽”，可它与老百姓的吃喝拉撒睡厮混一处，成天鸡飞狗跳的，没人觉得它高贵，各地不太美妙的方言土语都与鸡有关，大连方言“鸡蹬子”便是一例。

“你真是个鸡蹬子，管什么都不是……”

“他是个鸡蹬子，跟他混能有什么出息？”

这两个例句都是在评论一个人的能力，没有真本事，缺少魄力，窝窝囊囊的。这些年，大连人看球，也常用“鸡蹬子”谴责自家球队。

“鸡蹬子”为何物？

2016年12月16日晚，我在后山书店听了一场关于大连话的讲座，主讲人莲湾翼庐先生学养精深，长年痴迷于对乡邦文献的研究与收藏，以重振乡邦之学为己任。在这场《未舍乡音——有文化的大连话举例》讲座中，他以严谨的史家态度仔细爬梳了大连话中鲜为人知的文化信息，其中也讲到了“鸡蹬子”。他说，已故的于植元先生曾告诉他，“鸡蹬子”虽是一个詈语，却并非那么不堪入耳。

《汉书·五行志》记载：“距，鸡附足骨，斗时所用刺之。”距，雄鸡爪子后面突出像脚趾的部分，借指短锋的毛笔。白居易《鸡距笔赋》：“足之健兮有鸡足，毛之劲兮有兔毛。”鸡距笔笔锋短小犀利，劲健硬挺，“不名鸡距，无以表入木之功”。

“鸡距”不是“鸡蹬子”。我又查了家禽解剖生理图，有这样一段记载：“公鸡跖骨上有发达的距突。趾有四个，第一趾向后。”这个向后的趾就是“鸡距”，“跖骨”乃鸡小腿，那个发达的距突就是“鸡蹬子”了。

据乡村人描述，成年公鸡脚腕（踝）内侧长出的角质钩子就叫“鸡蹬子”。“鸡蹬子”高于其他四趾，走路或觅食，它没有任何用处，故被视为废物。

大连人常说：“你少给我装鸡蹬”“你装什么鸡蹬？这事跟你有关系吗？”指责对方多事或警告对方不要多管闲事。

前面说过，鸡有“五德”，其中“足傅距者，武也”“敌在前敢斗者，勇也”，是说鸡拥有劲健的利爪，这天生的武器令它格外骁勇善战，在家禽中脱颖而出，成为文人墨客钟爱的创作题材。徐悲鸿画过很多雄鸡，其中有一幅《风雨鸡鸣》将雄鸡的英姿刻画得极为传神，诠释了《诗经》里“风雨如晦，鸡鸣不已”的壮烈情怀。徐悲鸿笔下每只雄鸡都有“鸡蹬子”，确像手持利器、身手不凡的有志之士。

让我们来欣赏一下外地与鸡有关的方言吧。

广州方言：在粤菜系里，鸡是主角，以鸡命名的菜肴数不清；与鸡有关的方言，也不在少数。

吹鸡：吹哨子。

谢鸡：连鸡也谢幕了，玩完了。

发鸡盲：看不见东西或熟视无睹。

执死鸡：碰巧抓住了最后机会。

鸡手鸭脚：干活毛手毛脚、笨手笨脚。

鸡毛鸭血：鸡犬不宁。

鸡仔媒人：专门做介绍人，好管闲事。

残鸡：蛮不讲理。

上海方言：

铁公鸡：一毛不拔，比喻非常小气、吝啬、抠门的人。

鸡糟：啰里啰唆，喋喋不休，为人不爽快，令人烦躁。

鸡爪疯：原指一种疾病，手会抽筋，手指像鸡爪般无法张开，比喻一些疯疯癫癫的行为。

无骨鸡柳：种抽去骨头的炸鸡食品，用来比喻人太懒，老是趴在别人身上。

北京方言：

鸡贼：指小气、吝啬；特别能算计，暗藏私心；狡猾、耍小聪明，同时还带着点儿猥琐之气。

四川方言：

抽鸡儿不认黄：完事就不承认，就反悔。

重庆方言：

胆大日龙日虎，胆小骑个抱鸡母：“抱鸡母”指孵蛋母鸡，寸步不离老窝。比喻留恋小家庭，不肯外出打拼的那类年轻人。

看眼儿，撮火

“看眼儿”，即看热闹。在多数情况下，这个热闹可不是好热闹，而是打架斗殴之类的恶性事件。这类事件经常会殃及无辜，所以才有了“看眼儿不怕乱子大”的说法。

《东北方言口语词汇例释》记载：看热闹的不怕乱子大，指旁观者不担心事态闹大（含幸灾乐祸意）。也说“看热闹的不怕扎彩大”。扎彩，指旧时办丧事用的纸糊的明器，如纸人、纸马等。

例句一：看热闹的不怕乱子大。顾客不管那个，凭钱吃饭，哪儿好往哪儿凑。（《讷河文艺》1986年2期7页）

例句二：三愣子没事还愿寻衅看热闹呢，看热闹还不怕乱子大，何况因包地和陈喜山早有前仇。（《无名花》81页）

例句三：我说焦燕啊，看热闹的不怕扎彩大，你哪能架弄你姐夫呢？（《黑龙江艺术》1983年9期51页）

东北方言习惯说“看热闹的不怕乱子大”，与“看眼儿”语义完全相同。

除了“看眼儿”，还有“看不过眼儿”“看得过眼儿”，这两条也是大连方言，语义与“看眼儿”有着千丝万缕的瓜葛。

看不过眼儿：感到过分；于心不忍，也说“看不下眼儿”。例句：为了达到另寻新欢的目的，他就找碴儿打骂妻子。左邻右舍实在看不过眼儿了，就出面指责他。（《黑龙江日报》1982年12月16日）

看得过眼儿：看着舒服；差强人意。例句：（穿上衣服，自己打量着）这回嘛，还看得过眼儿。（《黑龙江文艺》1982年5期23页）

大连人喜欢用“仗义”来夸赞一个人，这是一个相当高的评价。对于大连人来说，“仗义”是最让人引以为豪的名声，大连人无不自觉珍惜维护这一名声。这些年，发生在大连地界的好人好事可谓层出不穷，经常被中央媒体关注继而感动了整个中国。

在罪恶发生现场，人们总是将目光倾注在东北人身上，东北人在身材上具有优势，个个身高体壮，走路带风，气场强大，另外，传说中的东北人都是活雷锋，被信赖，被期待。东北人有一种默契：决不能让东北人的美好“人设”在咱手里崩了。如果人群中多几个东北人，彼此一个眼神心就齐了，再大的危机也不在话下。

那一年，鞍山女工程师白雪洁下班路上看见一歹徒砍杀孩子，她挺身而出，与歹徒展开了一场殊死搏斗。孩子得救了，可是白雪洁的右手腕被砍断了，左手被砍掉了三根手指，身中数十刀倒在血泊中。白雪洁不过是个弱女子，在罪恶面前却没有躲开，没有躲在一边“看眼儿”。她是女人，是母亲，保护孩子是女人的本能，是母亲的天性。她并不想当英雄，她只是做了一件该做的事情。

见义勇为是中华民族的优良传统，而如今见死不救、见危不助的惨案屡见报端。某地一个9岁男孩在小区被歹徒活生生地打死。小区监控显示，歹徒行凶时，有不少围观者，大家都在看眼儿。这一幕，令男孩家人痛不欲生，悲愤难当，如果有良知的人站出来“挡”一下，“护”一下，孩子是不会丢命的。老人坦言，当时确在人群中看眼儿，那歹徒非常凶残，体重有200多斤，而自己年老体弱，即使有胆量冲上去，也打不过他，搞不好自己也丧命。更多人辩解说自己不是冷血旁观，以为是父亲在教训孩子。歹徒行凶作恶与父亲教训孩子，难道分辨不出来吗？

一女孩被老师多次猥亵，当地检察机关裁定“情节轻微”无法立案，女孩极为悲怆，最终跳楼身亡。女孩在楼顶苦痛挣扎之际，楼下的围观者都在看眼儿，拍

手起哄大肆嘲讽，这种氛围像极了咸亨酒店孔乙己的出场，“孔乙己一到店，所有喝酒的人便都看着他笑”“店内外充满了快活的空气”……

鲁迅先生写过不少“看客”，除孔乙己，华老栓、阿Q、祥林嫂的命运里都有看客的丑陋嘴脸。“中国人……爱看别的东西斗争，也爱看自己们斗争。最普通的是斗鸡、斗蟋蟀，南方有斗黄头鸟、斗画眉鸟，北方有斗鹌鹑，一群闲人们围着呆看……自己不与斗，只是看。”鲁迅先生说“整个中国就是一个‘大游戏场，大剧场’”，看客心态相当根深蒂固。《示众》一文里有三个小孩出场，一个是卖馒头的胖孩子，一个是戴小布帽的小学生，一个是老妈子怀抱里的婴儿。胖孩子和小学生已经是相当老练的看客了，他们在人群里看热闹看眼儿的热情丝毫不逊色于大人们。他们会利用自己个头小身子灵巧的优势，在密不透风的人群中找到最佳的观看位置。为何这么小的孩子就会看热闹呢？原来他们在襁褓里已经被训练了，小说中，老妈子“旋转孩子来使他正对白背心，一手指点着，说道：‘阿，阿，看呀！多么好看哪！……’”小孩子在这种社会氛围中耳濡目染，无师自通，看客自然后继有人，这样的民族“将来的命运便大略可想了”。

法国社会学家古斯塔夫·勒庞说，个人一旦成为群体的一员，他的所作所为就不会再承担责任，这时每个人都会暴露出自己不受约束的一面。群体通常是盲从、残忍、偏执和狂热的。

看客心态是国民劣根性的首恶，鲁迅先生对看客心态的批判一针见血，极为扎心，“英雄的血，始终是无味的国土里的人生的盐，而且大抵是给闲人们作生活的盐”。

当看客队伍壮大形成“乌合之众”，其力量真的不容小觑，是他们把不幸者推上了绝路，是他们消解了先驱者奋斗的意义，是他们让英雄的鲜血白流了。

当下社会有没有看客，其实从见义勇为在各地立法或可管窥一二。见义勇为的衰微是国之殇，是民族之悲。见义勇为的精神永不过时，咱东北人应该再次挺身而出，为见义勇为的精神庄重代言。

还记得东北歌手雪村那首广为流传的歌曲《东北人都是活雷锋》吗？

老张开车去东北 撞了

肇事司机耍流氓 跑了

多亏一个东北人

送到医院缝五针 好了
老张请他吃顿饭
喝得少了他不干
他说：
俺们那儿旮都是东北人
俺们那儿旮特产高丽参
俺们那儿旮猪肉炖粉条
俺们那儿旮都是活雷锋
俺们那儿旮没有这种人
撞了车哪能不救人
俺们那儿旮山上有榛蘑
那个人他不是东北人
（白）翠花，上酸菜

爱吃酸菜的东北人都是活雷锋，这是东北人给外人留下的印象。咱大连是东北的一分子，大连人的热心肠仿佛与生俱来，愿成人之美，愿锦上添花，愿雪中送炭，有人落难袖手“看眼儿”，这对大连人来说是一种“不落忍”，也是一种人格危机。大连人不愿用华丽厚重的辞藻来夸赞自己的这份性情，只是很朴实地说一句：“这事咱不能看眼儿啊！”大连人总是不落忍，总是心太软，不将自己手里的好东西掰一块给对方，这心里总是过意不去、不得安生啊！

不过，大连人的热心厚道劲，有时候会被视为人情负担，那生猛的邀请令外人误以为是一场肢体冲突。过度用力地表达内心真诚，大连人被自己累着了，对方的感受也可想而知。

在白雪洁事迹中，有人质疑：现场的其他东北人哪儿去了？这一问确实令人汗颜，但我相信，在江湖上还能见到东北人的凛然身影，还能听到“多亏一个东北人”的传说……

“撺掇”，从旁鼓动人（做某事）；怂恿。

例句一：在左邻右舍的撺掇下，他和老伴俩办起了个服装店。（《黑龙江日报》1982年7月10日）

例句二：他们一下子就撺掇来十六个人！（《辽宁群众文艺》1984年3

期3页）

这是《东北方言口语词汇例释》对“撺掇”的记载。

在大连方言中，“撺掇”的近义词是“撮火”，一个人搬弄是非，挑三豁四，破坏群体的和谐关系，使人与人之间产生了分歧、隔阂、猜忌、矛盾，甚至引发了纠纷与冲突，这就是撮火。属贬义词。

作为方言，“撮火”已被收入《现代汉语词典》，有两个语义。一是把燃烧的柴草等聚拢在一起，使火势更旺。比喻助长人的火气。例句：他不但不劝，反而在一旁撮火。二是泛指生气。例句：今天这事越想越撮火。

撮火是地道的大连方言，撺掇是流行面更广的东北口语，在古典文学中经常使用。冯梦龙《喻世明言·蒋兴哥重会珍珠衫》中：“因话随话间，就有人撺掇道：‘王老亲翁，如今令爱也长成了，何不乘凶完配，教他夫妇做伴，也好过日。’”

《西游记》中：“前者在白虎岭上，打杀了那白骨夫人，他怪我撺掇师父念紧箍儿咒。”

《红楼梦》中：“封肃喜得眉开眼笑，巴不得去奉承太爷，便在女儿前一力撺掇。”

《金瓶梅词话》中：“你这边房子七八也待盖了，撺掇匠人，早些装修、油漆停当。”

《红楼梦》是用北方话写的，而《水浒传》和《金瓶梅词话》一般认为是用山东方言写的，尤其是《金瓶梅词话》使用了大量的山东方言，所以有研究认为作者是山东人的可能性极大。

最初，我将“撮火”写成“戳惑”，戳是动词，戳穿、破坏的意思；惑，是疑惑、迷惑的意思。搞破坏致使人迷惑不明。戳惑是一种怂恿行为，难免有流言散布其中。

有一条近义方言叫“戳舌儿”，是指颠倒是非，搬弄口舌。《金瓶梅词话》中：“他又在汉子跟前戳舌儿，转过眼就不认了。”

不得不承认，东北人中确实有一小撮人爱编瞎话爱撮火，这并非东北人独有的品行瑕疵，大概是人类普遍存在的陋习吧。影视剧对东北人的撮火行径也有所刻画描摹，时间大约是在冬季，人物都穿着厚重的棉袄，地点在阳光金灿的墙根底下，撮火者双手抄袖，神情猥琐不安，如果个子不够高，便踮起脚尖斜抻着身子去攀附别人的耳根子，以三寸不烂之舌喋喋不休地制造着假新闻。若是女人，大多身材敦实矮胖，倚着别人家的门框，手攥一把受潮了的瓜子，嘴巴烂熟地嗑着，黑白颠倒的瞎话与瓜子皮一道飞溅出来。

有人的地方就有矛盾，有矛盾的地方少不了撮火者。职场上，情场上，家族里，邻里间……都有可能上演撮火者的把戏。

职场上的撮火者、离间戏比比皆是，前些年有一本职场教科书《潜伏办公室》曾一纸风行，因与作者比较熟悉，我清楚这本书的整个炮制、炒作过程。谍战剧《潜伏》一再热播，看的是谍战大戏，悟的却是职场的生存哲学。一篇5000字的《潜伏办公室》被贴在博客里，一夜之间被各大网站炒成话题热文，一书商认定这是一个畅销书的选题，约请作者在这篇文章的框架之内，加入“血肉”，所谓“血肉”就是职场案例，这些案例中自然少不了各种撮火离间的桥段。上班这件事真有这么险恶吗？职场江湖真有刀光剑影吗？“理想很重要，但比理想更重要的是利益”“工作不会害你，只有人才会害你”，书中这种“箴言”读来常常引发精神的种种不适，据说这本书被大家奉为“职场圣经”，这实在是太耐人寻味了。

作为职场苦力，不必惧怕撮火者，有道是“人间正道是沧桑”！

撮火者有两类，一类是利益型，撮火扬沙，扭曲作直，是为了谋求私利，属于损人利己型；一类是空虚型，没有任何理由，就是因为太寂寞了，需要编造故事打发时间，娱乐自我，属于损人不利己型。

置身于钢筋水泥丛林之中，各自关起门来过日子，在楼道里擦肩而过之际互相微笑着打个招呼，这已经算是比较温暖比较睦邻。有多少人家与邻居是零交往，老死不相往来啊。

很多农村或小镇的老年人过不惯儿女们为之奉献的大城市生活，大城市的老年人也格外怀念老房子的日子。在老房子时代，睦邻是一个很重要的生活主题，邻里关系若搞不好，家庭生活的平静与安逸，或者说幸福指数会大打折扣。老房子时代有太多美好温暖的故事，当然，老房子时代也有纷争。

老房子的最大特点是设有公共区域，家庭生活很大一部分内容摊晒在这个区域，难免有磕碰，若不能互相体谅，就很容易激起纷争，吵嘴辱骂甚至大动干戈撕破脸皮。一旦和气伤了，以后谁的日子都不会好过。为家园长治久安之计，为个人安身立命之需，这时候急需一位和事佬站出来调解双方的矛盾。和事佬也住在老房子里，为人讲究，更有一副睦邻的热心肠，平时说话很有分量，深受邻居们的信任与拥戴。更重要的是，和事佬要能说会道口才好，还要懂点心理学，察言观色间找准当事人的心理死穴或情感按钮……

有和事佬就有闲事婆。闲事婆最爱撮火造谣，看眼儿不怕乱子大，本来闹矛盾的双方可以大事化小，小事化了，握手言欢再续邻里情，却因闲事婆的撮火而雪上加霜，致使双方关系更加恶化不可挽救。

剜到筐里就是菜

“剜到筐里就是菜”的意思简单明了，像比萨饼，所有的馅料都摊在表面上，让你明明白白的。很多令人丈二和尚摸不着头脑的方言，往往蕴藏着一段深沉的历史。一个地区的一段历史消失了，却将有价值的信息完好地封存在方言里。方言若不及时打捞整理，便携着历史一同划落天际了。

《东北方言口语词汇例释》记载：“剜到筐里就是菜”是东北方言，也是大连方言，比喻一个人不加选择轻率认可的行为。

例一：找对象可不能剜到筐里就是菜呀！（《辽宁群众文艺》1979年1期34页）

例二：啊，娶媳妇呀，那也得挑挑选选哪，哪能剜到筐里就是菜！（《黑龙江艺术》1984年4期15页）

值得注意的是，“剜到筐里就是菜”是评价男性的择偶态度，不适用于女性。这条方言词与时下的网络语言有异曲同工之妙。时下年轻人谈恋爱，称男朋友为“男票”，称女朋友为“女票”。一位“60后”朋友就听不惯她的大侄女成天将“我男票、我男票”挂在嘴上，说“听起来像嫖客似的”。男女谈恋爱，双方性情不合，情趣不搭，通常是男方私底下对朋友说“她不是我的菜”。“我对她没兴趣”变成了“她不是我的菜”，听起来既含蓄幽默，又不伤人自尊。但是你再细品，这句话又是足够狠毒的。将女人活生生地比喻成一道菜，既然是菜，对“色香味”就有考量。她不是我的菜，可能说的就是女人姿色这一项，非女人的内在素质；这个女人是我的菜，也压根没有什么理性判断。是爱情还是男女关系，是情色之菜还是精神伴侣，莫衷一是，各取所需。

与一位退休后闲居乡间的朋友聊“剜到筐里就是菜”这条方言。她告诉我，在乡下，这条方言还含有自私自利的意思。乡下人家不论是住房还是田地都彼此挨着，挨得紧更应有“地界”意识，但有些人偏不，长势凶猛的果树从院墙探过来一串果实，模糊地界钻出来一架豆子，统统都是我的，剜到筐里就是菜，别人家的也是我的。

方言的创作来源于现实生活，老百姓都是语言的发明家。在农村生活过的人都有挖野菜的经历，现如今挖野菜有采风体验生活的意思，而当年挖野菜是嗷嗷待哺觅食活命。野菜也分三六九等，有的野菜营养价值高，可治病，口感好，剜到筐里带回家，烧水焯一下蘸酱吃，在今天都成了有滋有味的绵长回忆。有的野菜有营养，但口感差，剜到筐里给猪吃。

前几天在微信上看到这位闲居乡间的朋友开车去挖野菜，扤着两个筐，一大一小，大筐装牲畜和家禽吃的野菜，小筐盛人吃的野菜，剜到筐里都是菜！灰灰菜人吃了会肿脸，菱角菜口感发黏不好吃，却是家禽的口福。苦菜、水芹菜、马齿苋、杏仁菜、小孩拳、驴耳朵草等，才是可入人口的菜。剜到筐里都是菜，只是这些菜的消费者不同而已。

在中国文坛，有一位80多岁的老者在写作苦旅中身体力行，用一部又一部作品非常漂亮地告诉我们：写作是一辈子的事业，写作是可以干一辈子的。这位老者便是著名作家王蒙。2014年，王蒙出版了长篇小说《闷与狂》，“以浓度最高的文字燃烧起鲜艳的往事。生命的激情迸发之后，是全部人生的许诺与交付”。这样的推荐语，分明是对作者本人的高度礼赞。2015年，王蒙又有长篇小说《奇葩奇葩处处哀》问世。作品描写一个多金失偶、拥有正高级职称、局级地位的钻石男人，在寻婚路上，与各种奇葩女的艳遇故事。出版社在营销宣传时，从小说中选取了两段文字："感谢晚年俺与绚丽奇葩们不平凡的邂逅，使我老而弥喜，弥丰，弥奇，弥色。感谢她们让我了解了更多的生命的奇妙与人生的滋味，特别是女性们的百态千姿，啊，每一个女子不分老幼，个个皆是风情万种，套路千般！多么丰富啊，我亲爱的奇葩们！""生活万岁！爱情万岁！妇女万岁！奇葩万岁！奇葩奇葩我爱你！我怎么搞的硬是配不上你……"这还是写《青春万岁》的王蒙吗？书的装帧设计一片艳丽，封面文案也是市场书的笔法，"孤独寂寞钻石男平生艳遇，异彩惊魂奇葩女各显神通"，如果没有"80后王蒙辣手妙绘当下中国俗世风情"这一句，还以为是哪个自由写手码字谋粥之作呢。

小说还没有上市，那两段文字已经勾魂了。这小说应该有王蒙老先生的影子吧。"使我老而弥喜，弥丰，弥奇，弥色"的告白，向世人证明了"老了才是人生"并非传说。小说主人公晚年择偶的喜人局面，使我联想到"剜到筐里就是菜"这条大连话。因自身条件差而"剜到筐里就是菜"，是值得同情的；放诞之徒贪婪纵欲而"剜到筐里就是菜"，就令人鄙视了。小说主人公对女性、对奇葩的讴歌，究竟是菜呢，还是不是菜呢？

我家前保姆郭姐将我女儿看大后，还在我们小区看孩子。我与她虽然解除了雇佣关系，但仍感情深厚。我在她家存了一把钥匙，她家的阳台正对着我们小区网球场，我有时忘记带钥匙了，在网球场上喊一嗓子，她就探出头来，将钥匙用报纸包一包扔下来。如果她正在炖菜，就会将钥匙亲自送下来，顺便给我盛一碗菜。

"郭姐，来喝茶啊？"我经常约她来我家喝茶。我最好的茶友其实就是她。我们喝茶聊天，不谈文学艺术，不谈有深度的人生话题，只聊过日子之道。我平时说普通话，和她聊天却被她的一口"海蛎子味"带走了。有一次我开车拉她去大菜市买干果，车在大菜市门口堵住了，有一辆车始终不动弹，郭姐探出头质问人家："你留那么大当儿准备下蛋啊？"她的口气有火药味，却将对方逗乐了，攀在车窗上调情般地聊了起来。我听着他俩用大连话擦火花，塞车的阴霾也一扫而空。

我爱和她一起喝茶聊天，上周她讲了一桩烦恼的家事。她的婆婆住在庄河，这么多年，一直是由小姑子照料。她和丈夫只在春节回去一趟。她觉得亏欠小姑子。小姑子有一个儿子，前年转业来大连，郭姐帮他找了一份工作，又操心他的婚事。年轻人先是自己找了一个女人，女人年轻漂亮，却有过婚史，带着俩孩儿。郭姐火了："你这是剜到筐里就是菜啊，年纪轻轻的小伙儿，找个'二手货'，还带两个鼻涕鬼，就不怕人笑话？你在我跟前找这样的对象，你让我怎么向你爹妈交代？"郭姐总算将年轻人的恋情搅和黄了。去年春天，年轻人经人介绍又恋爱了，并很快谈婚论嫁。郭姐给了一个大红包，并摩拳擦掌准备为小两口带孩子。谁知，年轻的小媳妇生下孩子后原形毕露。"又喝又抽，我这辈子没见过这样的女人。我外甥挣点儿钱都让她喝了抽了，孩子奶粉钱也让她喝了抽了。"我有些吃惊，也有些怀疑，大连坊间女人的嘴巴都很厉害，会编故事，会煽情，真一半假一半。郭姐一语道破天机："以前在南方没干过好事，我外甥剜到筐里就是菜，找了这么个玩意儿。他父母还不知情，这在我眼皮底下，我能不跟着上火？找对象，一定要擦亮眼睛，宁肯打一辈子光棍，也不能剜到筐里就是菜啊！"我说："你这是偏见！真正的爱情，具有拯救力量。她就是你外甥的菜，是你外甥的蜜糖，你外甥有能力让她宜家宜室，你别再拆人家了。""可拉倒吧，纯是砒霜！这要是没孩子赶紧卷铺盖滚蛋，作搓人没扛儿！"

拉饥荒

“拉饥荒”有两层含义，一是欠债，二是借钱。

例一：咳，偷着拉了不少饥荒，还瞒着老头子哪！（《辽宁群众文艺》1979年7期46页）

例二：里面说：“问他来干啥？”外面答应：“他说是来拉点饥荒的。”（周立波《暴风骤雨》54页）

在东北方言中，“饥荒”有两种含义：债务；矛盾，纠纷。例句一：再还五百元饥荒，剩下的就存上吧。（《嫩江时报》1983年1月7日）例句二：眼下就要把婚结，没想到在这个节骨眼上闹饥荒。（《北曲史料》4辑153页）

相似词语还有“背饥荒”“闹饥荒”“打饥荒”“开饥荒”，等等。“背饥荒”“闹饥荒”与“拉饥荒”意思相同，而“打饥荒”是指产生麻烦或纠纷。《红楼梦》中：“他为要香菱不能到手，和姨妈打了多少饥荒。”《四世同堂》中：“在城亡国危之际，家庭里还闹什么饥荒呢。”不管是“打”，还是“闹”，都是指人生艰难的境遇。

20世纪80年代，我家住在一座小镇。在我们那里，老人到了晚年大多由小儿子赡养，奶奶住在我家，我和妹妹们是由奶奶带大的，我们小时候就睡在奶奶的房间里。人老了睡眠就少了，夜深人静，奶奶一个人自言自语，讲述家族里各家各户的日子，“拉饥荒”在她的讲述中是个高频词。我们从小就知道“拉饥荒”是什么意思，拉了饥荒，生活质量就降低了，就很难谈得上幸福。

奶奶住在我们家，到了过年的时候，从初一开始，家里就人来人往，直到初七初八，将最后一盘油炸丸子、最后一盘皮冻吃光了，这门前才稀落冷清下来。我们家是家族三代人拜年的大本营，见我父母过于操劳，我的一个大表哥提出合理化建议：集中四天时间，去老舅家拜年，保证在初四之后，让老舅家清静下来！记得那时小，根本不懂得体谅父母的辛苦，反而喜欢家里人多热闹。下午2点左右，亲戚们都撤了，母亲要开窗放气，满屋子的烟酒气散了，那种团聚的喜气、温暖和莫名的香甜味也散了，我心里会有很重的失落感。

奶奶爱喝点白酒，平常家里煎了或炸了吃的，父亲就会给她老人家倒上二两。过年了被晚辈们簇拥着，自然得喝一口。堂哥表哥们聚到一块儿，或者说他们当初就是按酒量来分帮的，能喝的初一初二来，不能喝的初三初四来。在我的记忆里，我的堂哥表哥们个个都很高大帅气，但个个都性格内向寡言少语，平时他们来看望我奶奶，坐在老人家面前，老人问一句说一句，没有一句活泛话。只有在过年团聚的酒桌上，我才看到他们作为年轻人应该有的模样。但是我奶奶看不习惯，看谁贪杯，就戗一句："你背了一身饥荒，还喝酒？"奶奶对各家生活状况的唯一询问，就是拉了多少饥荒，还了多少饥荒。

我妈妈这面有一位不争气的"二流子"，是我姨家的一个孩子，30多岁了，嗜赌成性，讲究吃喝，整日游手好闲，拉了一腚饥荒。

可能你也注意到，我在讲述正经人时用的是"背了一身饥荒"，而在"二流子"这儿就变换了语气。"二流子"是20世纪七八十年代民间的负面人物。

"二流子"每次来我家，奶奶就会以明显的方式表达她的反感和不欢迎。有时家里东西找不见了，奶奶会记到他头上。我们那时候年纪小，一方面没有辨别能力，另一方面在奶奶被窝里长大，对奶奶很信服从不质疑，但妈妈不同意奶奶的看法，为此也产生了不少摩擦。后来，我在文学作品中看到不少"二流子"的人物形象，说"二流子"的作息时间和正经人的不一样，过去许多农村地区不通电，人们在晚上八九点钟就入睡了。"二流子"属于夜猫型，晚上过了12点，他在镇上赌输了钱，点着一根偷来的葵花秆，深一脚浅一脚地走了十几里山路回来了。"二流子"的家是不用上锁的，门上象征性地用草绳系着，进屋时拨拉开草绳就是了。这些文学描写，比奶奶丑化我们家的"二流子"生动好笑多了。"二流子"大多见多识广，会说很多新名词，因为"二流子"喜欢到城镇活动。就像我们家这位"二流子"，明知我奶奶很唾弃他，却经常不打招呼腾云驾雾就来了。他对我家每样东西都好奇，那时我买了把吉他，那是我青春期唯一的奢侈品，却被他从我妈妈那儿泡走了。“败家子”是“二流子”的前身，享乐主义是“二流子”的温床，所以，“拉饥荒”的未必是“二流子”，但“二流子”都拉了一腚饥荒。除了拉一腚饥荒为世人耻笑，“二流子”的轻薄浮浪也常被人嘲讽。作家刘玉堂的长篇小说《温暖的冬天》对此有描绘，场景是“二流子”在河边看到大嫂在洗衣服，荷尔蒙一下子飙升了。

“洗衣服啊大嫂，裤腿挽得这么高，腿还怪白的哩！”

“还有你娘的腚白呀？”

“什么态度？”

“这个态度就不孬！”

“二流子”其实是不恼的，只要有回应，心底某种欲念就深感满足。

在过去年代，人们“拉饥荒”往往是因为生活出现了特殊状况。老百姓过日子，粗茶淡饭，平平淡淡，虽然经济条件不是很优越，但只要不懒不馋，勤俭持家，总会将日子经营下去的。所谓特殊状况，一是指家里有人得病了需要治疗，二是指儿子要盖房子娶妻。

20世纪90年代初，我妹妹从卫校毕业，分配在老家一所医院做护士。那时她才18岁，是一个善良纯洁、敏感温柔的白衣天使。对于老家一带的农村人来说，她所在的医院就是最权威的医疗机构，不是每个农户人家都有能力将病人拉到这里看一眼，有不少农村人一辈子向民间大神求医问药。拉到医院看医生又会如何呢？一纸诊断书下来，病情不是很复杂，只要住院系统地进行治疗，是可以活命的。但是由于支付不起医疗费，只好将病人拉回家等死。有一次，妹妹所在的内科来了一位老太太，病情确诊之后，老人要求回家，儿女们商量着要住院治一治。老人以死相逼，儿女们只好含泪同意。老人躺在一张草席上，看病时，这张草席被扔在医院走廊地上。儿女们将老人从雪白的诊疗床抬到破烂的草席上，然后去外面租车。老人躺在地上，各种步伐在她耳畔穿梭，她微弱地睁开眼睛看到的是人腿的丛林。妹妹说，那个老人长得真像咱奶奶，看一眼，她就心疼。她从岗位上溜出来，在老人身边蹲下来，告诉她这个病可以治好，劝她留下来。老人说，家里拉了很多饥荒，治不好死了，给家里添负担。她说自己到了寿数，也该死了，老伴要来领她了。妹妹去外面小卖部买了十根金锣火腿肠、五个面包，放在老人的席子上。

那时，妹妹是一个心软的人，面对生老病死，感同身受，一腔悲悯。如今呢，她依然是一个善良的人，但她好像不再心软了。有一次，我们姐儿仨逛完街吃饭，席间她告诉我们换电话了，嘱咐我们不要透露给农村亲戚。我当即就训斥她不讲感情，跟当年刚参加工作时完全不一样了。谁知她脸色大变，扔了筷子，很激烈地说："你们以为我是暴发户吗？你们以为医院是我开的吗？"在接下来的讲述中，我的眼前出现这样一幅画面：农村亲戚到医院找妹妹领着看病，妹妹就得请假脱岗，他们对看病流程不熟，像孩子似的乖乖跟在妹妹身后，挂号是小钱，简单处置也是小钱，但拿药时付钱他们的积极性就不大了。有的亲戚掏了钱，却问妹妹能不能走走后门便宜点，家里背了很多饥荒……这时候妹妹只好全部包揽了。

盖房子、娶媳妇，是农村家庭两大负担。盖房子一般是为了娶媳妇，农村人攒钱就是为了盖房子，你没盖房子上哪儿娶媳妇？建造住房是农村人的梦想，也是难以摆脱的生存压力。过去农村人盖房子不能向银行贷款，只有向亲朋好友免息借钱。所以，背的是饥荒，欠的是人情。

有钱的盖房子，没钱的也得盖房子，不同的是，有钱的盖房子不拉饥荒。房子盖好之后，从外观上看基本差不多，但娶回来的媳妇差别就大了。人家没拉饥荒娶来的媳妇，模样既好看，又有修养；背负沉重饥荒，找媳妇基本就放弃了要求，只要不呆不傻，身体健康没缺陷，就可以了！人家的新媳妇一进门，家庭的幸福感、凝聚力就上升了；咱家的新媳妇过了洞房之夜就闹分家。讲道理有人味的，会分担一部分"饥荒"，不讲道理心肠硬的，将所有"饥荒"一股脑儿推给老人。老人为还饥荒，吃糠咽菜，挣扎在温饱线上，而小两口轻装上阵嗷嗷奔小康，脸色一天比一天红润、身板一天比一天直。在农村，那些厉害的媳妇都没摊上"饥荒"。

拉了饥荒，家计萧然，大人吃苦，孩子遭罪。拉了饥荒，不仅是物质上的缩减，人的精神状态也深受影响。为求得信誉的圆满与良心的安宁，还饥荒成了一家老少的奋斗目标。欠债还钱，天经地义，那个年代只听说有人还不上饥荒，却没听说谁不还饥荒跑路了。诚信是一个人最大的财富。还清了饥荒，内心就清静且富有了。谁说清静不是人生一大福气呢？

后来，农村人可以到银行"抬钱"。"抬钱"也是大连话，是改革开放之后农村人可以跟银行发生借贷关系的一种说法。银行钱多，可以用筐抬嘛。

有些大连话特别有嚼头，有故事，令人心领神会，酣然铺写。就像"拉饥荒"这一例，居然能打捞出这么多过往生活的碎片。

木滋滋，照量办，反反

“木滋滋”，是反应迟钝、后知后觉、喜怒不形于色、木讷呆滞的意思。

有些人的“木滋滋”是与生俱来的，是一种内敛的慢性子。事缓则圆，慢性子赢得了深思熟虑，可以稳扎稳打执行到位；有些人的“木滋滋”是麻木与冷漠，是冷心肠的外在表现；有些人的“木滋滋”是阅尽沧桑，一局棋，一炉药，晴耕雨读，留给天地间一个隐居自适、人淡如菊的背影。

曾经马航失联（马来西亚航空MH370航班失踪事件）令世人感同身受如有切肤之痛，每天追踪新闻，关注最新动态，而有人漠不关心，那份冷漠不能转述，转述无异于病毒散播。我们不在悲剧现场，但一些人“木滋滋”的心态使我们置身于一个巨大的负能量空间。

每个班级里都有几个“拉拉嘴子”（大连方言，差生的意思），“拉拉嘴子”的脸皮有时非常厚，暴风雨般袭来的唾沫星子将其从头到脚洗了一番，他们的小脸居然还是木滋滋的。一个有羞耻心的孩子受了批评，就应该适时配合地表现出悲伤，梗着一副木滋滋的表情，往往会令大人们更加恼火。

大连有一间独立书店叫“木文堂”，那年采访书店老板汪斌先生，说起“木文堂”之名的来历，汪斌先生没有说太多，只讲了“呆若木鸡”的典故：《庄子·达生》篇记载，古时候，斗鸡是贵族们的娱乐活动，国君就是一名斗鸡爱好者，请了专家训练鸡。国君问专家是否训练好了，专家说还没有，这只鸡表面上看起来气势汹汹，其实没有什么底气。过了几天，国君再度询问，专家说还不行，它一看到别的鸡，就紧张兴奋，这说明它争强好斗之心并未泯灭。又过了几天，国君又问，专家还是说不行，这只鸡还有些目光炯炯，气势未消。终有一日专家说成了，它已经呆头呆脑貌似木头一般，这说明它已经进入高手的精神境界。果不其然，斗鸡场上，只见它目光凝聚，纹丝不动，别的鸡看到它掉头就逃。

“呆若木鸡”只是外表看着呆，实际蕴藏着极强的战斗力，根本不必出招，那份呆气就令对手不战而败。活蹦乱跳、骄态毕露的鸡大多是虚张声势，并非卓越之辈。引申到人生，一个人在某个领域获得成功，骨子里肯定有一种呆气。这份呆气可以理解为孜孜以求、锲而不舍的恒心。

“木滋滋”与“呆若木鸡”有相同的寓意，都是形容一个人呆头呆脑、痴傻发愣的样子。时光如水，不舍昼夜。一个人熬至滴水成珠、一个人久经世事摔打之后的样子原来如此。庄子通过这则寓言，也许是在阐明“相反的两极在某种高度便相互接近转化”的道理，这正是道家思想所特有的辩证思维。

“照量办”，是根据情况办理的意思。与官方文件中“请给予酌情办理”的意思相同。《水浒传》中：“宋江酌量已定，卢俊义领令去了。”“照量办”就是“酌量办”的音变。

东北方言有“照量”一词，是“尝试”的意思。例句：去年担心价格下跌没敢如此照量，全村只种400多亩。（《黑龙江日报》1983年1月26日）

在职场上，员工向领导请示工作，工作是有章法可循的，但很多时候又是可以酌情办理的。领导有时不做明确指示，只道一句“你照量办吧”，此处“照量办”是领导对员工的信任及授权。

朋友之间的“照量办”更常见。尤其是男人之间，个个说话办事讲究一个敞亮，讲究一个嘁里喀嚓。男人之间的互相托付，往往言辞简单，话语寥寥，只来一句“你照量办”。“你照量办”常常被衍化成“你看着弄”。而被授权“照量办”“看着弄”的那个人，多少是有些精神压力的。为了不辜负这种信任，转过身煞费苦心下了不少功夫。一句“照量办”突显了大连人的爽快与通透，细品之下，居然还有几分义薄云天的味道。所托非人，遇人不淑是一大损失。在重要事项上，还是少来这种空口无凭的“照量办”，应依据合同办、依据章程办。

说个生动例子：我家前保姆与我毗邻，看完我的孩子之后，继续在我们小区看孩子。我与她彼此怀念，她念我宅心仁厚，我念她胜似亲人。我下班经常与她在小区相遇，她拎着雇主家的几袋垃圾兢兢业业的样子。但她的敬业并未换来雇主的信任、尊重及相应的薪酬。最近一次相遇，她倾吐了这样一段经历：男雇主给她配了一个手机，便于她带孩子外出沟通。女雇主常翻她的手机，这令她大为不快。她女儿在国外留学，女雇主是在查国际长途电话。雇主与保姆之间，往往没有大是大非，净是鸡毛蒜皮一地琐碎，却令彼此渐生嫌隙折损信任。她不想干了，女雇主却身患重病要去北京治疗，夫妻二人托孤般地将孩子交给了她。“两个多月啊，可把我累毁了，简直是扒了一层皮。这不，两口子快回来了，我也不多说，他们照量办！”此处“照量办”颇意味深长，既有期待，又有抵触。

“反反”这个词条是我从大连人的微博中撷取的。那是一个因爱好而集结的圈子，有人不停地抱怨某件事情，被人评论：屁大点儿事，你怎么反反个没完没了？“反反”是抱怨的意思。抱怨是自己在自己心中栽培的一股恶势力。由自我内部开始腐烂，继而污染周遭。2009年，美国知名牧师、作家威尔·鲍温所著的心灵励志书《不抱怨的世界》风靡全球，该书的营销文案赫然宣称“世界500强企业团购率第一”，更有冯仑、唐骏、张德芬、奥普拉等名人火热推荐。有推荐说：“这本书给金融危机中挣扎的普罗大众，送上了一份最好的礼物。”人世难居，抱怨是人类普遍的情绪。

中学教师李镇西曾经写了一本语文教育手记《从批判走向建设》，这本反思语文教学的作品并未引起太多关注。2011年，柴静为张宏杰的《大明王朝的七张面孔》一书所作序文引用了李镇西的书名——岁月让人从批判走向了建设。从此，“从批判走向建设”成为这个时代最优美的箴言，带着温暖的警示与励志的双重效应，镶嵌在理想者的心扉上。

一个人，从批判走向了建设，最先扫除的心理障碍就是抱怨。一个不抱怨的人，身体力行，在一砖一瓦的建设中体验生命的快乐与价值。一个不抱怨的人，是优雅的，是干净的，是智慧的。

某年某节日，单位没有发福利，一些员工私底下反反。要福利，是一种本能；反观自己为集体贡献了什么，却是一种境界。在家庭里，女人爱反反人、反反事。男人忘记了女人的生日或结婚纪念日，会被女人反反个没完没了。女人的妈即男人的丈母娘过寿辰，男人若没安排好，会被女人反反一辈子。男人很累，大事小情不能掉步，掉步则遭反反。其实，女人的反反并非出于恨意，更多的是佯嗔与撒娇。对于女人的反反，男人可能早已习以为常，不放在心上。

树老根多，人老话多。人至暮年，最常做的营生也是反反人、反反事。老人可以反反儿孙，儿孙却不可以反反老人。

梗儿梗儿，不忿儿

大连话“梗儿梗儿”是桀骜不驯、不服气、牛气；“不忿儿”也是不肯服气的意思。二者是近义词。

两个人吵架剑拔弩张，一触即发，这时，一方伸出手拨弄对手的头，并怒喝：“你梗儿梗儿什么？来，你再梗儿梗儿？”这种挑衅是恶战的前戏，头是要害部位，敢出手挑衅对方头部的人，大多是骁勇善战不怕死的主儿；被挑衅头部而不敢出手的，便等于举白旗了。

梗，字典里有一个解释是“顽固”。在《红楼梦》里，常有“凤姐听了，把头一梗”的句子，仅一个“梗”字，将凤姐的性格脾气淋漓尽致地道了出来。“梗”亦指某些植物的枝或茎，凤姐把头一梗，活像一株迎风挺立的高粱梗儿，充满了霸气、顽固和狡黠。

在大连街，两个男人起了事端，脸红脖子粗地唇枪舌剑，开始都极力克制保持语言上的干净，但显然心里都憋着一股火，终于一人爆发了，揪住对方衣领子咣咣地搡着：“你不忿儿，是不是？你有什么不忿儿的？”一场武戏由一声“不忿儿”拉开了序幕。

“不忿儿”还有一种说法叫“气不忿儿”。“气不忿儿”是大连人侠义性格的体现。大连男人经常会为陌生人打架。在公共场合，看到有人欺凌弱者，大连男人会怒火中烧，“气不忿儿”地拨开围观者扎进去，结果就惹火烧身挂了彩。这彩是光彩，是大连男人的硬汉写照。

梗儿梗儿、不忿儿除了是打架术语，还可用来形容一个人的处世态度。一个人在单位“梗儿梗儿”有三种可能：第一，他是专业尖子或技术权威，一不慕升官，二不慕发财，以钻研技术为乐趣。他的情商指数很低，如果上司是个德艺双馨的人物，他会服从管理；如果上司德行很差，他的表现便很

“梗儿梗儿”，成天“不忿儿”。身为技术权威，尽管成天“梗儿梗儿”，却也毫发未损不差一分钱。第二，他是刺头，是滚刀肉，一副“浑不吝”的混世风格。“浑不吝”是北京方言，与“梗儿梗儿”是一个意思。无知无畏，痞气冲天，这类人在计划经济年代居多，眼下已不多见喽。第三种是关系户。女员工傍上了男领导，男员工傍上了权贵裙带，也会在单位表现得很“梗儿梗儿”。坐享其成、不劳而获都是这些主儿，不知会被人如何背后唾骂。

在过去年代，有些人“梗儿梗儿”是不得已而为之。他们并非天生刺头，在某次非常事件中被逼上梁山造了反，从此悟得“软的怕硬的，硬的怕横的，横的怕不要命的”之道理。

在大连话中，梗，猛也，虎也，直也。这三要素使东北人被称为“东北虎”。说起“东北虎”，我们会想到赫赫有名的东北抗日联军。这是一支由“东北虎”组成的抗日队伍。我们所熟悉的民族英雄杨靖宇、赵尚志、赵一曼就在这支队伍里，他们率领“东北虎”在冰天雪地里与敌周旋，以英勇无畏的牺牲精神塑造了“东北虎”的光辉形象。

今天，我们依然会被称为“东北虎”，却不再是激赏之意。“虎”是褒义词，与“英勇无畏”同义，如今却是“虎了吧唧”“虎惺惺”的缩写。“东北虎”成了看场子的首席人选，东北人打起架来不要命，将对方打趴下之后总要质问一句：“你服不服？还敢梗儿梗儿吗？”失败者虽然遭受了皮开肉绽之苦，但尊严，或者说是未死的“虎”气促使他仍然梗着脖子，这使施暴者更加辣手催命：“我叫你梗儿梗儿，我叫你梗儿梗儿……”直到对方彻底垂下了头，才肯罢手。

大连人不喜欢被说成“东北虎”，不少大连人并不认为自己是真正的东北人。大连人很迷恋“大连是中原文化退守地”之说。有史料显示，作为东北的门户之一，大连的文化类型却不属于“关东文化圈”，它竟然属于在地理上与它风马牛不相及的“中原文化圈”。中原“三人行，必有一师”与东北“三人行，必有一匪”形成强烈对比。大连人具有东北人的豪爽与直率，却少了虎气与蛮气。大连男人频登江苏卫视当家节目《非诚勿扰》，在嘉宾眼中，大连男人帅气阳光，心理素质极好，台上比台下更为出色。而有些东北选手上台得喝二两白酒壮胆。大连男人是豪放派，却也不失必要的婉约。当下的审美观已经悄然发生变化，尤其是对男性的审美，诞生了“粉红男生”“三点半男人”之说。不少大连男孩具有文艺感，热衷于看电影听戏，也很会生活，精通各种吃喝玩乐之道。他们是“粉红男生”，是女生的男闺密、蓝颜知己。“三点半男人”是成熟稳重静水流深的中年男人，像下午三点半之后的阳光，温暖得恰到好处。与“粉红男生”相比，他们更加懂得女人，“因为懂得，所以慈悲”。东北男人遭诟病的大男子主义，是他们“不懂得，不慈悲”的铁证。大连男人是东北的“粉红男生”，给人留下了“大连男人并不完全等同于东北男人”的印象。

大连是一座浪漫的国际化城市，城市的定位打磨着城市人的性格，城市的风格熏陶着城市人的气质。城市的开阔包容吸引着先进的外来文化，大连人也有了与众不同的气度。放眼打量，“梗儿梗儿”的大连男人已不多见，曾被外地人津津乐道的东北打架街景也是千年遇一回。大连男人变得丰富有趣，雅俗相济，无论是琴棋书画，还是捻草捉虫，都能直抵个中三昧。

飒棱 姿势

拉拉嘴子，轻腚郎当

在各地方言库里，含贬义色彩的方言占比不小，它们趣味性强，最为人津津乐道。品读大连方言，你会发现，对于举止失仪、才疏学浅的形容词比比皆是，若想从中找出两个代表，应是“拉拉嘴子”和“轻腚郎当”两例。

“拉拉嘴子”，是指班级里的后进生，同义词是“拉巴丢儿”。

大连作家陈昌平在长篇小说《国家机密》里描写了一个擅长做梦、预言现实的男孩，他叫小六子，他做的梦分为大梦和小梦，大梦是梦见毛主席的梦，小梦就是大梦之外的所有梦。小六子和伙伴们在老街上茁壮成长，滚铁环、抽陀螺、打弹弓、跳房子、骑马打仗、警察抓特务……他们好玩，也爱开动脑筋发明新游戏。“那时候，只要有一个人要撒尿，其他人马上传染一样地都要撒尿。于是大斌就把撒尿提拔成一项赛事——第一看谁滋得高，第二看谁时间长。大斌嘴含铁哨，‘嘟’的一声令下，每个人都腆起肚子，使劲往墙上吱吱吱地射尿。墙上顿时涌现出一波一波的湿线，脚下生成一条条生动活泼的蛇流……这是几乎每天都有的一项比赛，只是小六子的战绩一向不太好。因为小伙伴们的个头比他高、小鸡鸡比他大，所以即使小六子每一次比赛都使出改天换地的劲，也从来就是一个拉巴丢儿。”

论大连足球，有人说“阿尔滨（大连一方足球俱乐部前身）没有乌塔卡就是个拉拉嘴子。”“我赞成两队合并，那些靠钱和关系踢上比赛的家伙赶紧消失，留在大连的必须是人才，拉拉嘴子请走人。”“国内门将除了王大雷，其余都是些拉拉嘴子。”

关于“嘴子”的方言不少，天津方言“卫嘴子”，是说天津人能说会道，口才非凡；武汉方言“火嘴子”，是指嘴周生发的疼痛难忍的火疖子；河南方言“扁嘴子”则是指鸭子。这些“嘴子”都没有“拉拉嘴子”生动形象，“拉拉嘴子”究竟是什么样子呢？衣衫不整，蓬头垢面，鼻坍嘴歪，做什么都不赶趟，提溜着裤子鞋还掉了，成天要么是精疲力竭的休克状态，要么是疲沓迟钝的麻木状态。从上到下，由内而外，都是一副“脏乱差”，有失体面和尊严。

林语堂在《吾国与吾民》一书中对南北两地人有这样的描绘，北方人“习惯于简单质朴的思维和艰苦的生活，身材高大健壮，性格热情幽默，吃大葱，爱开玩笑”。这说的不就是咱大连爷们儿吗？关于南方人，“在东南边疆，长江以南，人们会看到另一种人。他们习惯于安逸，勤于修养，老于世故，头脑发达，身体退化，喜爱诗歌，喜欢舒适。他们是圆滑但发育不全的男人，苗条但神经衰弱的女人。他们喝燕窝汤，吃莲子”。大葱与莲子，以这两样食物来区分南北两地人，实在太绝妙了。

对于南北语言上的差别，林语堂讲了一段小故事。一位北方军官检阅一队苏州籍士兵，他用洪亮的声音喊：“开步——走！”士兵们都纹丝不动，北方军官蒙了。一位苏州籍连长知道其中奥秘，请求用他的办法来下命令。北方军官允许了，只见苏州籍连长用婉转清扬的苏州腔喊道：“开——步——走——嗳——”乖乖，队伍昂首前进了。

回头说大连话。以上声、去声为基本声调，一水儿清脆洪亮，铿锵有力，绝不拖泥带水，绝不拖腔拉调、缠绵不休。

“拉拉嘴子”多用来形容孩子。“老张的大孙子在班里是个拉拉嘴子，老张的儿子儿媳妇都是人精，这孩子没一丁点儿像父母。”“俺班那个拉拉嘴子，在操场上抓了条蚯蚓夹在我本里，吓死我了！”成人世界里也有一些“拉拉嘴子”，才学浅薄，品德欠佳，这时大连人不说“拉拉嘴子”，道一声“哈啦”——“那是个哈啦！”方言的语焉不详虽然令人百思不解，但总叫人欲罢不能。

以“轻腚郎当”为首，形容一个人性格过度张扬、行为举止夸张轻浮、做事不靠谱的大连话有一小撮，比如：小腚飘轻、嘚瑟腚、蹀躞、嘚瑟等。

某人没啥真才实学，却一心想当官，有人私下嘲讽：“嘚瑟着二两腚削尖脑袋往上爬，浑身没有二两重。”某村有一个小媳妇，好吃懒做，啥活不干，就爱抱着洗衣盆去村头小河边洗衣服，小河水清亮亮的，映着小媳妇姣美的脸庞。她一边洗衣服一边与其他小媳妇扯老婆舌。那小媳妇抱着洗衣盆向小河边走去的样子就是“小腚飘轻”。在此处，“小腚飘轻”是中性词。在职场，“小腚飘轻”却是贬义词。某人工作能力不强，还爱偷懒耍滑，成天“小腚飘轻”往领导屋里钻。

城市不大，你转身遇见了我二大爷，我一回头碰着了你三舅母，人，原来是不经打听的。“那是个嘚瑟腚，你有话可不能跟她讲，没啥真玩意儿。”分明说的是下半身，怎么与上半身联系上了呢？方言的土气与粗俗就来源于此。武汉有一条方言叫“撇胯子”，是指水平很差的人。

从字面上看，蹀躞有些生僻，却是大连人的口头语。青春期的女孩子爱交朋轧友，游山玩水，这难免会被父母数落几句：“屁股上安锥子了？成天蹀躞蹀躞往外跑，哪有女孩样！”

《现代汉语词典》对“蹀躞”的解释：一是小步走路，二是颤动、颤抖。蒲松龄的《聊斋志异》：“女郎……蹀躞之间，意动神流。”蔡东藩的《清史演义》：“三人欢喜非常，便从山下蹀躞前行，约里许，但见一泓清水，澄碧如镜……”冰心在《寄小读者》里也用过“蹀躞”：“当她在屋里蹀躞之顷，无端有‘身长玉立’四字浮上脑海。”其实，“蹀躞”是先秦汉语遗留在现代汉语中的活化石。屈原那句“众踥蹀而日进兮”（见《哀郢》），翻译成今天的大连话就是“那些小人蹀躞着二两腚削尖了脑袋往上爬”。

在方言中，“蹀躞”由动词转化为形容词，意指轻浮庸俗的谄媚行为。山东方言体系比较庞杂，同一条方言在不同地区，其含义具有细微差别。济南人所说的“蹀躞”是指盲目积极和无效劳动，含“失败”之意，或形容一个人脸色很难看；潍坊人所说的“蹀躞”是指一个人穷显摆；“蹀躞”在青岛地区变为“踮涎”，从字面所表达的意思看，那种踮起脚跟、涎皮赖脸、小腚飘轻献殷勤，确是令人生厌的行径。

与山东作者交流，得知诸城正流行一条很有喜感的方言——“扶摇”。“扶摇”一指自下而上的旋风；二指盘旋而上，腾飞。腾飞是好事啊，一个人在仕途上扶摇直上，地位、名声、财富也一路攀升。然而，在老百姓眼里，官员的职业风险系数太高，是高危职业。那种飘浮在空中、上不着天下不着地的姿态悬念重重。“看这家伙整天扶扶摇摇的，早晚得卡跌（摔跟头）。”“扶摇”被逐渐动词化，成为都市里的流行词。“今晚又准备上哪儿去扶摇啊？”与大连人常说的“今晚又准备去哪儿潇洒啊？”是一个意思。家中男人频繁应酬经常迟归，女人半揶揄半恐吓：“最近扶摇得不轻啊？”有些女人比较斯文含蓄，对男人的叮嘱格外温柔：“悠着点啊，轻轻地扶摇就行了……”这七分恩爱，三分情色，令人为之倾倒。

在中国近代史上，发生过三次大的移民潮，分别是“走西口”“下南洋”“闯关东”。“走西口”的主体是经济实力雄厚的商民；“下南洋”的主体是难民，他们是中原王朝改朝换代弃下的皇亲贵族；“闯关东”的主体是处于社会最底层的灾民，他们的文化素质在三大移民主体中是最低的。移民潮必然会带来文化冲突之痛，文化嬗变、交融的标志是方言的诞生。大连话很土气，较直白，缺乏文化内涵，与先辈们的文化素质不无关系。

有人说，大连话太难听了，太丑了。从艺术角度看，方言的“丑”折射出了一种朴拙奇异的美感，给予人情感上的慰藉。当我们畅快淋漓地说着家乡话，灵魂是撒欢的，没有一丝虚伪。土里土气的方言诉说着我们内心的喜怒哀乐，而这一方水土的历史、文化也都蕴藏在这一剂土味中。

迷了魔了

“迷了魔了”，是形容一个人无所事事、魂不守舍的状态，也可以形容对人或物极度迷恋的状态。《金瓶梅词话》中：“林氏被文嫂这篇话说得心中迷留摸乱，情窦已开……”在西门庆的众多情人中，这位林太太比较有钱，吃喝不愁，是唯一不用西门庆贴钱的女人。西门庆的姘头以市井女人居多，像林太太这样的矜贵女性并不多。西门庆找文嫂说媒，文嫂在林太太跟前将西门庆美言了一番，从“家中放官吏债，开四五处铺面：缎子铺、生药铺、绸绢铺、绒线铺，外边江湖又走标船”到“正是当年汉子，大身材，一表人物。也曾吃药养龟，惯调风情”，寂寞守寡的林氏听了之后怎能不“迷留摸乱”。

方言词汇出现在文学作品中自古就有，先秦时期的《楚辞》和《诗经》有大量方言，《楚辞》中的有些方言至今还活跃在屈原的家乡。明清时期的白话文作品使用方言词汇数量较多、范围较广，主要涉及北京、山东、东北等地的方言。《金瓶梅词话》和《醒世姻缘传》这两部作品中的山东方言、东北方言可谓层出不穷，白维国编纂的《金瓶梅词典》共收录方言词8129条，并为这些方言词汇做出精当的解释。还有多位学者整理编纂《醒世姻缘传》里的方言词汇，为方言研究提供了重要依据。

迷了魔了，也是东北方言。《东北方言口语词汇例释》记载：迷了魔了，形容神情迷离恍惚。

例句：掏心说，我一离开你就想得迷了魔了的！（《克东民间文学集成》第83页）

一个人寂寞无聊是什么样子？在大连人眼中，“迷了魔了”就是寂寞无聊的写照。没有方向，没有计划，整个人一盘散沙，肉体与灵魂分离了，行动完全不听大脑指挥，或者思想已经瘫痪，茫然无序，心底却有一小簇焦虑之火忽明忽暗地燃着。闲大发了的日子，说到底是一种折磨。

失去工作，赋闲在家，很容易就陷入“迷了魔了”的状态。勤勉忙碌中偶得的闲情逸致，是金贵喜人的。而从早闲到晚的日子，经济拮据、精神贫瘠之辈是消受不起的。你闲着，没有生计来源，能不发愁吗？你闲着，不会琴棋书画等雅玩，不会修身养性，在俗日子里沉沦，面目愈发可憎，气息愈发腐朽，连自己都嫌弃了自己。

“迷了魔了”的人，手里掐着大把时间，却不会将生命浪费在美好的事物上。那空虚的内心里，没有一样寄托可供其打发时间。能有趣味地打发时间的人，是生活高手。用美好的事物消磨时光，是生活家不约而同的选择。

爱一个人也是，求而不得无法转身忘却，只好将爱深埋心底。让爱成为一个人的事，这听起来挺美好，其实很残忍也很荒唐。爱分明是两个人的事，就像王小波对李银河所说：“我认为你爱我和我爱你一边深，不然，我的深从哪儿来呢？”埋藏在心底的爱，绝非静止的状态，迷了魔了是情感火山的活跃迹象。为情所困而迷了魔了无非两种原因：想念或痛恨。多少人挨不住这种煎熬，转身问佛：“如何让心不再感到孤单？”佛曰：“每一颗心生来就是孤单而残缺的，多数人带着这种残缺度过一生，只因与能使它圆满的另一半相遇时，不是疏忽错过就是已失去拥有它的资格。”在微信平台，伴着一曲天籁梵音，聆听人与佛的对话，迷了魔了的心魂逐渐平静下来，在痛苦中沉淀结晶。当一段感情结束之后，你只有心怀慈悲和忍辱的力量，才能走出痛苦的深渊，慢慢地找回自我。

与“迷了魔了”联动使用的一条大连方言是“五脊六兽”。五脊六兽是形容一个人非常闲，闲得无边无际，闲大发了，百无聊赖，难受死了。

大连话源于山东话，而与东北话并存的词条占比也不小。“迷了魔了”既是东北话，也是大连话。我们虽对东北话很熟稔，但有几条东北话却是陌生而新鲜的，如“大膘月亮”（形容丰满而明亮的月亮）、“老守田园”（就地谋生，不离家业）、“车轴汉子”（形容体格粗壮而性格刚强的中青年男子）、“捅肺管子”（比喻点中要害）、“充大瓣儿蒜”（形容装腔作势、冒充有身份或内行的人）、“半仙之体”（粗略地掌握某种技能或知识）等。东北话与大连话是两种不同的方言，但由于赵本山小品及东北二人转的影响力，东北话在更广阔的区域内为人们所们熟识。

怎样提高方言的活力，扩大方言的影响力？我曾写过一篇《地方高校开设方言文化课的构想》的论文，“方言是一种独特的民族文化，最能代表一个地域的文化特色和风土人情。地方高校应开设方言文化选修课，培养学生的文化保护意识，自觉地将方言作为文化传承的对象，了解方言所蕴藏的地方历史文化魅力，从而扩大方言的社会影响力。”方言的影响力与其所在地域的经济发展实力紧密相关，国内不少高校都成立了粤语社，因为广东是年轻人向往的打拼之地，广东本土企业招聘员工的首要条件是会粤语，这种实际需求使得学习粤语成为大学生的必修课。

2014年，《人民日报》文学评论版副主编董阳在《海燕》创刊60周年座谈会上的发言，是一篇深情赞美大连话的散文，对家乡这本文学期刊60年风雨历程的敬畏之意，都浓缩在对家乡话的一往情深之中。董阳是金州人，他爱人是庄河人，两人在北京求学时相识相恋。起初，两人都未曾吐露乡音。在董阳心里，家乡话是令人自卑的。这种自卑感在孩提时代就埋下了。四年级时，董阳从村小学转到镇上的中心小学，年轻漂亮、气质卓越的女音乐教师无意中说了句“大连话真难听”——这句话像种子一样摁进了董阳幼小的心田。上大学后，董阳不说大连话，然而给家人打电话时口音难免会被带走，这令他脸红心跳，极为尴尬。方言是丑的，难听的，落后的，这是年幼时他对方言的理解。如今，董阳将父母从金州农村接到了北京城，一家人其乐融融洋溢着“海蛎子味”。儿子三岁，也会说大连话，偶尔蹦出一句不够文雅的俚言俗语，董阳父母作为看护人会深深自责，董阳却明确表态：“不要纠正，会说大连话挺好的。”

“家乡话是具体鲜活的，它连着你的所有童年记忆，连着你的叔叔大爷、七大姑八大姨，连着你的衣食住行吃喝拉撒。你的那些所有细碎的过往，你的情感思想，甚至你的原初的生命力，都是用家乡话编码的。即使你平日里只说普通话，家乡话也还活在你的身体里，它只不过是暂时休眠。”董阳说。

游子不改乡音。离家越远，越在乎“地缘感”；年纪越大，寻根意识越强烈。“地缘感”是作家的精神胎记，这种“地缘感”可以理解为福克纳和约克纳帕塔法、梭罗和瓦尔登湖的关系；在中国，那就是萧红与呼兰河、沈从文与湘西、舒婷与鼓浪屿的关系。鼓浪屿是舒婷的生命源头。散文集《真水无香》，像诗歌一样优美，是舒婷写给鼓浪屿的。作家们非常羡慕舒婷，认为她是中国第一个完成诗意栖居的作家。舒婷也坦承，她的认知，她的生存方式，她的写作源泉，都和鼓浪屿息息相关。个人命运与家园历史令人心折地交织一处，这本自传背景下的“鼓浪屿方志”生动地诠释着一个作家与原乡的关系。

年轻的时候，我们去远方寻找精神家园，愈走愈远。当岁月风霜来袭，脚步缓了下来，慢镜头般地转身四望，这才发现，择一城终老，那城是我们的母城。最是乡音解乡愁，叶落归根，在乡音里终老是人生最后的金色之梦。

该然，眼气

“该然”，是指某件祸事的发生有命中注定的意味。一位作者在博客里发表了自己创作的长篇小说，其中一章的题目是《只因天道有数时运该然》。“然”是指示代词，表示“如此”“这样”“那样”的意思。所谓“该然”，是说某件祸事发生了，它就应该是已经发生的那个样子。多数大连话乡土气息浓郁，粗犷豪放，幽默铿锵，而“该然”俨然一派古语情调。

值得注意的是，在大连话的发音中，“然”被读成了yán，比如当然、然后、然而等，都是如此。细细品读，学说几句，你眼前是否浮现出了远在乡下的七大姑八大姨的音容？

在古代的辞书中，如《唐韵》《集韵》《类篇》等，“然”的发音为“yán”的可能性最大。

陆游的《沈园》（其二）：

梦断香消四十年，沈园柳老不吹绵。
此身行作稽山土，犹吊遗踪一泫然。

李商隐的《锦瑟》：

锦瑟无端五十弦，一弦一柱思华年。
庄生晓梦迷蝴蝶，望帝春心托杜鹃。
沧海月明珠有泪，蓝田日暖玉生烟。
此情可待成追忆，只是当时已惘然。

陶渊明的《归园田居》（其一）其中几句：

暧暧远人村，依依墟里烟。

狗吠深巷中，鸡鸣桑树颠。

户庭无尘杂，虚室有余闲。

久在樊笼里，复得返自然。

这三首诗都是以“然”字结尾，如果读音为“rán”，则皆不押韵，而古诗是非常讲究韵律的，由此推测，彼时“然”不读“rán”，而读“yán”。

大多数大连方言是“无厘头”的，找不到出处来源。而“该然”，原以为读成“yán”是大连人说话土气所致，却原来是传承古意，沿袭旧法，是非常有来历的方言词。就像普洱茶，传承古法制作的要比从现代生产线上出品的更有独特的香滋气韵，更耐品、耐琢磨。

几年前，在中山路发生过一起车祸，一对在国外工作的小夫妻回国探亲，那一天，小夫妻驾车访亲问友，从一辆集装箱卡车旁经过时，灾祸瞬间发生了，集装箱突然倾覆，将他们的车结结实实地扣在下面。两条鲜活的生命被这场突如其来的车祸吞噬了，路人无不扼腕痛惜：“就该然了，大道上来来往往那么多车，怎么就叫这辆车赶上了。”

天有不测风云，人有旦夕祸福。面对突如其来的厄难灾祸，我们该如何平息内心的悲痛？圣严法师说过八个字：面对，接受，处理，放下。这四个看上去极普通的词语就是人生危机处理方案的关键词。

“该然”是命运的潜伏，无法预知和判断，无法干预和更改，当它劈头盖脸横在眼前，也只有按圣严法师所说的去做。其实，悲痛是无法从心头卸载的，所谓“放下”不过是将其转化为一种看不见的能量锤炼生命的强度。

“祸兮，福之所倚；福兮，祸之所伏”，这是一道哲学命题，也是一道人生命题。在现实生活中，体现“祸”与“福”的辩证关系的案例不胜枚举，时刻提醒着我们得意不可忘形、失意不可失志。诗仙李白在《将进酒》中倡导众生“人生得意须尽欢”，以乐观自信的口吻肯定人生，肯定自我，诞出一句千古流传、熠熠生辉的好句子——“天生我材必有用”。这场筵席，整头整头地“烹羊宰牛”，不喝上“三百杯”不罢休。老实说，如此豪爽尽兴的人生只能于诗中体会。中国人的生活理念是“居安思危”，中国人的生活方式是“晴带蓑衣，饱带干粮”，我们习惯了有限度地理性消费，习惯了延迟享受，习惯了苦尽甘来，让每一份甜头有正当出处才是心安的生活。

最近编过一篇小说《午夜飞行》，讲一对同居男女的爱情生活，男人成天忙于工作，经常将工作带回家，累了就上网玩游戏，或者看《乡村爱情》之类的电视剧。女人感觉闷和孤独。女人是搞写作的，原本性情浪漫，充满梦想，当生活变得单调枯燥，她连屋子也不收拾了。她喷洒大量香水驱散屋子里衣物和食物的腐烂气息。那天，她脸色铁青、手脚冰凉地去逛潘家园，先是去淘书，以喜人的价格淘到一些梦寐以求的旧书。她喝了杯奶茶，又买了一串菩提子，整个人慢慢地暖起来了。这一天看上去挺圆满的。她坐地铁回家，睡着了，走出地铁站时才发现辛苦淘来的书忘拿了。“她转身，仰头看着城铁在轨道上画出一道弧线，向远方天际驶去。她默默站立，心内空空，惘然觉得，很多东西就是注定要失去的。不论付出过怎样的感情、努力、欢喜和隐忍，一切都轻轻地随风而去。”这种心情，令人想到当年徐志摩追求林徽因时留下的那几句绝唱：“我将在茫茫人海中，寻我唯一灵魂之伴侣。得之，我幸，不得，我命。如此而已。”这段令世人心折的句子，蕴含着达观超脱的人生智慧。咱家老辈人早就说过：“是你的，就是你的；不是你的，抢也没用。”也许一切结局都是该然的，一切发生都是该然的。所以，很多时候，我们不必强求，不必太用力……

“眼气”，就是眼红。别人中奖了，他眼气得不行。

《东北方言口语词汇例释》记载：眼气，是妒忌的意思。

例句一：这事被李老五知道后，很是眼气，他决心要坏一坏大民。（《民间故事》50期13页）

例句二：我说青刀豆，打酒不问醋价钱，你硬跟着搅和啥？眼气呀！（《黑龙江戏剧》1983年1期40页）

“眼气”居然还是贵州、山西、四川、河南和河北的方言。在四川方言里，“眼气”是看在眼里，气在心上。对应当下网络流行语就是“羡慕妒忌恨”的意思。“眼气”适用范围之广，可见其表现力很强大，各地对“眼气”的释义基本相同。眼字头的大连方言还有“眼力见儿”“眼发蓝”“眼眶子高”等。“眼力见儿”，指见机行事的能力。例句：这孩子真有眼力见儿，看见我扫地，就把簸箕拿过来了。“眼发蓝”，指因情绪激动而眼色难看的样子。例句：他今天把事办砸了，还不讲道理，把我气得脑袋发胀眼发蓝。“眼眶子高”，即眼光高，评价与选择事物的标准高。例句：听说丈母娘的眼眶子还挺高的，能不能同意咱还说不好。

人家拿奢侈品当日用品，换名车像换领带似的频繁，你眼气；人家薪水不低福利不薄压力却不大，你眼气；人家有车有房却不欠银行钱，你眼气；人家夫妻恩爱日子过得幸福美满，你眼气……“你别来眼气我了！”面对人家的好山好水好风景，大连人脱口而出的这句话，有羡慕之情，却无妒忌之意。“你看你家宝贝女儿，真是眼气死个人，不用父母操心，轻松地考上了名牌大学。”此处，“眼气”是褒奖，也是恭喜。人们大概不会眼气达官贵人明星大腕的人生，而是眼气身边那些看得见够得着的标准。

某高校体育系一女教师，30多年前就开始做体育用品生意，如今已跻身本城富贵阶层。女教师喜欢名车，隔几年就会换一辆百万元以上的名车。但是女教师非常低调，每天开着名车来给学生上课，将车停在校园偏僻之处，在车内换好运动服穿上球鞋，从不将自己富贵奢华的一面示人。年终系里搞茶话会，她会主动买点儿瓜子花生，从不做一掷千金之举。逢教师节，全体教师到安波洗温泉，她也跟着大家坐大巴。她是刻意掩饰将调子降下来，还是低调的价值观她也认同呢？她不眼气别人，藏起富贵，敛起奢华，于人于己都是一种自在。

拿自己的好东西去眼气别人，不肯分享，显然不够厚道，也特浅薄。今天人们喜欢用“低调做人，高调做事”来评价某个人。低调是一种修养，是做人的最佳姿态；高调是一种气魄，是做事有信心的表现。怎样把握为人处世的藏锋哲学与亮剑精神，不该眼气人时要保持低调，该眼气人时要不遗余力地张扬，这实在是一门不可小觑的处世功课。

在漫长的岁月长河之中，某些方言跟当初来时模样一致，没有任何变异或演变，这大概是因为这些方言在表情达意方面具有“舍我其谁”的精准感。“眼气”便是这类大连方言的代表。具体来说，“眼气”是山东蓬莱方言，还有一个蓬莱方言叫“害气”，“害气”侧重表达妒忌的意思，而“眼气”有妒忌之意，也含羡慕之情。

这些年，“眼气”在大连人的生活中意义一直不曾改变。在大连人的使用中，“眼气”羡慕成分居多，略带嫉妒意味。但凡我们能直白地说出“我眼气谁谁”，心态都是阳光的。

掉链子，吃苍蝇

在关键时刻犯错或发生纰漏，造成失败或窘迫的局面，便是“掉链子”。比如，“关键口掉链子，这事全让你弄砸了”。掉链子是自行车的常见故障，在行驶过程中，链条突然从链轮上脱落下来，从而失去了转动能力。用“掉链子”来形容一个人在事情的重要环节失去掌控而酿成败局，实在是太生动了。

生动性与通俗性是大连方言最显著的特点之一。掉链子，便是一条生动鲜活、通俗易懂的大连话。

如今年轻人对“掉链子”无从体会，今天的交通工具已经鸟枪换炮，自行车成为人们怀旧心情里最温暖灿烂的道具。20世纪70年代是一个以票换物的年代，一个穿的确良衬衫的人，口袋里再装几张自行车厂发行的票子，那此人的能量不容小觑，大抵相当于如今的手眼通天的社会人。

那时候家家户户都有自行车，上班族要骑自行车上下班，孩子要骑自行车上下学。清晨或傍晚时分，人们骑着自行车鱼贯而出的场面，是那个年代最壮观的街景。“掉链子”是城市人最熟悉的路上烦恼，所以城市街头随处可见修理自行车的铺子。如果下班途中掉链子，而自行车铺已经歇业，只能扛着自行车走回家，进了家门难免垂头丧气地对家人抱怨一句：真倒霉，今天路上掉链子了！

在20世纪80年代，最拉风的事就是骑一辆“永久”牌自行车和姑娘谈恋爱。骑“永久”是身份的象征。如果再有一台手提录音机挂在车把子上，播放着那个年代的流行歌曲，驮着一位美丽的姑娘去郊外度周末，那简直是浪漫无际、风月无边的青春生活。

新车子刚买回来，那真是爱不释手，专门买一条新毛巾，闲了没事就在院子里擦拭自行车，往轴承和链条齿轮上抹点儿菜籽油……如果看到有人将自行车扛在肩上走路，一种情况是掉链子了，另一种情况是路况不好，出于对自行车的过度珍爱，宁愿自己受累，也不愿自行车受磨损。

一个家庭里有五个上学的孩子和一个上班的老爸，这便有了一支自行车队伍。这支队伍在晨曦中出发，在暮色里归来，归来者又累又饿，将自行车甩了直奔饭桌。晚饭后，孩子们打着饱嗝忙着写作业，他们的坐骑“斜偏倒挂”（大连方言，歪扭、杂乱的意思）在皎白的月色里。老爸抽一支烟，或喝几口浓郁的老花茶，便踱到院子里做他的“功课”：给孩子们修理自行车。没了铃盖子、丢了闸皮子、被人拔了气门芯、轮胎被割了个大口子、掉链子了……在那个年代，每个父亲都是修理自行车的高手。一辆自行车身上，凝结着很多人间的恩怨故事。那个年代最常见的泄私愤手段就是祸害别人的自行车，让对方掉链子。这可不是一件小事，若结怨太深，自行车可能长年累月被祸害着，作为最重要的代步工具，天天掉链子岂不窝火？于是便会看到这样的谈判情景——一个男孩子找到另一个男孩子说：“我给你弄两张电影票，你别再弄我的自行车了……”

北京方言最显著的特点是含蓄性，大连方言与其恰好相反，大连方言有一股子呼啦一下敞开所有的畅快感，让你一下子看得清清楚楚，明明白白，而不必思量和琢磨。“掉链子”就是其中的代表。在大连街上听几个人唠闲嗑儿，其中一个人说了句：“你可真掉链子！”那上口感，那铿锵感，那鲜活感，可真是道尽了大连方言的真谛。

经济发达地区的方言，如果表现力很强，就有可能在全国范围内流传开来，甚至有可能被词典收录其中。“掉链子”一词生动形象，又具有网络语言的诙谐幽默，从东北走向了南方，从日常走进了网络，如今在南方媒体上常见这个词出镜，“关键时刻不掉链子，皇马将继续拉大与巴萨的差距”“大牌球星罚丢点球掉链子，科特迪瓦痛失非洲杯”等，都是指在关键时刻出现失误，将事情搞砸了。

在东北语境里，还有两条方言与“掉链子”语义相似。

“掉蛋儿”，卸去职务（含诙谐意）。

例句：“掉蛋儿”的老主任骂街，掘祖宗。（《齐齐哈尔日报》1988年7月27日）

“掉价儿”，比喻有失身份。

例句一：我本想在她面前露露脸，没想到弄巧成拙了，真掉价儿，真丢人。（《辽宁群众文艺》1979年1期44页）

例句二：你就放心吧，就凭咱这小伙儿哪掉过价呀。（《辽宁群众文艺》1984年1期16页）

“掉链子”与“掉价儿”的感情色彩稍有差别，“掉链子”多带有嗔怪、失望之意，无可奈何的语气里饱含着淡淡的理解和宽容，也常用于自我调侃、自我解嘲。而“掉价儿”是一句实实在在的批评，“掉价儿”掉的是尊严，是身份，是做人的核心部分。“掉链子”只是某个环节出了问题，及时补救，不影响大局。“掉价儿”不是“掉腰子”，这个“掉腰子”也是大连方言，指动物受外力打击，后肢与胯骨脱位。“掉腰子”可以救治，“掉价儿”补救起来比较麻烦。

“吃苍蝇”是非常经典的大连方言之一。与脑子有病、脑子长包、找罐子拔等如出一辙，都属于以直接和通俗见长的大连话。从字面理解，吃苍蝇就是嘴巴里嚼了一只苍蝇，多恶心啊。在饭馆里吃饭，最令人愤怒惊悚的遭遇，莫过于在饭菜中吃到了苍蝇。两个大连人见面，其中一个很郁闷地说“我今天吃了个苍蝇”或“他今天让我吃了一个苍蝇”，千万别以为他真的在饭馆里吃到了一只苍蝇。那么，大连方言“吃苍蝇”究竟何意呢？有人说是有怨往肚里咽，有人说是别人“下套”你上当，有人说是没按常理出牌导致失败。这些说法都有那么一点儿意思，但确切地说，“吃苍蝇”是指办了一件十分窝囊的事情之后的心理感受。

以生理感受来形容心理感受，这是“吃苍蝇”一词的绝妙之处。在某读书论坛里，超级书虫们交流阅读体会。一位名叫“酸菜”的女书虫买了一本名家新作，读过之后却发觉，这位名家通篇以她的小刻薄和小得意攻击一切与她观念不同的人和事，令“酸菜”感觉像“吃苍蝇”似的。这位名家的粉丝们对“酸菜”“吃苍蝇”的读后感反应激烈，双方由争辩而对骂，“酸菜”无奈地叹一句：你的蜜糖，我的砒霜；你的蛋糕，我的苍蝇嘛！

恶心与恼火，是“吃苍蝇”的两层意思。自己亲自办了一件很窝囊的事情，令自己感觉很恼火，很无奈，类似于搬起石头砸自己的脚，这是自己给自己“吃苍蝇”；别人故意使坏，给自己的生活或工作造成麻烦，这是别人给自己“吃苍蝇”。

方言是一种独特的民族文化，最能代表地区文化特色。方言所体现的地方特色是普通话无法比拟的，比如“吃苍蝇”这句大连话，以其简单、生动、形象，表现了大连人直率、豪放、幽默的海洋性格。文学家们从来没有鄙视过方言土语。冰心在《再寄小读者》里说：“他的诗是用方言写的，富于人民性、正义感，淳朴、美丽。”倡导白话文运动的先驱裘廷梁还归纳出了“白话”的“八益”，即省日力、除骄气、免枉读、保圣教、便幼学、炼心力、少弃才、便贫民。这里的“白话”即方言俗语。显然，“吃苍蝇”就是一条具有“八益”特征的大连方言。

在人情世故的道场上，除了吃苍蝇，还能吃什么呢？在大连方言的语境里，还有哪些土话俗语与“吃”有关呢？

“吃不了，兜着走”，指出了问题，要承担一切后果。

“吃不穷，穿不穷，算计不到要受穷”，指过日子要精打细算，量入为出。

“吃不住劲”，承受不了，多指精神上无法承受某种压力。

“吃错药”，指言行举止不太正常或有违常理（挖苦人的话）。

“吃枪药”，形容说话火气大，带有火药味。

“吃定心丸”，比喻解除忧虑，使人安心。

“吃挂落”，受连累。

“吃宽心丸”，比喻以好言敷衍，使心情转好。

“吃回头草”，比喻重又做以前放弃的事情。

“吃了熊心豹子胆”，比喻胆大，含贬义色彩，多含蔑视之意。

“吃人家的嘴软，拿人家的手短”，比喻受惠于人，则难以坚持原则。

“吃一百个豆不嫌腥”，比喻不吸取以往吃亏或失败的教训，重蹈覆辙，又陷绝境。

相比之下，“吃苍蝇”是一句干干净净、直来直去、没有任何堆砌涂饰的大连方言。细品之余，居然有股子说不出的喜感。如果你在异乡某个场合，看见一个人夺门而入气咻咻地嚷了一句：“我今天吃了个大苍蝇！”你尽可以一个箭步上去捣他一拳，这是咱大连人。

多余了，没牙啃，放一声

大连方言含有一定量的短语，称其为方言词语比较贴切。比如：“多余了”“没牙啃”“放一声”。

这三条方言词语现在依然活跃在大连人的生活中，使用率较高，有一定的生命力。“多余了”与“没牙啃”传递的是一种负面情绪，“放一声”则表现了大连人的乐善好施。这三条方言词语大致可以描绘大连人大爱大恨、大开大合的性格脉络。

在《现代汉语词典》里，“多余”有两个义项。一是作为动词，指超过需要的数量。例句：他每月都把多余的钱存入银行。二是作为形容词，指不必要的。例句：你这种担心完全是多余的。二者在感情色彩上都属中性词，而大连方言“多余了”，是在普通话“多余”的基础上增加一个“了”字构成的固定短语，其感情色彩与“多余”大不相同。“多余了”表贬义，饱含着蔑视不满的情绪。独特的表现力是方言词语能够代际传播、不被生活删汰的一个重要原因。

在大连人的日常交流中，时常会闪现“多余了”这个词，它的每一次出镜，似乎都藏有一个恩怨交织的人情故事。

20世纪70年代，大连港青年工人乌泱乌泱的，像是个小社会，工人中张三和王二麻很对撇子。张三是个单身汉，经济条件不错，月薪60多元供应他一人，日子过得很滋润。王二麻上有老下有小，妻子无业，父母长年缠绵病榻，一双幼崽嗷嗷待哺，王二麻将一分钱掰成两半花，除了喝口酒，个人基本是零消费。那个年代，海港青年工人业余文化生活比较单调，下了班组织一场丰俭由己、以酒解乏的饭局，既是物质生活，又是精神生活。有时是AA制，有时是轮流做东。张三性格豪爽，出手大方，生活理念又超前，既是酒局的组织策划者，又常是第一埋单人。张三爱喝酒，能喝酒，劝酒水平也高，那场面直叫人感慨“人生得意须尽欢，莫使金樽空对月”。工友们都愿意跟张三混，与张三同班组的王二麻，更是每天与他形影不离。

两人同住沙河口净水厂一带，下夜班，两人推自行车出了工厂大门，王二麻起初死要面子，不好意思蹭张三的酒，跳上自行车就蹽了。张三喊不住，便独自走进工厂旁一间小商店，买上一两白酒，跨着车子，将一两白酒倒进肚里。王二麻骑得并不快，张三很快撵上来，王二麻闻到了张三唇边那抹诱人的酒香，馋虫噬骨，激烈蠕动的喉结泄露了这个男人馋酒的难堪……在净水厂铁道附近，二人分道扬镳各回各家。在家楼下的小卖部，张三又买上一两白酒，一饮而尽，还买了几颗糖豆丢进嘴里，真不亏待自己啊。糖豆既佐酒，又能掩饰酒气。他回家后乘着醉意歪头就睡，一枕黑甜之后，又是一条毛色鲜亮、铁骨铮铮的好汉。

当王二麻感觉生活不如意的时候，也就不要什么脸面了，下班回家不再提前蹽了，乖乖地跟在张三身后，等着张三给自己也买上一两白酒。人生不如意事十之八九，王二麻蹭酒已成惯常。在物资贫乏的年代，酒里缔结的感情、酒里生发的故事值得回味。那年盛夏，张三在外惹是生非需以钱私了，平时他典裘当马换美酒，今朝有酒今朝醉，根本没存下什么钱。工友们纷纷慷慨解囊救其于水火之中，张三记下每一笔款子，承诺他日定当偿还。花钱消了灾，生活恢复了往日的平静。那天深夜张三打开账本，这一笔笔人情债沉甸甸地压在他心上，他要制订一个还款计划，王二麻生活负担重，又怕老婆，要先还了他的钱。结果账本上没有王二麻的名字，张三顿时脸色铁青，内心某种东西坍塌了。

从此，王二麻就是“多余了”的那一个，张三根本不坤他。当然，情商高者在这种情况下，也会搭理对方，甚至会跟对方推杯换盏谈笑风生，但涉及利益、合作等正经事，就是“多余了”。“多余了”是将这个人从心底删除，所有过往一笔勾销。“这个人不讲究，多余了！”“不讲究”有两种情形：一是不讲究德行；二是不讲究感情。王二麻不讲感情，张三对他多好，有酒同饮，有肉共啖，不分彼此。而他居然在张三落难时袖手旁观，这怎不叫人生气失望?

“多余了”是一种狭隘的心态。当初穷困潦倒一无所成，亲朋好友见了都绕道走，后来时来运转一夜暴富，对当初那些冷落嘲讽过自己的人，充斥着不可一世的“多余了”的心态。

“多余了”是一种正能量的心气。不与宵小之辈为伍，不惧怕邪恶势力，老老实实做人，干干净净做事，让一群虾兵蟹将的蝇营狗苟“多余了”。

“没牙啃”，是无可奈何、束手无策的意思，与“多余了”的含义有几分相似。“他多余了”“他没牙啃”，表达的都是一种否定、排斥、憎厌的情感。

“放一声”，即说一声。大连人的“有事你放一声”，与北京人的“有事您说话”是一个意思。

一个人遇到困难，既渴望他人援手，又担心给人家添麻烦，“有事就放一声”，不要将所有苦一个人扛，人活在世上，有谁不求人呢？

20世纪70年代的夏天，大连的小伙伴们每天都上海洗澡，洗海澡的生活如乡愁一般泊在心灵深处。午觉醒来，天地间一片聒噪，知了这么叫不能累死吗？太热了，从床上湿淋淋地爬起来，睡眼惺忪，伸个长长的、嘎嘣作响的懒腰，心尖弥漫着淡淡的迷茫和空虚，午后时光该干点什么呢？上海玩吧，成天去已经不新鲜了，不上海吧，又像少了点什么。喝一杯大人弃下的凉花茶，先找回精气神，再去找邻家小伙伴策划午后节目。结果小伙伴早上海了。奔到傅家庄，看到小伙伴跟新欢玩得正开心，气急败坏地问了小伙伴一句：“你上海不放一声吗？”

我曾做过一个小调查：初来乍到，哪些大连方言令你印象深刻？结果显示：以“干净”“派”“章程”“上讲”“展扬”“姿势”等为代表的“奇俊派”，褒义色彩强烈，字眼讲究，朗朗上口，让外地人觉得大连方言很有味道；以“饼子”“装灯”“掉链子”“搅牙”“找罐子拔”等为代表的“粗俗派”，虽然都是贬义词，但是十分有趣，令人发笑。“放一声”应是中性词，但外地人觉得它带有侮辱性，人说话怎么能用“放一声”呢？说得有道理，炒股论坛有一个帖子：某企业作为大型国有控股公司，股价走成这样，屁也不放一声，他们为何如此漠视投资人？一员工给公司造成了不小的经济损失和负面影响，单位领导却连屁也不放一声，这员工上面有人，领导不敢得罪啊。

大连方言源自山东方言，在20世纪八九十年代，山东地区出版了不少关于山东方言的书，其中有一本是董遵章编著的《现代文学作品山东方言词例释》。该书从本地作家的文集中打捞方言土语，进行解释归纳，这种整理方言的手法是很新鲜的。方言是一种独特的民族文化，最能代表地方文化特色。莫言说："一个真正的文学家，就是应该千方百计地丰富本民族的语言。"他建议作家可以将方言土语运用到小说的叙述中。铁凝在长篇小说《笨花》中就使用了大量的冀中方言，不仅人物语言带有明显的冀中方言特点，作者的叙述语言也染有冀中方言的色彩。方言在文学作品中恰当娴熟的运用，使作品的乡土气息更浓郁、民俗风情更生动、人物形象更鲜明。"荷花淀派"领军人物孙犁，也在作品中大量使用河北方言，生动地反映了河北地区特有的生产生活、民俗风情、时代特色等，也形成了独具特色的创作风格。

让方言适当地进入文本，是作家精神还乡具化为语言还乡之举。方言是一笔丰富的地方文化遗产，从中可以管窥时下的社会习俗、文化传统、生活习性等人文因素。哪些大连方言可以进入作家文本呢？"奇俊派"的那些代表可以用在叙述中，而"多余了""没牙啃""放一声"可以用在人物对话中。

"有需要哥们儿的地方你放一声，全给你摆平！那王二麻是多余了，就看他办的事，我收拾他，他都没牙啃。"这就是大连话，这就是大连人。

打冒支

写大连方言，首先要寻找最典型、最地道、最正宗的词条，有时我从菜市场打捞到鲜活的大连方言，有时在与父母长辈聊天中捕捉到地道的大连方言，有时在餐馆听到邻座迸溅出生猛的大连方言。大连方言入耳就身心大悦，归属感非常强烈。

一位朋友住在黄金地段，他每周必回工人村看父母，不仅是尽孝道，也是因为父母家是歇息的必归之处。当推开楼道的破门，老楼的气息兜面而来，他一头扎进去，身心温暖慵懒。随着成功阶层保健养生修身养性的潮流，他也熏香，那无比名贵的白棋楠也闻过，可都没有老楼道的气息令他陶醉。夏季这里蚊蝇飞舞，他像一只光鲜的大猩猩又蹦又跳躲避着，没有嫌弃，尽是愉悦。他说，老宅的气息，是岁月的味道，让人心平静而舒服。

回到父母家，褪去一身皮，他就是“老王家的二小子”。吃母亲自制大酱焖的鲜鱼，和父亲用大连话唠嗑儿，唇齿留香，心里开花。那些纯正地道的“海蛎子味”大连话，就沉淀在老楼道里，沉淀在父母老派的生活方式里。

与父母唠嗑儿，涉及对人的品质的评价，父母常会说“打冒支”这个词。从字面意义上看，找不到丝毫头绪。

写大连方言词条时，我喜欢与编辑部同事交流探讨，开阔思路，尽量挖掘词条背后的历史信息和生活意象。这令我想起那些年喝茶，喝的是普洱茶，刚开始喝不明白，不会辨识一饼茶的品质与内涵，掰下一块，找明白人喝一喝、品一品，这茶到底是干仓还是湿仓？是纯料还是拼配？有哪些风味特点？写大连方言亦如此，拎出一条大连方言，让同事们帮我品一品，这条大连方言里有哪些生活故事，有哪些独属于这一方水土所孕育出的天性脾气。

经编辑部曲老师确认，“打冒支”是非常典型的大连方言，大致有两个意思：一是为了达到个人目的，扯大旗做虎皮，拿有权有势的人抬高或粉饰自己；二是为了满足私欲，以不正当手段冒名顶替，将钱物据为己有。

据《东北方言口语词汇例释》记载，打冒支是指假借他人名义获取实惠或达到某种目的。

例句：有些学生家长反映学校收费太多。据了解，这之中包括学生回家说了谎，以学校的名义“打冒支”，要出的钱自然是学生自己花掉了。（《鹤城晚报》1989年4月20日）

我将“打冒支”记录在案，却一直没有写，因为找不到感觉。它对我来说，着实有些陌生。

曾经，某出版社领导将一位写小说的作者推荐给我，他写了一部长篇小说，要自费出版。文人命运大体相同，惺惺相惜在所难免，有能力为文友们提供出版服务，举手之劳，我是很乐意的。电话里，他说出版社领导是他朋友，市里哪个领导是他哥们儿，哪些作家是和他从小一起玩大的。阅人识物，我们每个人都有自己的评判体系，也许有时候不一定公正准确，但我还是听从内心拒绝了他。

“打冒支”是令人讨厌的行为。在多数情况下，“打冒支”是无法进行核实的。他说自己是市长家哪门子亲戚，你总不能找市长问个清楚吧。一位同事提醒我说：“你不是一直对‘打冒支’没有感觉吗？这个作者的行为不就是‘打冒支’吗？”

真是得来全不费功夫。方言所描摹的人情世态，就发生在我这里。

在生活中，我们都有过“打冒支”的行为，重的事关人的品质，轻的可能是不得已而为之的手段。布置工作或开展改革，没有一呼百应，反而暗礁重重，此时将更高级别的领导抬出来，编几句领导口谕，通常会扭转局势。

与“打冒支”有关联的一条方言词是“吐口唾沫都是钉”，意思是说话算数，说到做到。也说“一口唾沫一个钉”。《东北方言口语词汇例释》记载了这样几个例句：

“妈办事吐口唾沫是个钉，我说不行，就是不行，说到猴年马月，俩字儿，不行！”（《朝阳小戏选》第33页）

“我黑蝴蝶红口白牙不说黑话，一口唾沫一个钉！”（《新剧选》第59页）

大连人也常说这个词。东北人爽快果断的处事风格，被这个词淋漓尽致地展现出来。男人话不多，一句是一句，句句是真经，一口唾沫一个钉。这样的男人魅力值无穷大。不光是男人，咱女人说话也要算数。

大连方言从不期期艾艾，从不隐含词锋，像锋利的霜刀，像奔腾的大江大河；大连方言旁若无人，像夏天穿的大裤衩，怎么舒服怎么来。有大连方言的地方，庄谐杂出，四座皆春。如果你累了，厌了，就回父母家，回老房子住几天吧。

飒棱，姿势

大连方言词“飒棱”是对女人的中性相貌与中性气质的一种描绘。飒，是英姿飒爽的意思；棱，是棱角，与圆润相对。飒棱，是过去年代优秀职业女性的专属形容词，可以理解为头脑聪明、精明强干，是褒义词。

东北方言中有“刹棱”一词，与“飒棱”近义，《东北方言口语词汇例释》记载：刹棱，动作敏捷，办事利落。例句：嘿，老伙计，你比我都刹棱，家把什都预备好了。（拉场戏《春风送暖》）

飒棱的女性是什么样子呢？以名人明星为例，希拉里的长相很飒棱，杨澜的气质很飒棱。飒棱的女性最常规的扮相是一头倍显精神干练的短发，以时尚优雅的职业装为主打行头，整体看上去英姿飒爽的，不太像一朵花，倒像一株白杨树。飒棱的女性具有一种中性美。

在过去年代里，被形容为飒棱的女性，不见得都是女性领导者，也可能是极为普通的家庭主妇。她们吃苦耐劳，勤俭持家，做事利索有章法，性格开朗有包容心，具有家嫂的慷慨与奉献精神，这种女性也属于飒棱型的。

与飒棱相对的是千娇百媚媚气丛生，是小鸟依人柔藤缠树，是万人迷！

在人们印象中，东北地区美女多，美女们大多身高腿长，骨架子宽大，腰际曲线模棱两可，皮肤欠细腻。东北美女吸烟喝酒的比例最高，她们的性格过于直白，不太耐人寻味，甚至会在公共场所大喊大叫抖落家丑。东北女人整体气质属于飒棱型的。面朝大海，春暖花开，大连女人稍偏柔和一些，这可能是生在海滨城市的一种偏得吧。

东北女人爱打扮却不会打扮，常会成为时尚的反面教材。20世纪80年代，东北城市女人爱擦增白粉蜜，活生生将一张脸刮成大白效果，结果只顾

脸蛋子忘了脖子，就像将头伸进白面口袋里涮一涮再拿出来一样。大连女人以水灵、会打扮取胜。当年有“苞米面肚子，料子裤子”一说，意思是说，宁愿口挪肚攒顿顿喝苞米面粥，也要买一条料子裤子。那个年代的女性普遍显得很飒棱，尤其是穿上了“料子裤子”所产生的飒棱的美感，格外夺目。

大连女人是一景，而我们总感觉风景在远方。一位外地游客说，最爱在中山广场一带看那些中午出来吃饭的女白领们。这些司空见惯的人物居然成为别人心中难忘的风景。外地游客用了很多词汇描述中山广场白领们的现代职业气息，其实就是“飒棱”的意思。

大连女人的豪爽不在男人之下。在夜间海鲜大排档里，你会看到大连女人惬意地喝着小酒。大连女人如果爱喝酒，便能喝酒；如果能喝酒，便没有在酒桌上欲饮还休的。她们认为，这酒喝的是一种心情，喝的是一种感情。如果有心情有感情，她们喝酒的样子也很飒棱。

飒棱是“男人婆”的弱化说法。所谓男人婆，一是说男人的性格有女性化倾向，或指其婆妈作风；二是说女人无论外表还是性格都背离女性特质，与男人近似。飒棱的女人，大概有三分女性特质的家底，却吸纳了七分的男性作风。女人在职场生存各有手段，飒棱的女性大多是演技派、实力派，她们不做花瓶，每一分收获都饱含着金灿灿的汗水。以飒棱著称的女人偏重理性色彩，她们头脑精明，冷静节制，决不泛滥多情充满文艺腔，有脆弱却不落泪，很热爱工作却不玩命。年轻时很飒棱的女性，在中年后大多走上领导岗位。领导之路走得久了，或许真的就变成了“男人婆”。

如今是一个注重人际关系与沟通的时代，柔性管理大行其道，权力女性的“她时代”已悄然到来。管理大师杜拉克曾说：“这种时代的转变，正好符合女性的特质。”但是，很多女性领导者对柔性管理不屑一顾，她们从不打“亲和力”这张牌，工作中没有任何柔情可言，直言不讳地说“别到我这里找亲和力”，并且主张“和谐是斗争出来的”，与市场斗，与人斗，与自己斗。显然，这些做派已不是“飒棱”所能概括的了，于是便有了“女魔头”一说。

飒棱是当下职业女性的写真。飒棱往前一步是“女魔头”，“女魔头”走过的路寸草不生；飒棱退后一步是“纯棉女人”，人生规划侧重于相夫教子，有温柔的情怀和温柔的眼神。飒棱是职业女性的最佳状态，既有男性的理智与大度，又不失女性的细腻与缜密。飒棱的女人有棱角，却不尖锐；有主张，却不太离经叛道；家里家外都治理得不错。如果打分的话，飒棱的女性应该是80分偏上。

如今，大连年轻人很少使用“飒棱”一词了。偶尔会听到大妈大婶们评价某个女人很飒棱。年轻人喜欢李宇春、周笔畅、范冰冰这类飒棱女性，有层出不穷的新词来描绘她们与众不同的风采。令人惊讶的是，在这些新词当中，居然有一个词叫“爷”。这可真是稀奇，女人怎么能称为“爷”呢？这大概是“男人婆”的高级版本吧。

“姿势”，是指身姿架势的意思，如姿势端正、立正的姿势。而大连话“姿势”是形容一个人不仅容貌漂亮，而且扮相时尚有派头有气场。比如，“看人家长得真姿势。”“瞧，人家穿得多姿势啊！”将这些“姿势人”细细打量会发现，如果只是容貌出众，而打扮平庸或落伍，是绝对不能称为“姿势”的。长相虽然平凡，但看上去却给人感觉“很姿势”，这类女性被称为“气质型美女”。

北大中文论坛有一个帖子：各地方言怎样形容人长得漂亮？山西晋中一带说“喜”或“好眉眼”；益阳话“乖”“玉贴”都是漂亮的意思，后者形容男性，前者男女通用；中原话“精”是说男孩帅，“棱正”“俊”是说女性标致端庄；潮汕话“雅”“派头”“架势好”（指男性）是漂亮的意思；闽南一带用“你好水”来形容漂亮出众的女性。令人意外的是，“姿势”并非胶辽地区独家享有，在兰州，当地人也以“姿势”来赞美一个人长得漂亮，气质非凡。

“姿势”是对一个人由表及里的综合评价，是一种内外兼修浑然天成之美。如果说漂亮只是对脸蛋的尽情赞美，那么，“姿势”则兼顾了精神气韵等内在内容。

陈丹青在《笑谈大先生》里这样评价鲁迅先生的长相：“这张脸非常不买账，又非常无所谓，非常酷，又非常慈悲，看上去一脸的清苦、刚直、坦然，骨子里却透着风流与俏皮……可是他拍照片似乎不做什么表情，就那么对着镜头，意思是说：怎么样？我就是这样。所以，鲁迅先生的模样真是非常非常配他，配他的文学，配他的脾气，配他的命运，配他的地位与声名。”陈丹青的这一番描述，用一句大连话来说便是“鲁迅先生长得真姿势”。以“姿势”赞美鲁迅先生的神髓，真是令人叫绝啊！

亦舒曾说“做人不要恶形恶状”，大连人补缀一句应是“姿势一点儿为好”。“姿势”在这里是指生存姿态要好看，要有讲究。

具有新闻记者、传媒商人、文学创作者等多重身份的高晓曦曾写过一本书，名为《姿势》。在这本书里，高晓曦大胆揭秘20多位超级大明星为人处世的成功姿势。是什么秘密姿势让他们身价上亿？他们互相交换姿势后会有怎样的行为效果？由“知识改变命运”到“姿势改变命运”，这其中有太多耐人寻味的生存之道可探寻。

在大连话中，“姿势”是最有灵气、最漂亮的一个，它不土不糙，它有味道有嚼头。

鬼头蛤蟆眼，老眉咔哧眼

“鬼头蛤蟆眼”，是形容一个人长相丑陋，做事刁钻诡诈，阴险狡猾。

鬼头，在神话故事中是狰狞可怕的；蛤蟆，是一种样貌丑陋至极、令人生厌的两栖动物。萧驰在小说《家事》里有一句：“不知怎的，我总觉得他鬼头蛤蟆眼的信不得。”在这里，鬼头蛤蟆眼是指坏点子多、奸诈成性的意思。

东北方言写作“鬼眉哈嗤眼”“鬼魔蛤眼”等。例句：小张队长见他鬼眉哈嗤眼的模样，知道他是有意报复一下王二伯。（《黑龙江艺术》1984年6期9页）

有什么样的心境，就有什么样的面相，这便是相由心生。一个心性悲观的人，神情总是倦怠的；一个心底蒙垢、充斥恶意的人，眉宇之间难有清明磊落之气。这种由内向外的腐蚀，便生出了一副“鬼头蛤蟆眼”之相。

“相由心生”源自一个典故：据说唐代文学家、政治家裴度年少时贫困潦倒，有一天他在路上巧遇一禅师，大师看了裴度的面相后，发现他嘴角的纵纹延伸入口，恐有饿死的横祸，因此劝裴度要努力修改完善。裴度遵照大师的教诲，日后又遇这位禅师，大师见他目光澄澈柔和，面相完全改变，告诉他日后一定可以贵为宰相。裴度前后面相有如此巨大的变化，是他不断修善断恶、耕耘心田、相随心转的结果。

论外在形象，东北人分值很高，尤其咱大连人是更胜一筹。从相貌上看，男人大多是天庭饱满，鼻直口方，浓眉大眼，看上去敦厚富实，坦荡自信，精明强干；女人则是地阁方圆，面色含春，五官周正大气，看起来既能经受风雨又能纳福受喜。论身材，男人大多挺拔高大，硬朗帅气；女人则腿脚修长，亭亭玉立。论气质，男人大多气宇轩昂，不同流俗；女人气质超群，洋味十足。不论是男人还是女人，浑身上下都洋溢着一种娱人悦己的阳光气质。

若论相由心生，还得说一说东北人的性格。赵本山“御用”小品编剧宫凯波认为“东北人的性格最打动人”。当下人们生存压力很大，社会关系也错综复杂，人们不敢畅所欲言，说话爱绕弯子，力求缜密。这就造成了人们说话缺乏幽默感。幽默是需要精神放松无所顾忌的，如果总是处于紧张状态，是无法产生幽默的灵感。日本喜剧片《寅次郎的故事》在20世纪80年代为何火成那样？那时候日本人生存压力很大，每个人似乎都有挫败感，而寅次郎浪迹四方，远离世俗，他不拘体统，独善其身，却又乐善好施，矜贫救厄。他的人生字典里没有“失败”二字，他是乐天派，看上去似乎没心没肺，明明是失败了，脸一抹就给别人讲笑话。其实，咱大连人骨子里就有那么一点儿寅次郎的影子，人们普遍具有幽默感，几乎每个酒桌上都有一个小品明星。大连人会讲段子，爱讲段子，这段子不是黄段子，而是生活段子，讲起段子来热气腾腾、趣味横生。大连人幽默、大气、敞亮，做人很简单，从不掖藏，从不纠结，心房洒满阳光，这份好心情滋养出大连人堂堂正正、风流潇洒的好相貌。

作为一座拥有2000多公里海岸线的海滨城市，大连人的样貌与气质里又多了几分难得的温润感。当一座城市具有“海洋气质”的美誉，那么，生活在这座城市里的人们自然也有几分与众不同的气质。简单地说，“海洋气质”包括大气、开阔、明亮和湿意这几个元素。美国学者克莱·舍基在《未来是湿的》一书里指出，“中国社会太干巴巴的了，需要加湿”。在这里，“湿”是一种隐喻，指融合的态度、协作的能力。印象中的东北人尤其“干巴”，大多具有眼里揉不得沙子、说一不二的刚直个性，脾气也以火暴而闻名。而大连人似乎多了一些温润与湿意，更易于沟通与协作，这是城市国际化发展定位的经年熏陶。与印象中的东北人不同，大连人理性与感性非常平衡，既有东北人的硬气与霸气，也不乏理性与智慧的光泽。

所以，大连男人具有东北男人身上鲜见的绅士风度，大连女人也具有东北女人鲜见的浪漫与诗意。大连孩子到外地上大学，同学问老家在哪儿，如果说是东北的，对方语意平淡，如果进一步说明是来自大连的，对方会饶有兴致地攀谈。

鬼头蛤蟆眼的人，在言谈举止间会流露出暴戾之气。大连人在识人断物方面很感性，有些时候只凭眼缘，初次见面如果没有眼缘，便不会继续交往下去。鬼头蛤蟆眼，一般是用来描述不良男性，对于不良女性的画像，人们会从生活作风方面进行抨击。

一读者在博客里写了篇《永远的蛤蟆眼》怀念高中校长，“对于一个土生土长的农村孩子来说，蛤蟆这种两栖动物是我再熟悉不过的了，看到它那身体表面密集如云的疙瘩和凸出的双眼就让人心生厌恶。老天真的是有意捉弄人，我居然被分在了‘蛤蟆眼’的班里（20世纪80年代初，由于学校师资力量匮乏，作为校长的他，也是要代课的）。‘蛤蟆眼’是一位40多岁的中年男子，生着一脸不知其名的痘痘，加上一双像蛤蟆似的凸起的眼睛，我们从没把他当成校长，甚至连老师都很少叫，背地里都称他‘蛤蟆眼’……”这位“蛤蟆眼”老师改变了很多学生的命运，是令学生们终生难忘的恩师。“蛤蟆眼”除了是天生的，还有可能是甲亢突眼病的症状。这不在大连话“鬼头蛤蟆眼”的含义之列。

“老眉咔哧眼”，一是指老眼昏花；二是指长相老气、难看。

老眉咔哧眼，也是东北方言。《东北方言口语词汇例释》记载：老眉咔哧眼，是指相貌衰老的样子。例句：看我呀？老眉咔哧眼的有啥看头？（《新剧选》76页）

老张丧偶多年，年轻时因为家庭负担过于沉重，二婚难度比较大。临近知命之年，老张居然桃之夭夭，灼灼欲放，与一位晚辈未婚女谈起了恋爱。亲朋好友都以为老张与那女子是一场游戏一场梦，激情会慢慢变淡。哪承想，人家老张居然将未婚女娶回了家。亲朋好友当中流传着这样一句话：“老眉咔哧眼的糟老头子居然娶了个水光溜滑的大姑娘。”水光溜滑，也是一句大连话，是形容一个人的年轻状态，多形容女性。

大连人天性乐观幽默，喜欢逗乐取笑，喜欢打情骂俏。比如一男一女坐公交车，两人系工友关系，女的先上车，说我给你刷卡了。男的说，你败给我刷，你败给我刷，你给我刷一次卡，我还得买一支雪糕给你歹（吃）。刷一次卡9毛钱，买支雪糕得一块钱，你想让我赔啊？

大连人还富有自我解嘲的精神，往往是乐观向上、活泼自信、内心平和的人才具有这种精神。在单位里，年轻人准备在假期里玩一些新花样，邀请“70后”的同事加入。“70后”们会自嘲地说，我们都老眉咔哧眼了，嗨不起来了，就不去搅局了，你们要玩得尽兴啊！

两个中年女人街头相遇，过去她们可能是朝夕相处的同事，或者是一墙之隔的老街坊。女人之间的互相吹捧总是从相貌与年轻状态方面入手。“你看你，这么多年过去了，却一点儿没变样，你是怎么保养的，脸上一根纹也没有。”“你净说好听的，怎么会呢，都老眉咔哧眼了。”

我一直怀疑“咔哧眼”是老年眼疾的一种，但具体是哪种尚不明确。老眉咔哧眼，说的是人生的晚景。一个人衰老，是从眼睛开始发生变化的，除了视力下降、模糊，眼神也开始浑浊，不再清澈，目光也不再深邃。我们喜欢小孩子，往往陶醉于他们的眼睛，那眼睛是水波荡漾的，是无比清澈的。当眼神开始衰老，身上的气息也开始发生变化。在公共场所，有些人嫌弃老年人，是嫌弃他们强烈的衰老的体味。再说下去，便难免伤感。上至达官贵人，下至引车卖浆之流，每个人都将步入老眉咔哧眼的人生旅程。尽管我们口口声声地强调心理年龄比什么都重要，但肉体的无情衰老还是会令我们无助恐慌。还是青春美妙啊，那些描绘年轻与美艳的词绝对具有视听享受，什么闭月羞花、沉鱼落雁、玉树临风、英气逼人……年轻的女人唇红齿白脸色灿烂，光滑得像剥了皮的鸡蛋；年轻的男人爪牙整齐毛色鲜亮，浑身生机盎然。然而，我们终将老去！

《熟年革命》是日本作家渡边淳一的作品，这是一本专门谈论晚年生活的文集。“熟年”一词来自日本，泛指年龄介于45岁至64岁之间的族群。2008年日本人的平均寿命，男性大概为79岁，女性约为86岁。也就是说退休后还能活20年，渡边淳一的这本书就是探讨如何活好这20年。“人生最后10年、20年的活法，是决定人的一生是否活得精彩的关键所在。正因为如此，我们在活到50岁左右的时候，就必须认认真真地考虑‘后五十’的活法问题了。”渡边淳一首先倡导要改掉对老年人的称呼，如老人、银发等，我想这里也包括老眉咔哧眼之类的俚语。他大声疾呼：请将经历了漫长人生、岁月的磨炼，心灵深处潜藏着光芒的人们称呼为“白金一代”。

渡边淳一还写下了“白金一代”的誓言：我们，不被世俗左右，充满好奇心态，追求人生所爱；不惜赞美他人，不忘自赏自爱，洒脱优雅有点“坏”！渡边淳一给“白发一族”以及“后五十”的人群积极乐观的人生命名为“白金人生”。

用大白话翻译一下渡边淳一的誓言，也就是说，不要自我定义为老眉咔哧眼，而要顺应时代的变化，有时候还要勇于引领潮流，实现自我变革，乐于挑战，享受挑战。这对于我们中国的老年人来说，绝对是一个不小的激励。

下死赖，不当意

“下死赖”，即低声下气。与“涎皮赖脸”同义。

为了达到某种目的，不顾脸面，失去尊严，即“下死赖”。“那些人下死赖，你要多点儿个菜，剩下让他们打包。”这里的“下死赖”是低贱的意思。

东北方言有“下三烂”“下四烂”，指下贱、下流，也指下贱、下流的人。

例句一：我太傻了，我太可怜了，我太下三烂了。（《齐齐哈尔日报》1988年9月20日）

例句二：这些下三烂的活儿，一年我没少给他干。（《北方曲艺》1983年3期88页）

例句三：有人说，他是马前使气马后下跪，天生“下四烂言言”。（《北方文学》1984年1期17页）

大连人最鄙视“下死赖”的态度。大连人爱“梗儿梗儿”，喜欢堂堂正正地做人，不卑不亢地做人。

有两句大连话可以形容男人追求女人的情态：一是“上赶子”，二是“下死赖”。“上赶子”追求女人是正常态，优秀的女人都是有高度有难度的，男人要充满激情、执着不懈地“上赶子”追求，才能追到手。女人很享受男人的“上赶子”。而“下死赖”地追女人，却是做男人的一种不堪状。将男女分为A、B、C等，C男追A女就会出现“下死赖”的情状。A女正值芳龄，风姿绰约，才貌双全，在海外留学或工作过，有车有房有投资，是“她时代”的形象代言人。C男是什么样子呢？也许学历与A女相当，但命运不济。C男追A女，围追堵截死缠烂打，一哭二闹三上吊都演上了，这些“下

死赖”的手段丢尽了男人的颜面，令女人难以招架并心生厌恶，就像《红楼梦》第三十回里，黛玉将手一摔道：“谁和你拉拉扯扯的！一天大似一天，还这么涎皮赖脸的，连个理也不知道。”黛玉所说的“涎皮赖脸”即是“下死赖”。

企业破产了，有头脑有章程的人，怀着“大不了从头再来”的豪迈，觅得更大的生存空间。有的人却一蹶不振，成天怨声载道，个人能力很洼（大连方言，意为水平低），却眼高手低、挑三拣四地找工作。宁愿啃老、吃软饭，也不去干那些“下死赖”的工作。什么样的工作是“下死赖”的呢？简单地说，外来打工者在城市里所从事的偏体力的工作，均被眼高手低之人视为“下死赖”。

张三毕业于职业技术学校，一技在身，却不愿去车间当收入不菲的技术工人，非要去写字楼里做看似干净体面实则毫无技术含量的低薪文员。在澳洲，大多数年轻技术工人的年薪远远超过了同龄的律师、会计师。中国年轻人视车间工作为“下死赖”，尤其是大连城市里的年轻人，都有点虚荣心，都喜欢光鲜的职业，宁可穿一身小西装去写字楼里跑龙套，也不愿着一身堂堂正正的工装去车间做技术权威。多年前温家宝来大连考察时，听说年轻人不愿意当技术工人。温家宝说，现代化也离不开技术工人。两个先进产品的比较，有时候就看一颗螺丝拧得好不好，有时候发生事故就是那颗螺丝。当技术工人是光荣的，中国需要大批熟练的技术工人。这是一个观念转变的问题，技术工人应该受到社会尊重。

工作没有高尚与卑贱之分，任何工作都需要人去做，都应受到世人尊重。那些被某些城市人视为“下死赖”的工作，一旦没人去做，这个城市就停摆了。

“不当意”，是不符合心意、不入眼、不重视的意思。

大连方言还有一个词“不当刀”，也含有不重视的意思。例句：来不来还想扣个帽，真拿你婶子不当刀儿。（《北方曲艺》1982年4期32页）

最近几年，“正能量”一词从官方到民间大肆蹿红，由于使用过度，这个词最初诞生的美感与感召力日渐式微，而“走心”一词悄然流行。“走心”是“正能量”所唤起的心灵审美。“走心”的反义词，用大连话说就是“不当意”。

一个人说的话，情理兼具，带着一股诚实的暖意，在思想上启迪、提携着你，在精神上关照、支持着你，这就是“走心”；一件在做的事情，思路清晰，用心程度高，最终所实现的效果远远超越预期，使经济之外的价值观得到有效实现，这也是“走心”。就像泡茶，每一个步骤都讲究章法，泡出的茶，香滋气韵都表现出了此类茶应当具备的品质特点。若有缘，这道茶的每个细节恰好符合你的口感和审美，带给身心的喜悦明亮之感只能以“走心”来形容。而不适、不悦、不当意的“口感”，是不会给身心带来享受的。

事是正经事，蕴含着公认的普世价值；人是正派人，不为二两槽子糕、芝麻大的名利折腰，正派人做正经事，对世道人心所产生的影响便是“走心”。

我居住的小区与一处老楼为邻，当年家家户户大兴土木搞装修，物业设了三个装修垃圾点，老楼的居民守着垃圾点，有点用的东西都被扒拉走了。不过几天工夫，他们就在楼前垒起了高高的木材垛子，将木材劈成细细的烧柴，用油毡纸护好。他们又在楼前支起了一口大铁锅，蒸包子、蒸馒头、炖猪肉、炖酸菜等，从此就不在家中厨房干了。在这广阔天地里，撸胳膊挽袖子挥洒般地闪转腾挪，守着大锅边与邻居们大声谈笑边期待出锅……这是都市难得一见的热气腾腾的人间烟火啊。小区与老楼高度落差达五六米，夏天晚上，我和女儿趴在栏杆上，听老楼人在下面聊天，他们说着大连话，那一口“海蛎子味”不掺水，既热烈又温软，热烈的是那硬朗的腔调，温软的是那朴素的家常故事。

一晚，我听到几个大妈聊这样一桩家事：老太太有四个儿子，职业、性格、经济条件各不相同，老大和老二混得有头有脸，老三和老四处于社会底层。老伴去世后，老太太去了老三家养老。孝敬父母什么最难？不给父母脸色看最难。老太太对老三很当意，老三对她很体贴，有敬畏心，愿听她唠叨，说什么是什么，从不违逆她的心愿。老太太对老大和老二一点儿也不当意，他们看上去白白净净，从容温雅，老太太跟他们相处却很紧张。他们好对老太太的生活指手画脚，在老太太跟前端架子。他们见多识广，讲科学，纠错能力强大，对老太太犯糊涂上当受骗零容忍，将老妈当孩子似的训斥。老四经济条件也差，但每到秋天，老四总给老太太买几斤海参补身子。穷苦的经济条件里能出这么大的一份孝心，却被老大耻笑：“一年到头嚼咸菜疙瘩，到秋天吃几斤海参就能长寿啊？”说出这种道理足斤足两、却刻薄不近人情的话，老太太怎么能当意呢？

我听明白了，在这个家族里，老大和老二是最有水平的总导演，老三和老四是跑龙套的。老太太对跑龙套的最当意，他们陪伴老人最多，体贴老人的心最多。老人对儿女当意与否，并不在于儿女在物质上给予了多少，而在于儿女是否在精神上怜恤他们。

总有一些孩子令父母“不当意”，“不当意”的原因多种多样，有的是偏见，有的是误会，有的确实是孩子有失敬畏。亲情是无法一拍而散的关系，不得不在一个屋檐下相处，那些“不当意”的心情斩不断理还乱啊。

听老楼人一口“海蛎子味”唠家常，你会深切地体会到，方言岂止是一种土语那么简单，方言背后是活生生的人群，是生活的韵味。

将镜头从家庭推向社会。我们与体制，与他人，也存在着各种“不当意”的关系。万物并育而不相害，道并行而不相悖，这是我们对这个世界的想象，真实境遇却是，我们不断地栽跟头，那些有形无形的“绊子”抽离了内心所有的热情，我们看不惯这个社会、不当意这个社会，也被外界看不惯、不当意。以怎样的姿态存立于世间？无非三种选择：一是抵御；二是调和；三是屈服。中国快餐文化里大批量的“心灵鸡汤”文字，是人们选择犬儒姿态之后需长期服用的一剂药，以期获得心理上的支援与舒适。我将“心灵鸡汤”文字喻成“罂粟”，看似美丽却具有毒性。因为我们念念不忘的内心自由，不过是不肯“兼济”的自私自利，不过是思维能力的极端孱弱与心胸怀抱的极其逼仄，面对横亘在眼前的“冲突”与“干涉”，我们没有能力采取现实有效的方法解决它，知难而退，退入内心，移情琴棋书画，看似趣味盎然，其实已是老腐朽、老油条、老顽固，是活着的木乃伊。

如《后会无期》中那句著名台词：“听过很多道理，依然过不好这一生。”与世道、体制碰撞摩擦的“不当意”，我们能改变多少？能妥协几分？对自身的洗礼与改造，我们又能动多大的刀？能忍多大的痛？

轻次溜，赖赖巴巴

“轻次溜”，是指一个人做事极为娴熟，颇有经验，驾轻就熟，非常得心应手。当年，从“山东家”跑到大连活命的“海南丢子”，有一大批在码头扛麻袋包，年轻体壮的扛麻袋包很“轻次溜”，但年老体弱的不堪苦力，耗尽了生命能量。在当下，以职场为例，非卓越之才不能“轻次溜”也。知识和能力怎能唾手可得，都需经百般磨砺和一番苦寒，才能获得“轻次溜”的驾驭感。

由“轻次溜”折射出大连人的性格脾气，褒贬不一，各有说法。

面朝大海，大连人胸襟开阔，乐善好施，具有大包大揽的承担精神，在承担中负累着，也充分体验着生命的价值。为了完成这种承担，即使千山万水费尽周折，也表现出“轻次溜”的良好状态。将难处和坎坷留在心里，将乐观和欢喜献给别人。这不是好面子，这是一种奉献精神。你找朋友办事，朋友表态说：“你放心，这事轻次溜的。”不久朋友告诉你事办成了。朋友不讲过程，其实这个过程并不“轻次溜”的。这样的朋友要珍惜，要一辈子交往下去。

海洋城市的特质有这样几个关键词：思变，沟通，冒险。海洋代表着博大、深远和力量，与这些特质孪生的是乐观与自信。这种乐观与自信若把握不当，很容易变成盲目与自大。“轻次溜”是大连人日常交流的高频词，一方面体现了热情、自信、爽快的大连性格，另一方面也暴露了大连人遭诟病的性格缺点。受别人委托之后，大连人会大大咧咧地说一句：“这事轻次溜的，包我身上！”这类人虚荣心强，讲排场，好面子，爱许诺。许诺之后，会以“轻次溜”强调自己的践诺能力。而事实是，其承诺完全超越了他的能力水平。在赵本山的小品里，一个人找另一个人办事，这个人捶着胸膛说你去找某领导，提我肯定好使。结果人家领导根本不知他是谁，提他压根不好使。

“轻次溜”是大连男人的口头禅。大连人酒后吹嘘的高频词也是“轻次溜”。在酒桌上，爱吹嘘的大拇指一律指向自己，你一句“轻次溜”，他一句“轻次溜”，掀起了一轮轮喝酒的高潮。你若信以为真过后找他办那些“轻次溜”的事，他一下子低到尘埃里。

张三与王二麻是一对好哥们儿，两人一起上过山下过乡，见证过彼此的命运悲欢，更是一对铁打的酒友。张三与王二麻都是八级大工匠，工匠后来的职业命运世人皆知，张三和王二麻一醉再醉，最后擦干眼泪从头再来。张三混得要比王二麻好，真真假假的老板认识了不少，养家糊口的能力比过去略胜一筹。而王二麻经常被拖欠工资被炒鱿鱼。兄弟如手足，哥们儿混得不好，怎能袖手旁观？张三跟王二麻打包票要帮他找份好工作。王二麻频请张三去小饭馆喝酒，张三混的场子大了，喝不惯小馆子，王二麻便咬牙瞪眼请他去大酒店。张三一喝上酒，就爱呼朋引伴，将二人的交心酒喝成人仰马翻的鬼宴。这样的一顿酒下来，常让王二麻戒烟戒肉戒女人长达数月。兜里没钱，连媳妇都不傍身。酒桌上王二麻总要提及工作，张三将胸脯拍得咣咣响：“这事轻次溜的，包在我身上，我保证给你找份每月能挣上四五千的工作。”仿佛干上了这份工作，王二麻一挥手，又叫上一箱啤酒。高薪工作像个传说，像片浮云，王二麻依然过着东食西宿的打工生活。那件“轻次溜”的事，被张三以各种理由推延着。可恨之处在于，张三始终不说熊话，始终说“轻次溜”。很多“轻次溜”的事没办成，会被人说成“饼子”或“炮将”。“饼子”是指无能、窝囊的人；“炮将”是指吹牛者。

两位老者把酒话夕阳，更忆当年勇。据说回忆当年勇是老年人找回自信的良方。往事如风，岁月无痕，反正也没有见证者，一切都是“轻次溜”的。捏蚂蚁“轻次溜”，打老虎“轻次溜”，上天摘星下河捉鳖都“轻次溜”的。在虚实莫辨的“轻次溜”的往事中，老年人快乐了，精神了。

“赖赖巴巴”，即勉勉强强的意思。

某一场球赛，国脚们吭哧瘪肚地满场拼抢，最后勉强出线了。球迷们并不买账，抱怨每次小组出线都是赖赖巴巴的。虽然比赛过程不够精彩，但毕竟是赢了。在赛后新闻发布会上，多名国脚觍脸自辩：“赢了就行呗，法国队不也是赖赖巴巴才出线的吗？”

从事新闻工作的张三，工作节奏很紧张，压力也很大，经常通宵达旦地赶稿子，再加上各种难以推却的应酬缠身，经常是深更半夜喝完酒回家，小睡一会儿还要挣扎着爬起来码字。张三倚仗年轻，毫无保健意识。几乎每天都在挥霍或透支健康。结果，35岁以后身体就一直赖赖巴巴的。在这里，赖赖巴巴并不是指亚健康，而是已经有了疾病的迹象。

家长王二麻一上班就眉飞色舞地跟同事们讲：我儿子这次初升高考试，赖赖巴巴地考上了重点高中，这一下子给我节省了几万块择校费。王二麻一高兴，中午宴请全科同事大吃一顿。

比较一下“赖赖巴巴”与“手拿把掐”的含义差别。王二麻的儿子“赖赖巴巴”地考上了重点高中，他究竟考了多少分呢？答案是比录取分数线仅高出几分而已。如果说王二麻的儿子“手拿把掐”地考上了重点高中，那考分就是远远地超越录取分数线。“手拿把掐”与“赖赖巴巴”都是对成功过程的一种描绘。“手拿把掐”的成功是一气呵成的，就像体操运动员行云流水般地完成所有动作，掌声潮涌经久不息，这就是“手拿把掐”的成功；而“赖赖巴巴”的成功，其过程往往是“吭哧瘪肚”，是险象环生，虽然也有掌声，却是稀稀落落的。显然，“手拿把掐”的成功才被人们羡慕，才能赢得长久的喝彩与掌声。而“赖赖巴巴”地成功了，常令当事人底气不足，荣誉感不强。

东北人做事爆发力强，耐久力却远远不够。若问东北人最擅长什么，还真一时想不起来。东北人不愿下苦功夫，比较安于现状，习惯于随波逐流。东北夏短冬长，农村耕种期短，农闲时间长。休闲时间过于充裕，使东北人养成了游手好闲的大爷作风，养成了一身懒筋骨。东北人最喜欢猫冬，不愿利用空闲时间去寻找新的经济增长点，而是醉心于麻将、唠嗑儿与二人转等俗乐之中。所以，东北人大多没有什么精湛的手艺，样样通，样样松，大多只是赖赖巴巴的水准而已。东北人的生活方式是粗粗拉拉的，大葱蘸大酱，茶叶在大杯子里一泡一天，不饥不渴、赖赖巴巴就令人满足。

赖赖巴巴，必然意味着一种粗糙。前些年，谁说咱东北人粗糙，咱就跟谁急眼。其实咱也知道自己的粗糙，内心时常为之赧颜汗下。不但咱的生活方式被指责为粗糙，咱的文化也被说成贫瘠粗鄙。现实确实如此，在文化艺术上，东北人略输文采，也许不曾诞生过杰出的大文学家，基本上是北大荒文学。在商业信用上，咱的口碑也不佳。南方生意人都知道犹太人有一部财富圣经叫《塔木德》，而咱太讲究面子，面子大于天，面子是咱东北人的圣经。面子又是什么？是潜规则，是权力游戏，这便有了太多“赖赖巴巴”的勉强与含糊。

这都是东北人的过去式。今天的东北人已经意识到自身的不足，完全能够理性地对待外界的审视与批判，有则改之，无则加勉，真正像东北的黑土地一般深厚而宽广，不断地积蓄内蕴，开始在各个领域彰显实力。这时候，东北人不愿意将“赖赖巴巴”的成功端上桌面。当“赖赖巴巴”获得了成功，我们选择了隐没。“不经历风雨怎么见彩虹，没有人能随随便便成功……”东北人真的已经懂得了成功的真谛。

我们开始学习茶道，用小杯子喝茶，在喝茶中抵达修身养性的美妙境界；我们开始细品美食及美食文化，将“乱炖”炖出文化滋味，炖出能登大雅之堂的好色相；我们开始以细腻之心、从容之态品读生活的方方面面，努力追求那种精致与完美，绝不再“赖赖巴巴”地聊生式度日。

参考文献

[1] 周振鹤，游汝杰 . 方言与中国文化 [M]. 上海：上海人民出版社，2015.

[2] 迟永长 . 大连方言音系 [M]. 大连：辽宁师范大学出版社，2012.

[3] 于植元，董志正 . 简明大连辞典 [M]. 大连：大连出版社，1995.

[4] 罗福腾 . 从胶东话走向普通话 [M]. 济南：山东大学出版社，1996.

[5] 王树声 . 东北方言口语词汇例释 [M]. 哈尔滨:黑龙江人民出版社，1996.

[6] 金受申 . 北京话语汇 [M]. 北京：商务印书馆，1961.

[7] 史有为 . 新华外来词词典 [M]. 北京：商务印书馆，2019.

[8] 曲哲，艾珺 . 民俗风尚 [M]// 张毓茂 . 沈阳历史文化丛书 . 沈阳：沈阳出版社，2008.

[9] 王鹏，王岚 . 河之俏——方言俗语集 [M].2008.

[10] 徐祖熹 . 大连方言词语研究——以表程度义词语为例 [J]. 淮海工学院学报（人文社会科学版），2019，17(3).

[11] 王虎 . 大连方言词语考释 [J]. 辽东学院学报（社会科学版），2013，15(6).

[12] 闫娜轲 . 清代山东移民特点探析 [J]. 枣庄学院学报，2010，27(1).

后　记

2013年1月,《韵味·大连方言》由大连出版社出版。这原本是一项集体“作业”。2011年初夏，大连出版社郭朝晖老师从大连报业集团各媒体选了四位作者，邀约大家一起来完成大连方言这一选题的写作。大家对这个选题备感好奇，大连话天然老土，居然也可跻身地方历史文化的殿堂?

早在20世纪90年代，大连作家素素在《大连日报》策划了《大连流行语辞典》栏目，专门对大连的方言土语进行梳理和解读，那时候，素素老师在大连日报社文艺部工作，她带领报社一批采编人员及社会各界的文学爱好者一道完成了这个专栏的写作。这应该是大连媒体首次以栏目形式正式关注大连方言，在此之前，各区市县在地方志中都曾对大连方言做过粗浅记载，面向大众传播方言文化应始于《大连流行语辞典》栏目，记录和传播方言文化的远征就是从这儿启程的。

“‘品读大连’系列丛书从多层面、多角度来挖掘、整理、总结、诠释大连的风物人情、历史脉络、文化现象，来达到沉淀本土文化、建立城市文化自信心，提升城市品牌的目的。”对于一个热爱大连的写作者来说,这是一项有分量、有挑战性的“作业”。郭老师让每位作者写三个样章，看看大家的体例、风格及文笔，由于其他三位作者工作繁忙，最终只有我在规定时间内完成了样章写作。那时候，我刚从大连新商报社调到海燕文学月刊社，身兼数职，不得闲空儿。因为了解，所以敬畏，所以参与。大连出版社推出“品读大连”这个重磅项目，经过了极为缜密、极为艰辛的论证，从社内论证到项目组论证，从专家论证到编委会论证，作为文学工作者，我对这个过程的专业化程度和用心程度充满了敬畏。我非常感谢写作书稿的那段时光。那时候我被焦虑纠缠，茫然无解，我的焦虑来自我发现很多事物失去了标准，失去了底线，我需要做一项有意义的并且有一定难度系数的“作业”来拯救自己，这就是《韵味·大连方言》的写作。

《韵味·大连方言》可不可以算是这场文化远征的“第二棒”？在这本书的写作中，大连日报社文艺部王玉琴老师将《大连流行语辞典》栏目的所有词条复印下来提供给我，这是我写第一本大连方言著作所得到的最大帮助。

2013年8月，我在《海燕》杂志开设了《大连方言》栏目，续写《韵味·大连方言》一书没有涉及的词条。从时间到心态，这次写作显然从容得多了，手头资料也很丰富。“以随笔的形式，剖析方言背后的市井生活、民俗风情与文化特质，带读者领略声音里的别样大连。”这是《韵味·大连方言》内容介绍里的一句话，也是大连出版社对这本书确立的写作要求，虽然这本书后来再次印刷，读者反响看似不错，但我总觉得自己离标准相差甚远。

在杂志上书写方言，我试图找到一种既有意义又有意思的写作手法。“有意义”是强调文学期刊记载方言有别于其他载体的庄重，着力挖掘方言背后的历史文化信息，为留存史料做出努力；“有意思”强调的是以随笔手法写方言的可读性。如果纯粹是“戏说”方言，则意义不大。网络上关于大连方言的小品、段子刷得如火如荼，实在不必凑热闹。

写一条方言，尽量还原它在大连人过去日常生活中的真实模样，记录它在当下社会生活中的活跃度，挖掘方言背后老一辈大连人的生活方式，努力析出方言的历史况味与文化意蕴，同时，对当下与方言有关的文艺作品及文化现象做出呈现，这是我在《海燕》杂志续写大连方言所做的努力。

在《海燕》杂志的专栏写作持续了两年多时间（2013年8月—2015年12月），涉猎大连方言及东北方言百余条，近8万字。尽管做了不少努力，如今整理成书，还是发现在体例、框架及文字方面存在很多不足。聊以自慰的是，在写作过程中，我始终对标准怀有向往和敬畏。

在2014年10月《海燕》创刊60周年研讨会上，《大连方言》专栏得到多位专家的好评。我对此实不敢当，权且视为鼓励与鞭策。

2014年年底，欣闻大连市档案局启动大连方言保护工程，对大连方言语音数据资源进行抢救性征集。采用音频、视频等方式对地道、正宗、具有代表性的大连方言进行完整记录，其中征集录音449分钟、视频274分钟、文字20余万字，建立了一套系统、完备的大连方言语音档案资源数据库，归档珍藏，永久保存。

写《大连方言》专栏期间，我有幸与迟永长教授见了一面，并聆听他对大连方言的诸多见解。迟教授主要从事现代汉语、逻辑学、语音学、语法学、方言学等学科教学和研究，曾主持“中国语言资源有声数据库”辽宁库试点建设。如今迟教授正在撰写《大连方言词典》，这是一个大工程，幸好他已退休，可以全身心投入这项意义非凡的“作业”。迟教授对《大连方言》栏目的写作给予了肯定，并对大连文人对大连方言的解读表达了他的不同观点。从学术角度来看，我们这些文人对大连方言的认识肯定存在偏差，甚至是谬误。我们还需不断学习，多方交流。见面那天，我与迟教授互相赠送了自己的作品，遗憾的是，我总觉得自己的这本书太浅薄了，给我们引见的曲圣文老师给予我鼓励和肯定，并开玩笑地说：“迟教授是学者，你肯定写不出他那部作品，可是你让迟教授以随笔形式写大连话，他也写不出来……”事实上，大连出版社早期寻找大连方言的写作者，第一人选确实是迟教授，却被他“拒绝”了。这种拒绝确实是因为迟教授并不擅长这种写作手法，或者说，作为学者，迟教授应该在方言学术领域做出更大的贡献。迟教授有一本《大连方言音系》，是由大连市人民政府资助出版的。说实话，作为普通读者，我们是根本读不懂这本学术著作的，但这本著作在学界影响深远。

迟教授说：“方言研究本身枯燥乏味，费时费力，可研究成果对普及普通话教育，繁荣地方特色文艺创作，深化语言本体研究，构建公安司法系统语言识别技术平台，填补地方志中方言志建设空白，传承地方非物质文化遗产，提升民族文化软实力，打造文化强市、强省、强国等都具有非常重要的理论意义和应用价值。”与学者的交流，让我对方言写作充满了兴趣，也多了些使命感，无形中也增强了标准意识。

2016年，我开始在“理想湖”公众号续写大连方言。“理想湖”是我业余时间运营的一个关注文学、倡导经典阅读的自媒体，流量不高，却在小众群体中有着良好的口碑和聚合力。对于我来说，“理想湖”有两个作用：一是我私人阅读的助推器，怎么说呢？为了做好“理想湖”，我必须保持阅读，而且必须保持高质量的阅读；二是这种高质量的阅读能够充分地滋养我，帮助我有效化解现实中标准沦丧所带来的焦虑。在“理想湖”写大连方言，我们有不少创举，比如为方言词条配上地道的发音，墨盘乡的郭淑萍大姐、城子坦街道的刘妈妈、大连人民广播电台主持人丹平和她3岁的儿子莫争，都曾在“理想湖”为大连方言配过音频。郭淑萍大姐配音的一条方言音频传播到美国，被她定居海外的同学刘先生听到，最是乡音解乡愁，刘先生深情留言：“想家啊，无论身居何处，只要乡音不改，就永远记得回家的路，永远记得自己的根在何处……”

刘妈妈那条音频的录制非常有趣。她老人家的女儿张晓雯是我的公益伙伴，我曾给晓雯讲过方言文化及有声采集方言原始数据的意义，建议她让老妈当 回方言发音人。晓雯很感兴趣，原来只要开口说话就可以为地方文化做贡献，她觉得老妈肯定乐意。一个周末，晓雯回到城子坦老家，黄昏时分，家人闲坐，灯火可亲，老妈将饭桌子一推，就跟儿女唠起了家常。这时候，晓雯将手机悄悄地放在老妈身后，就这样，很顺利地将老妈一口沧桑又温暖的城子坦话原汁原味地通过公众号传播出去。刘妈妈没有微信，晓雯也没有来得及告诉她，但这条音频很快传播到城子坦的大街小巷，刘妈妈去市场买菜时，有人拉住她放给她听，刘妈妈越听越熟悉，整个人蒙了，这声儿咋这么耳熟呢？大家伙轰然大笑，刘妈妈却流下了泪水，那段音频是讲她小时候吃的苦、遭的罪，如今从手机上听来仿佛是别人的故事。

在写作大连方言期间得到很多师友的指点和帮助，过去在《海燕》编辑部，我与副主编曲圣文老师坐对桌，曲老师是我的活字典，看稿子遇到问题，懒得去查证，抬头就问，一问即得。写作大连方言，我选好一个词条，然后带着这个词条找曲老师确认其身份：这个词条是典型的大连方言吗？在老百姓生活中是怎样使用的？与地方历史文化、风俗人情有何关联？我发现，与身边人唠方言，其实就是唠生活，唠往事。写大连方言，让我有机会重返生活现场，再次思索、审视曾经的生活——在这个千变万化、不变则亡的时代，这种经历简直是一种天大的偏得，是一种精神财富。

曲老师藏书多，他送我一本《北京话语汇》，这本巴掌大的小册子1961 年 12 月由商务印书馆出版，在孔夫子旧书网上已炒到 300 多元。编著者金受申先生是满族镶黄旗人，曲艺史学家、民间文艺家、民俗学家，是广见博闻的“北京通”。金先生熟知北京掌故，与三教九流接触颇多，尤喜接触中下层人士，对清末民初的北京风俗事物、趣闻逸事、衣食住行、江湖百业、评书鼓曲等都有着精深的考察研究，其文章内容多来自实地考察，是研究北京历史及民俗的重要史料。金先生收集整理北京话的思路和理念是：“必须广为搜集各阶层习用的语汇，并且要多所接触，以便熟悉他们运用语汇时的尺度、声调……不能预先悬定一个标准：某阶层语言可以采用，某阶层语言不能采用”，否则“就会漏掉许多丰富多彩、形象生动的语汇”。这个理念对我启发很大，促使我对大连码头工人所说的“海港话”做过关注。码头作业产生了很多术语，“老码头”带徒弟，说的是“海港话”，听不懂“海港话”，就混不好码头。《大码头面孔》一书对“海港话”有所记载。

同事明晖送我一本 20 多年前出版的《东北方言口语词汇例释》，这本书是她老父亲的藏书，对我后期写作大连方言提供了很大帮助。各地方言词典的体例大致相同，但这本东北方言词典的特色令人赞叹不绝。编者王树声用了 10 年时间收集了 3500 多个方言词条，选摘了 9000 多个例句。这些例句是从东北主要地方报刊、东北方言成分较大的文学艺术作品中披沙沥金淘出来的。王树声特别看重一些被称作“无名花”的县级刊物上的文学作品，它们多出自基层文化工作者之手，比起权威性报刊上的典范作品来，也许更接地气，更能反映东北方言的真实风貌。

法国《小拉鲁斯词典》卷首语有句话，“一部没有书证的词典就如同一堆枯骨”，这是强调例句的重要性。著名语言学家、词典编纂家黎锦熙在《新著国语文法》序文中提出“例不十，不立法”的观点，这也是强调例句的重要性。著名文字训诂学家胡朴安在《俗语典》中说，“俗语必见于古人文字者始搜集之，以明俗语之有本，唯阅书不多或所举之书非俗语最初之记载往往有之。然有一俗语必举一书”。这还是强调例句的重要性。王树声认为自编例句弊端太多，例句出自一人之手，必然失去丰富性和可信性。所以，他宁愿舍弃没有现成例句的方言词条，也不为无例句的词条编造例句，基本做到“无一词条无例句，无一例句无出处”。可想而知，他为此付出了多少时间和精力。

王树声在后记中写道：“如果是分别采自辽、吉、黑三省报刊的同一词目的几个例句，则同时选用，以证明该方言口语词汇运用的广泛性；同时选用不同写法，用作不同句子成分的同一词目的几个例句，以证明该词语运用的变异性、灵活性。”最后还附了“主要摘录例句书报刊目录”，分为黑龙江、吉林和辽宁，书报刊名称、作者、出版单位，一应俱全。

寻觅、摘录方言例句如大海捞针，极为枯燥烦琐，但王树声却时常感到激动和兴奋，“许多例句读起来如珠落玉盘，铿锵有声，那凝练、那精彩、那诙谐、那深刻，绝不亚于高雅华贵的名篇中的名句，是另一种高雅，另一种美丽”。

2019年夏天，大连新闻传媒集团国胜连老师赠送我和同事王都两箱子书，送给我的是300多本儿童读物，是他女儿小时候看过的经典作品，他委托我下乡做公益时送给乡村的小朋友。我在他送王都的一堆书中发现了“沈阳历史文化丛书”中的《民俗风尚》《市井风情》。其中《民俗风尚》详细记载了老沈阳的方言土语，源自满语、蒙古语等少数民族语言的方言土语，《金瓶梅》等明清小说中的沈阳方言土语，等等，这些资料对我写大连方言也提供了不小帮助。

我曾在旧书摊上觅得罗福腾教授的《从胶东话走向普通话》。这本书让我对山东方言有了翔实了解。胶东话是山东方言里最受重视的方言之一，其研究成果也是相当丰硕的。山东大学、山东师范大学等高校还招收方言学方向的硕士研究生和博士研究生，培养了大批方言工作者。20世纪八九十年代，关于山东方言的著作特别多，主要原因是各行各业学习普通话的风气很浓，罗教授这本书是依据国家语言文字工作委员会制定的《普通话水平测试大纲》的项目而设计编排，分语音、词汇、语法、朗读与会话几部分。正音训练的词语、语法训练的细目都是取自《普通话水平测试大纲》。那些迫切需要学好普通话的党政机关干部、师范院校和职业学校的学生、中小学教师、播音员、窗口行业的员工是这本书的主要读者。

写这篇后记时，惊闻著名诗人流沙河先生仙逝。先生晚年全身心投入中国传统典籍的研读以及说文解字的工作中，他曾饱含深情地说："感谢古老的汉字,收容无家的远行客。感谢奇妙的汉字,愉悦避世的梦中人。"先生这句话简直令人潸然泪下，世道艰险，人心不古，传统文化是我们的精神避难所，是灵魂的摆渡者，让我们有足够的勇气振作起来去面对、去承担。先生讲一口地道的四川话，也擅长用四川话给年轻人讲述中国传统文化，"我只有用这种语言来表达，我才能够自由自在。如果让我用普通话来说，我就讲不好。"

那年，流沙河先生到乐山参加一个活动，当地官员介绍乐山时说了句"智者乐水,仁者乐山"。流沙河先生一听，糟了，他说错了！"在这里，'乐'不读'lè'，应读'yào'。这个字有四种读音，如果我高兴，那就读'lè'；如果说'我喜欢音乐',那就读'yuè',所以我们至今有姓'乐（yuè）'的。如果我来给你表演,使你快乐,又是另外一个字,应读'nào',比如《诗经》里的'钟鼓乐（nào）之'，就是指敲击钟鼓，使她快乐。如果我心里想什么,倾向于什么,喜欢什么,应读'yào'。所以应该读'智者乐（yào）水，仁者乐（yào）山'。"如果乐山人知道这个字怎么读,而且能读出四个音来，这就是一种文化。

"一个物种的消失，只让我们失去一种动人的风景；一种语言的消失，却让我们永久失去一种美丽的文化。”随着老一辈的渐行渐远，大连方言离我们的生活也越来越远，让我们加入到这场徐徐起航的文化远征中，为子孙后代留下点什么……

《连语寻趣·大连方言》这本书写了100多条方言词语，在修改书稿期间，得到大连出版社卢锋老师、安晓雪老师的鼓励和帮助。在此一并感谢。

方言文化纷繁歧出，本人水平有限，不当之处一定不少，诚恳希望各界师友及读者批评指正。

交稿之际，倍感轻松，却也在思考，下一项“作业”是什么？除了别人给你布置题目，还应该主动完成哪些“作业”呢？

作　者